우리가
지켜야 할
한국사

서경덕과 전문가들이 들려주는 살아있는 역사 이야기

우리가 지켜야 할 한국사

서경덕과 분야별 전문가 지음

프롤로그

지금도, 앞으로도 전 세계에 한국을 말합니다

　국내외 출장이 잦아 비행기 안에서 많은 시간을 보냅니다. 그 시간 동안 좌석에 앉아 노트북으로 업무를 보거나 자료를 정리하곤 하는데, 최근에는 이 책을 집필하는 데 온전히 집중했습니다.

　올해는 특별히 광복 80주년이 되는 해이기에, 독자들에게 전하고 싶은 메시지를 책에 담기 위해 더욱 노력했습니다. 지난 시간을 돌아보고 앞으로 나아갈 방향을 고민하며 깊이 있게 글을 써 내려갈 수 있었습니다.

　더불어 이 책을 통해 지난 활동을 회고하는 시간을 가졌습니다. 돌이켜보니 한국 홍보 활동을 시작한 지 어느덧 30년이 흘렀습니다. 그 시작점이었던 1995년에는 광복 50주년을 기념하기 위해 세계에서 가장 큰 태극기를 제작해 여의도 광장에 펼치는 행사를 기획했습니다. 이것을 세계 기네스북에 등재시키겠다는 큰 포부를 품었지만 안타깝게도 실행에 옮기지는 못했습니다. 하지만 그때의 아쉬움은 한국을 전 세계에 알리는 일을 평생의 과업으로 삼게 한 소중한 기억으로 남아 있습니다.

또한 대학 시절 처음 떠난 유럽 배낭여행에서는 서양인들로부터 "중국인이냐, 일본인이냐"는 질문을 반복해서 받아야 했습니다. '한국인'이라는 존재가 그들에게 얼마나 생소했는지를 실감했던 순간들이었습니다. 한 대학생의 자존심이 상한 그 경험은, 뜻밖에도 한국을 세계에 알리는 현재의 일을 시작하게 한 작은 씨앗이 되었습니다.

그 첫걸음은 월드컵 유치를 위한 포스터를 만들어 세계 주요 대학에 보내는 일이었습니다. 그 작은 시도가 몇 년 뒤에는 『뉴욕타임스』에 자비로 독도 광고를 싣는 일로 이어졌습니다. 이후 세계적인 주요 매체를 대상으로 한국의 문화와 역사를 알리는 광고 캠페인을 지속적으로 진행해 왔고, 마침내 뉴욕 타임스스퀘어 대형 전광판에도 영상을 송출할 수 있었습니다. 광고는 런던 피카딜리서커스와 스위스 다보스포럼 등 유럽 지역으로까지 확대되었습니다.

영상 중심의 시대 흐름에 맞춰 유튜브와 인스타그램, 페이스북 등 SNS 플랫폼을 활용한 홍보도 활발히 이어졌습니다. 그러던 중 MBC 〈무한도전〉 팀, 배우 송혜교 씨, 가수 싸이 씨를 비롯한 각 분야의 한류 스타들과 협업하면서 더 큰 프로젝트들도 가능해졌습니다. 이 모든 일은 수많은 분들의 도움이 있었기에 가능했고, 특히 국내외 누리꾼들의 따뜻한 응원이 가장 큰 원동력이었습니다.

돌이켜 보면 30년 전만 해도 대한민국이 어디에 있는 나라인지조차 몰랐던 외국인들이, 이제는 한류를 사랑하며 열광하는 시대가 되었습니다. K-팝, K-드라마, K-푸드 등 한국의 콘텐츠는 전 세계인의 일상 속에 깊숙이 자리 잡았습니다. 이렇게 한류의 인기가 높아질수록 중국과 일본은 여전히 우리의 소중한 역사와 문화를 왜곡하거나 자신들의 것으로 만들려는 시도를 멈추지 않고 있습니다.

일본은 독도를 자국 영토라 주장하고, 일본군 위안부 문제나 강제동원 같은 끔찍한 역사적 가해를 부인하고 있으며, 중국은 고구려 및 발해를 자국 역사로 편입시키려는 동북공정뿐만 아니라 김치, 한복까지 자국 기원이라 주장하는 터무니없는 억지 논리를 펼치고 있습니다.

이제는 우리 문화를 세계에 널리 알리는 것뿐 아니라, 이러한 왜곡과 침탈로부터 우리의 역사와 문화를 굳건히 지켜내는 일에도 힘을 쏟아야 할 시점입니다. 이러한 문제의식을 바탕으로, 저는 각 분야의 전문가 열 분과 함께 우리가 반드시 지켜야 할 한국의 문화와 역사에 대한 심도 있는 이야기를 이 책에 담고자 했습니다. 남녀노소 누구나 쉽게 읽고 공감하며, 대한민국의 가치를 다시금 되새길 수 있기를 바라는 마음으로 정성껏 기획했습니다.

이 책이 대한민국을 이해하는 데 귀중한 도움이 되고, 더 나아가 대한민국을 세계에 알리고 지키는 데 작은 디딤돌이 되기를 진심으로 바랍니다. 독자 여러분의 많은 관심과 성원을 부탁드립니다. 감사합니다.

한국으로 돌아가는 비행기 안에서,

서경덕 드림

차례

프롤로그 지금도, 앞으로도 전 세계에 한국을 말합니다 · 4

01 독도

누구도 흔들 수 없는 한반도의 살아있는 역사 · 10

02 임시정부

대한민국임시정부, 세계에 민주공화국을 선포하다 · 46

03 강제동원

당신이 알아야 할 역사 : 일본의 침략 전쟁에 끌려간 조선 민중 · 102

04 일본군 '위안부'

아물지 않는 상처, 역사 앞에 서다 · 152

05 동해

역사와 생명이 흐르는 바다 · 190

06 동북공정
한국인의 자부심을 겨누다 · 234

07 김치
김치 종주국 대한민국, 세계에 당당히 서다 · 268

08 한복
단순한 옷을 넘어 세계를 매혹시킨 문화 아이콘 · 310

09 한글과 한국어
세계로 향한 우리말, K-컬처의 심장이 되다 · 346

10 한류
한국 대중문화, 세계를 사로잡다 · 378

01

독도

누구도 흔들 수 없는 한반도의 살아있는 역사

 푸른 동해 바다 위, 우뚝 솟아오른 우리의 땅 독도는 거친 파도에 맞서는 굳건한 모습으로 한국인에게 벅찬 감동과 강인함을 느끼게 한다. 오랜 세월 한반도와 함께 숨 쉬어 온 독도는 단순한 섬을 넘어, 대한민국 국민에게 살아 숨 쉬는 역사 그 자체다.

 그러나 과연 우리는 이 소중한 독도를 제대로 알고 있는가? 어린 시절부터 낭연한 우리 영도로 배워왔지만, 정작 동해의 작은 섬이 왜 그토록 중요한 의미를 지니는지, 왜 우리의 땅인지, 그곳은 어떤 모습인지 속속들이 아는 이는 드물다. 영토와 역사에 대한 무지와 무관심은 자칫 우리의 소중한 땅을 지키는 데 예상치 못한 어려움을 초래할 수 있다. 끊임없이 독도를 탐내는 이들에게 당당히 맞서 "독도

독도의 전경

는 우리 땅!"이라고 외치기 위해서라도, 우리는 독도에 대해 올바르게 알아야만 한다.

독도, 그곳에 한국 사람들이 살고 있다

누군가 "독도가 왜 한국 땅인가요?"라고 묻는다면 주저 없이 이 답을 먼저 제시해야 한다.

"독도에는 한국 사람들이 살고 있기 때문입니다."

독도에 한국인이 거주한다는 사실은 이 땅이 한국 영토임을 명확히 뒷받침하는 중요한 증거다. 그렇다면 우리 국민은 독도를 어떻게 삶의 터전으로 이루며 살아가고 있는가? 이를 이해하기 위해서는 독도의 지리적 상황을 먼저 살펴볼 필요가 있다.

독도는 동도와 서도, 두 개의 큰 섬과 그 주변에 흩어진 89개의 작은 바위섬으로 이루어져 있다. 서도가 동도보다 더 높고 넓지만, 섬의 둘레는 동도가 약간 더 길다. 특히 서도는 뾰족한 산세를 지닌 반면, 동도는 정상 부근이 비교적 평탄하여 사람이 생활하기에 더욱 적합한 환경을 제공한다. 따라서 현재 독도가 대한민국 영토임을 든든하게 보여주는 독도경비대 건물과 밤바다를 밝히는 독도 등대를 비롯한 대부분의 시설과 인원은 동도에 자리 잡고 있다. 이뿐만 아니라, 섬에 필요한 전력을 공급하는 태양광 발전 시설, 식수를 얻을 수 있는 해수 담수화 시설, 그리고 응급 상황에 대비한 헬기 이착륙장 또한 동도에 마련되어 있다.

독도의 지형

구분	면적	높이	둘레
동도	73,297㎡	98.6m(우산봉)	2.8km
서도	88,740㎡	168.5m(대한봉)	2.6km
기타 부속도서(89개)	25,517㎡		
합계	187,554㎡		

독도 등대는 1954년 8월 처음 설치되었고, 이후 위치 이전과 개축을 거쳐 1998년 현재의 모습으로 완공되어 동해 바다를 비추고 있다. 과거에는 무인 등대였으나, 현재는 3명의 등대관리원이 상주하며 관리한다.

등대 맞은편에는 독도경비대 건물이 있다. 약 20명의 경찰관으로 구성된 경비대 대원들은 이곳에서 생활하며 대한민국의 동쪽 땅끝을 지킨다. 경비대 숙소는 1954년 처음 지어졌고, 몇 차례 개축을 거쳐 현재의 모습을 갖추었다. 등대관리원과 경비대원들은 울릉도 등지의 근무자와 1~2개월 주기로 교대하며 임무를 수행한다.

동도에서 가까이 보이는 서도에는 주민 숙소가 있다. 4층 건물에는 방, 부엌, 화장실 같은 거주 공간은 물론, 자체 발전 시설과 해수 담수화 시설까지 갖추어져 있다. 이 자리에는 과거 독도 주민 최종덕 씨가 직접 지은 집이 있었다. 그는 이곳에 터전을 잡고 어업에 종사했으며, 1981년 독도로 주민등록을 옮겨 대한민국 첫 독도 주민이 되었다. 이후 그의 가족, 다른 어민들, 그리고 독도리 이장을 지낸 김성도 씨 부부 등이 독도 주민으로 살아가며 삶의 터전을 일구었다. 현재 주민 숙소에는 울릉군청 소속인 독도관리사무소 직원과 119구조·구급대원이 함께 생활하며 시설 관리와 방문객 안전을 지원하고 있다.

주민 숙소 뒤편으로는 서도 정상으로 향하는 가파른 계단이 있다. 계단을 따라 넘어가면 반대편 해변에 '물골'이라는 곳이 나온다. 물이 나오는 골짜기라는 뜻의 '물골'은 동굴 형태여서 바람과 파도를

독도 등대

피할 수 있었을 뿐만 아니라 물이 고여 있어 식수를 구할 수 있는 공간이었다. 과거 미역이나 전복 등을 채취하러 독도를 찾았던 해녀와 어민들은 이곳의 물 덕분에 머물 수 있었다. 독도의용수비대의 최초 주둔지이기도 했으나, 해수 담수화 시설 설치 이후로는 거의 이용되지 않는다.

독도의 행정구역상 주소는 '경상북도 울릉군 울릉읍 독도리'이며, 동도, 서도 및 주변 바위섬에는 독도리 1번지부터 96번지까지 지번이 부여되어 있다. 동도 경비대 건물 앞에는 우체통도 설치되어 있다.

독도에는 경비대원과 등대관리원이 상시 거주할 뿐 아니라, 아름

독도 주요 시설물의 주소

구분		주소	우편번호
동도	독도경비대	경상북도 울릉군 울릉읍 독도이사부길 55	40240
	독도 등대	경상북도 울릉군 울릉읍 독도이사부길 63	
서도	주민 숙소	경상북도 울릉군 울릉읍 독도안용복길 3	

다운 독도를 보기 위한 관광객의 발길도 끊이지 않는다. 매년 3월이면 울릉도에서 출발하는 관광선이 독도를 향해 운항을 시작한다. 전국 각지에서 온 방문객들은 태극기를 흔들며 "우리 땅, 독도!"를 외치고 짧은 시간이나마 독도의 감동을 마음에 새긴다. 선착장에서는 때때로 음악회나 다양한 행사가 열려 특별한 추억을 선사하기도 한다.

바람과 파도가 거세지는 11월 중순부터 관광선 운항은 잠시 중단

되지만, 이듬해 봄 3월이면 어김없이 재개된다. 매년 약 20만 명 이상이 독도를 찾아 우리 땅을 밟는 감격을 경험한다. 방문객 중에는 외국인도 적지 않다. 독도를 방문한 외국인들은 늠름한 경비대원, 따뜻한 주민들, 그리고 독도를 사랑하는 수많은 관광객을 직접 보며 독도가 한국 영토임을 실감하곤 한다. 어떤 이들은 멀리 있는 가족에게 "지금 한국 땅, 독도에 와 있다"라고 흥분된 목소리로 전하기도 한다.

이처럼 독도에 한국인이 살고, 대한민국의 행정력이 미치며, 수많은 국민과 외국인이 방문하는 현실은 독도가 한국 영토임을 보여주는 가장 확실한 증거다. 그 누구도 대한민국 정부의 허가 없이는 독도에 발을 들일 수 없다. 독도는 대한민국의 법이 적용되는 명백한 대한민국의 영토이기 때문이다.

아무도 넘볼 수 없는 우리의 영토, 독도

일본은 독도가 자국 영토라고 주장하며, 한국이 독도를 '불법 점거'하고 있다고 목소리를 높인다. 최근에는 이러한 내용을 교과서에 싣고, 정부 공식 문서인 외교청서에도 기술하여 국내외에 알리고 있다. 심지어 한국인의 독도 출입과 시설물 건축 등 정당한 활동마저 불법이라고 항의하며, 인원 철수와 시설물 철거까지 요구하고 있다.

일본은 독도의 영공도 자기네 것이라고 주장한다. 2019년 7월 23

일 러시아 군용기가 독도 영공을 침범한 적이 있었다. 당연히 대한민국 공군은 즉각 전투기를 출격시켜 대응했다. 그런데 일본 정부는 이를 두고 러시아는 물론 우리나라에도 항의했다. 독도 영공 역시 일본 영공이므로 한국 전투기 출격은 부당하다는 것이었다. 또한 일본은 독도 주변 바다 역시 자신들의 것이라며, 울릉도와 독도 사이에 해양 경계선 설정을 집요하게 요구하고 있다. 이는 역사적 진실을 외면하는 주장이다.

하지만 역사적으로 독도 주변 해역에 대한 일본의 접근은 제2차 세계대전 종전 후 이미 제한되었다. 1945년 8월 15일 일본이 연합국에 무조건 항복한 후, 연합국최고사령관SCAP이 일본을 통치했다. 연합국최고사령관은 일본 통치 조치 중 하나로 일본 어선의 조업 구

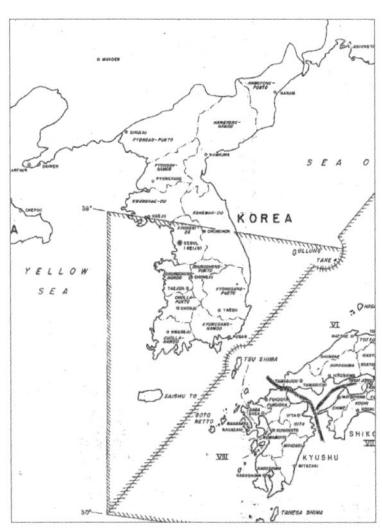

연합국최고사령관(SCAP) 행정구역도 일부

역을 제한했다. 제2차 세계대전 직후, 일본 어선들이 태평양 등지에서 자원을 남획하는 것을 막기 위해 일본 열도 주변으로 조업 구역을 설정한 것이다. 이 경계선을 초대 사령관이었던 더글라스 맥아더 Douglas MacArthur의 이름을 따 '맥아더 라인'이라 불렀다.

맥아더 라인은 1945년 9월에 처음 설정되어 몇 차례 변경되었는데, 1946년 6월 연합국최고사령관 각서 SCAPIN 제1033호는 일본 국민과 선박의 독도 12해리 이내 접근 금지를 명시하고 있다. 이 규정은 연합국 통치 기간인 1952년 4월까지 유지되었다.

또한, 연합국최고사령관은 1946년 1월 SCAPIN 제677호를 통해 독도를 울릉도, 제주도와 함께 일본의 통치 영역에서 명시적으로 제외했다. 이 지령 역시 연합국 통치 기간 내내 효력을 유지했다. 따라서 1945년 9월부터 1952년 4월까지 일본인의 독도 상륙이나 주변 해역 조업은 금지되었다. 반면, 한국인들은 자유롭게 독도에서 조업할 수 있었다. 울릉도 주민은 물론 강원도 어민들까지 독도에서 활발히 조업했다.

광복 이후 한국인들은 독도 조사 활동도 활발히 전개했다. 1947년 8월 조선산악회는 우리 국토의 산악과 도시지역을 탐사하고 지형과 동식물 등을 체계적으로 조사하는 '국토구명사업'의 일환으로 대규모 학술 조사단을 울릉도와 독도에 파견했다. 그때 미군정청 소속 한국인 공무원들을 포함한 72명의 인원이 독도를 방문하여 조사하고 독도가 한국의 영토임을 알리는 표목을 세웠다. 이후 조선산악회의

1953년 한국산악회 독도 학술 조사
출처 : 한국산악회

후신인 한국산악회가 1952년과 1953년에도 정부 지원을 받아 독도 학술 조사를 이어갔다.

이처럼 대한민국은 광복 이후 독도를 실질적으로 관리하고 이용해 왔다. 그러나 일본 측은 1952년 한국이 일방적으로 '평화선'을 선포하여 독도를 포함시켰다고 주장하며 문제를 제기했다.

대한민국 정부가 1952년 1월 평화선을 선포하게 된 배경은 무엇일까? 1952년 4월 샌프란시스코 강화조약 발효를 앞두고 맥아더 라인 폐지가 예정되자, 일본 어선들이 다시 한국 해역으로 몰려와 어업 자원을 남획할 것이라는 우려가 컸다. 당시 대한민국은 6·25 전쟁 중으로 여러모로 어려웠고, 일본 어선의 대규모 조업은 심각한 위협이 될 수 있었다. 전시 상황이었지만, 과거 침략의 역사 때문에 일본에 대한 경계를 늦출 수 없었다. 이에 대한민국 정부는 일본 어선의 접근을 막기 위해 맥아더 라인 등을 참고하여 평화선을 선포했다.

평화선이 선포되자 일본 정부는 즉각 문제를 제기하며, 자국 영토인 독도가 평화선 내에 불법적으로 포함되었다고 항의했다. 과연 일본의 주장대로 독도는 일본 땅이었을까? 역사적 사실을 통해 이를 검토해 보자.

일본의 억지와 궤변 :
역사적 사실이 증명하는 문제점

일본이 독도를 자국 영토라고 주장하는 근거는 크게 세 가지다. 첫째, 17세기 중반 일본 어민들이 울릉도를 오가며 독도에 들러 조업했으므로 일본 영토로 확립되었다는 것이다. 둘째, 1905년 각의 결정을 통해 독도를 시마네현에 편입하여 영유 의사를 재확인했다는 것이다. 셋째, 1952년 샌프란시스코 강화조약에서 독도를 포기하라는 명문 규정이 없으므로 일본 영토로 인정되었다는 것이다.

이 주장들은 여러 모순과 역사 왜곡을 담고 있다. 원래 1905년 일본 정부는 국제법상 무주지 선점론에 따라 주인 없는 땅인 독도를 일본의 영토로 편입한다고 했다. 그런데 그 후 17세기부터 자국 영토였다는 주장과 1905년에 주인 없는 땅이어서 편입했다는 주장이 명백히 모순된다는 것을 알게 되었다. 그러자 일본 정부는 이 모순을 감추기 위해 1905년 영토 편입 조치를 '무주지 선점'이 아니라 '영유 의사 재확인' 행위라고 말을 바꾸었다. 그러나 이는 논리적 모순을 감추려는 시도일 뿐이다.

1905년 당시 독도가 주인 없는 땅이었다는 것도, 그 이전부터 일본 고유 영토였다는 것도 모두 사실이 아니다. 이는 일본 스스로 남긴 기록과 지도를 통해 증명된다.

① 『은주시청합기隱州視聽合記』

일본의 한 지방 관리가 독도에서 일본 쪽으로 가장 가까운 오키섬에 대해 기록한 책이다. 이 책에는 일본의 북서쪽 경계가 오키섬이라고 명시되어 있으며, 울릉도와 독도는 일본 영토가 아님을 서술하고 있다. 이는 17세기 일본 스스로 독도를 자국 영토로 인식하지 않았다는 중요한 증거다.

② 태정관 지령太政官 指令

메이지 유신 이후 일본 정부는 국토 조사 과정에서 울릉도와 독도의 귀속 문제를 검토했다. 내무성은 조사를 통해 울릉도와 독도가 일

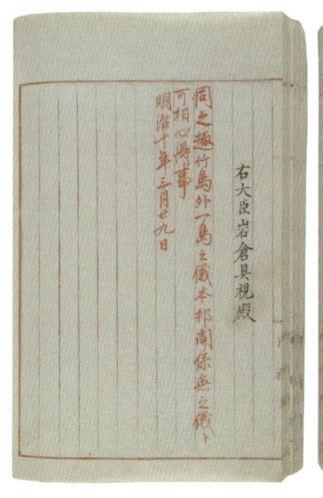
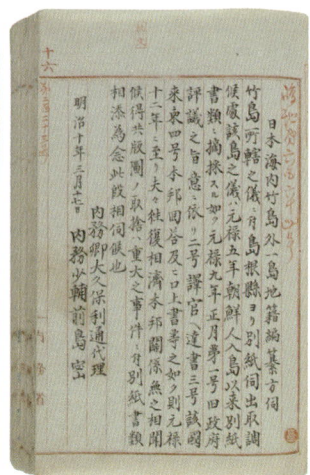

태정관 지령
출처 : 동북아역사재단

본 영토가 아니라는 결론을 내리고, 최고 국가기관인 태정관에 최종 결정을 요청했다. 태정관은 검토 끝에 '문의한 울릉도와 그 외 한 섬(독도)은 일본과 관계없음을 명심할 것'이라는 지령을 내렸다. 이는 1877년 일본 메이지 정부의 최고 기관 스스로 독도가 일본 땅이 아님을 공식 인정한 역사적 사실이다.

이러한 태정관 지령에는 17세기 말 이른바 '안용복 사건'이 큰 영향을 미쳤다. 1693년 안용복 등 조선 어민이 울릉도에서 불법 조업하던 일본 어민들에게 납치된 사건을 계기로 조선과 일본 간 울릉도 영유권 다툼이 있었다. 결국, 일본 막부는 울릉도가 조선 영토임을 인정하고 1696년 일본 어민이 울릉도로 건너가는 것을 금지하는 명령인 '울릉도 도해渡海 금지령'을 내렸다. 이 과정에서 막부는 돗토리번(지금의 돗토리현)에 울릉도와 독도의 소속을 문의했고, 돗토리번은 울릉도와 독도 모두 자신들의 행정구역에 속하지 않는다고 명확히 회답했다. 돗토리번은 당시 울릉도를 드나들던 어민들이 속한 지역이었다.

당시 일본은 울릉도와 독도를 한 묶음으로 인식하는 경향이 있었

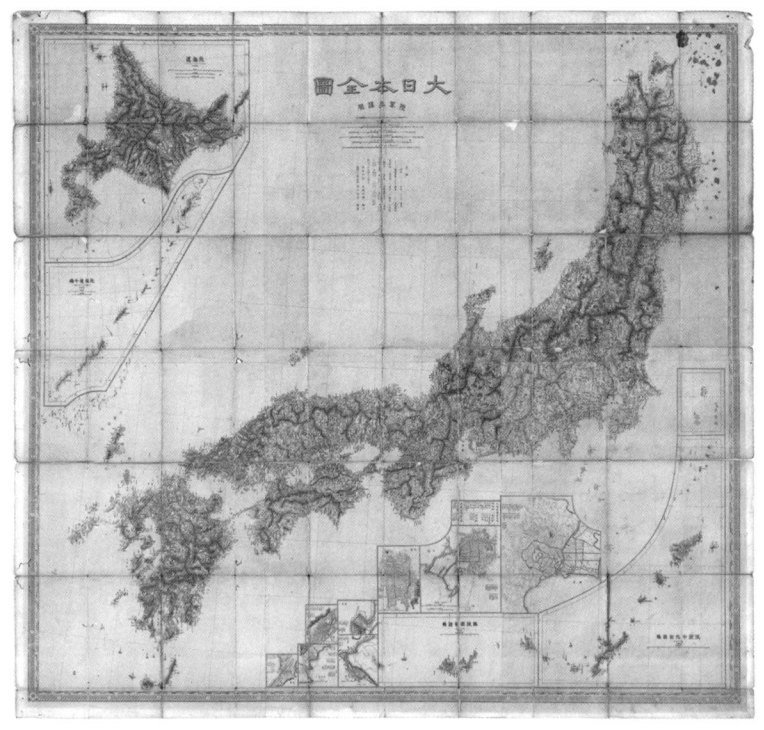

대일본전도

으며, 독도를 울릉도의 부속 섬으로 여겼다. 따라서 울릉도가 조선 영토로 확인되면서 독도 역시 조선 영토임이 자연스럽게 인정된 것이다.

③ 대일본전도 등

태정관 지령 이후 일본 정부가 제작한 공식 지도에서는 울릉도와 독도가 일본 영토로 표기되지 않게 된다. 19세기 말 「대일본전도」(1877년), 「대일본국전도」(1880년) 등이 대표적인 예다.

④ 영토 침탈 행위

일본은 독도 영유권 주장에 대한 20세기 이전의 근거가 부족하자, 최근 20세기 초 독도를 실질적으로 '경영'했다는 주장을 강조하고 있다. 1905년 1월, 일본 정부가 러일전쟁 중 비밀리에 독도를 일본의 영토에 편입하고, 나카이 요자부로中井養三郎 등 어업자들에게 독점적 어업권을 주어 바다사자를 잡게 한 것을 근거로 삼는다.

이러한 논리라면, 과거 일본인들이 울릉도에서 벌인 불법 벌목, 무단 거주 및 상행위, 심지어 1902년 경찰관 주재소 불법 설치 등을 내세우며 울릉도도 자국의 영토라고 주장할 수 있을 것이다. 그러나 이러한 행위는 명백한 대한제국 영토 침탈 행위였다. 다행히 대한제국은 1900년 칙령 제41호를 통한 울도군 설치 등으로 적극 대응했다.

흥미롭게도 일본은 독도에서의 바다사자 잡이를 강조하면서도,

같은 시기 러일전쟁 중 독도에 해군 망루를 설치한 사실은 실효적 지배의 근거로 잘 언급하지 않는다. 이는 침략의 역사를 희석하려는 의도로 보인다. 바다사자 잡이든 망루 건설이든, 모두 한국 영토인 독도에서 벌어진 침탈 행위였다.

독점적 어업권을 청원했던 나카이 요자부로 자신도 처음에는 독도가 한국 땅임을 인지하고 일본 정부를 통해 한국 정부에 임대를 청원하려 했다. 또한, 영토 편입 과정에서 일본 내무성 관리조차 독도를 편입하면 한국 영토 침탈이라는 의심을 받을 것이라며 반대 의견을 표명했다.

결국 일본이 독도를 실효적으로 지배했다고 내세우는 근거들은 1904년 한일의정서 강제 체결 이후 러일전쟁의 혼란 속에서 대한제국의 주권이 제약받던 시기에 이루어진 것들이다.

결론적으로, 일본이 17세기 중반에 독도 영유권을 확립했다는 것도, 1905년에 영유 의사를 재확인했다는 말도 모두 역사를 왜곡한 주장이다. 역사적으로 일본이 독도 영유권을 확립한 적이 없으므로, 1952년 샌프란시스코 강화조약을 통해 일본 영토로 인정받았다는 주장 또한 성립할 수 없다.

역사가 새긴 증거 :
고문헌 속 독도

　맑은 날 울릉도에서는 독도가 보인다. 울릉도 주민들은 오래전부터 독도의 존재를 자연스럽게 인지했다. 독도는 그들에게 단순한 섬 이상으로, 삶의 일부와 같은 존재다. 이러한 지리적 근접성과 일상적 인식은 역사적 문헌에서도 분명하게 드러나며, 조선시대부터 대한제국 시기에 이르기까지 여러 공식 기록물을 통해 독도가 한국 영토임을 확인할 수 있다.

울릉도에서 보이는 독도
출처 : 동북아역사재단

① 『세종실록』「지리지」(1454년)

"우산(于山, 독도)·무릉(武陵, 울릉도) 두 섬이 울진현 정동쪽 바다 가운데 있다."

이 기록은 독도의 존재를 기록한 가장 오래된 국가기관 편찬 기록 중 하나로, 울진현에 우산도(독도)와 무릉도(울릉도) 두 섬이 있음을 분명히 하고 있다.

② 『신증동국여지승람』「팔도총도」(1531년)

이 지도에는 동해상에 우산도(독도)와 울릉도가 나란히 그려져 있다. 비록 우산도의 위치가 실제와 다르게 울릉도 서쪽에 그려져 있지만, 조선 정부가 독도를 울릉도와 함께 우리 영토로 인식하고 있었음을 보여주는 중요한 증거다.

③ 『숙종실록』 등

17세기 말 안용복 사건 이후 조선의 지도와 기록에서는 독도의 위치가 울릉도 동쪽으로 보다 정확하게 표시되기 시작한다. 만약 우산도가 가상의 섬이었다면 이 시기 이후 사라졌을 수 있지만, 『숙종실록』 등 여러 정부 문서에 꾸준히 기록되어 실존하는 섬임을 증명한다.

한편, 일본에서는 독도를 '송도(마쓰시마)'라고 불렀다. 『동국문헌비고』(1770년), 『만기요람』(1808년) 등에는 '울릉과 우산은 모두 우산국의 땅이며, 우산은 즉 일본이 말하는 송도'라고 기록되어 있어, 당시 일본의 명칭을 조선에서도 인지하고 있었음을 보여준다. 또한, 「동국대지도」(18세기 중반), 「아국총도」(18세기 후반) 등 조선 지도에서도 변함없이 독도를 울릉도 동쪽에 그리고 '우산'으로 표기하며 우리 영토임을 분명히 했다.

④ 대한제국 칙령 제41호 (1900년)

1900년 10월 25일, 대한제국은 일본 세력의 울릉도 침탈에 대응하여 칙령 제41호를 제정했다. 이를 통해 울릉도를 '울도'로 개칭하고 군으로 승격시키면서, 울도군수가 '석도石島', 즉 독도를 관할하도록 명확히 규정했다. 석도는 당시 울릉도 주민들이 부르던 '독섬'의 뜻을 한자로 표기한 것이다. 이는 대한제국이 독도를 울도군의 관할 아래 둔 명백한 우리 영토로 확고히 인식했음을 보여주는 증거다.

⑤ 울도군수 심흥택 보고서 (1906년)

> 1906년 울도군수 심흥택은 보고서에 '본군 소속 독도獨島'라고 기록하여 독도가 행정구역상 울도군 소속임을 재확인했다. 이때 사용된 '독도'는 '독섬'의 소리를 한자로 표기한 것이다. 결국 독섬, 석도, 독도는 모두 하나의 섬을 가리키는 이름으로, 우리 역사 속에서 자연스럽게 사용되어 온 명칭이다.

집요한 일본의 독도 영유권 주장, 그 속내는 무엇일까?

일본은 도쿄의 '영토·주권 전시관', 시마네현의 '죽도竹島(독도의 일본 명칭) 자료실' 등을 운영하며 독도 영유권 주장을 펼치고 있다. 이러한 시설들을 통해 독도가 일본 땅이라는 왜곡된 인식을 자국민과 국제사회에 심으려 한다.

광복 후 일본 정부가 공식적으로 독도 영유권을 주장하기 시작한 것은 1952년 1월, 대한민국이 평화선을 선언했을 때부터다. 이후 일본은 독도를 자국 영토로 탈취하기 위해 다양한 시도를 했다.

심지어 일본은 대한민국 몰래 독도를 미 공군 폭격 연습지로 제공하기도 했으나 우리 정부가 미국 측에 항의하여 곧 해제되었다. 그러나 일본은 포기하지 않고 이후에도 관리들을 불법 상륙시켜 '일본 영토'라는 표목을 설치하거나, 독도 주변에 일방적인 어업 구역 설정을 시도하기도 했다. 이러한 침탈 시도에 맞서 독도의용수비대(대장 홍순칠)와 경찰 경비대가 독도를 지켰다.

1965년 한일 국교 정상화 과정에서도 일본의 독도 영유권 주장은 계속되었다. 일본은 '독도 영유권 문제'를 국제사법재판소ICJ에 제소하자고 요구했지만, 대한민국 정부는 이를 일관되게 거부했다. 독도는 명백한 한국 영토이므로 영토 분쟁 자체가 존재하지 않으며, 일본이 이를 분쟁화하려는 시도에 응할 필요가 없다는 입장이었다. 국제사법재판소 제소는 분쟁 당사국 쌍방의 동의가 필요하므로, 한국의 거부로 일본의 시도는 불가능했다.

1996년 유엔해양법협약UNCLOS 비준 이후, 한일 양국은 200해리 배타적 경제수역EEZ 경계 획정이 필요해졌다. 그러나 일본이 독도를 자국 영토라 주장하며 울릉도와 독도 사이에 무리한 경계선을 요구하여 EEZ 경계는 확정되지 못했다. 대신 1998년 새로운 한일어업협정을 체결하면서 독도 주변에 중간수역을 설정했다. 그러나 독도 섬 자체와 그 주변 12해리 영해는 이 중간수역에 포함되지 않으며, 대한민국의 배타적 주권 하에 있다. 대한민국 해양경찰 경비정이 365일 독도 영해를 수호하고 있다.

최근 일본 정부는 초·중·고등학교의 교육과정 지침인 '학습 지도 요령'에 독도 관련 내용을 명기하여 교육을 강화했다. 이로 인해 현재 일본의 거의 모든 사회과 교과서에는 독도가 '일본 고유의 영토'라는 왜곡된 내용이 실려 있다. 이는 미래 세대에게까지 잘못된 역사를 주입하려는 심각한 역사 왜곡이다.

일본이 이처럼 독도 영유권 주장을 계속하는 이유는 무엇일까? 그것은 독도를 분쟁 지역화하여 동해에서 자신들의 경제적, 군사적 입지를 강화하고자 하는 계산된 전략이라는 것이다.

독도 :
알아야 사랑하고, 알아야 지킬 수 있다

일본의 끊임없는 도전에 맞서, 우리는 독도에 대한 깊은 관심과 애정을 가져야 한다. 독도의 역사와 가치를 제대로 아는 것이 우리 땅을 굳건히 지키는 힘이다. 책, 인터넷 자료, 전국 각지의 독도체험관 등 다양한 방법으로 독도를 배울 수 있다. 특히 서울 영등포에 위치한 동북아역사재단 독도체험관에서는 독도 모형과 관련 자료, 영상을 통해 독도를 입체적으로 이해할 수 있다.

그러나 가장 좋은 방법은 직접 독도를 방문하는 것이다. 푸른 동해를 가로질러 도착한 독도는 그 자체로 살아있는 영토와 역사 교육의 현장이다. 독도에 내리면 선착장 주변 동도 해안가에 나란히 서있는 세 개의 비석이 눈에 띈다. 이 비석들은 독도가 우리에게 어떤 의미인지 되새기게 한다.

① **독도 조난어민위령비**

이 비석은 1948년 6월 8일 훈련 중이던 미 공군기의 폭격으로 희생된 우리 어민 14명을 추모하기 위해 1950년에 처음 세워졌고, 2005년에 다시 건립되었다. 독도가 예로부터 우리 국민의 삶의 터전이었음을 증명하는 상징물이다.

독도 조난어민위령비

② 한국산악회 독도 표석

한국산악회 독도 표석은 한국산악회가 1953년에 세운 것이다. 원래 1952년 세우려 했으나, 당시 미군의 독도 폭격으로 연기되었다. 이 사건을 계기로 한국 정부는 미군 측에 강력히 항의하여 독도를 폭격 연습지에서 해제시켰다. 이 표석은 생명의 위협 속에서도 독도가 한국 영토임을 알리려 했던 의지를 보여주는 기념비다.

한국산악회 독도 표석

③ 대한민국 영토 표석

이 표석에는 '대한민국 경상북도 울릉군 독도의 표'라고 새겨져 있다. 1952년 4월 샌프란시스코 강화조약 발효 후 일본이 독도 침탈 기회를 엿보던 시기에 세워졌다. 1953년과 1954년 일본인들이 불법 상륙하여 일본 영토 표목을 세우고 우리 어민을 위협하는 행위를 저질렀다. 이에 위기감을 느낀 울릉도 주민들이 자발적으로 '독도의용수비대'를 조직하여 독도를 지켰다. 이 표석은 경상북도가 이러한 역사적 과정 속에서 세운 것으로, 일본의 침탈 시도에 맞서 독도를 지켜낸 국민적 의지와 민관의 단결된 힘을 보여주는 상징물이다.

이처럼 독도는 단순한 섬이 아닌, 우리 국민의 땀과 눈물, 피가 스며있는 소중한 땅이다. 우리의 아름다운 영토 독도를 영원히 지키고 발전시키기 위해서는 독도에 대한 지속적인 관심과 깊이 있는 이해가 필요하다. 이것이 바로 독도를 지키는 가장 확실한 길이다.

대한민국 영토 표석

한국 알리미 서경덕의 독도 이야기

최근 일본의 독도 도발이 심화되면서, 제 SNS 계정을 통해 팔로워들에게 각국의 지도에서 독도 표기 현황을 알려 달라고 요청했습니다. 그러자 미국, 프랑스, 이집트, 필리핀 등 22개국 팔로워분들께서 조사 결과를 제보해 주셨습니다.

제보 받은 22개국 애플 아이폰 지도에는 '독도Dokdo'에 대한 표기가 전혀되어 있지 않았습니다. 한국에서만 '독도'라고 제대로 표기되었고, 일본에서는 일본이 주장하는 '다케시마竹島'로 나왔습니다.

여기서 끝이 아닙니다. 지난 2019년, 세계인이 가장 많이 이용하는 구글 지도에서의 독도 표기 현황을 파악하기 위해 26개국 한인 누리꾼들에게 제보를 받았습니다. 그 결과, 26개국 구글 지도에서 독도가 '리앙쿠르 암초Liancourt Rocks'로 표기된 사실을 확인했습니다. 뿐만 아니라, 한국 내 검색 결과에서만 '독도'로 정확히 나타났고, 일본 내 검색에서는 '다케시마'로 표기되었습니다.

구글 지도에 독도가 '리앙쿠르 암초Liancourt Rocks'로 표기된 것을 '독도Dokdo'로 변경해야 합니다. 그리하여 지난 3년간 구글 측에 꾸준히 항의해 왔으나, 아직 시정되지 않고 있습니다. 하루 수십억 명이 검색하고 이용하는 구글과 아이폰에서 독도 표기가 잘못되었거나 아예 누락되어 있다는 것은 매우 심각한 문제입니다. 조만간 독도 지명에 관한 새로운 영문 자료를 제작하여 애플과 구글 측에 시정을 요구하는 항의를 계속해 나갈 예정이며, 독도가 올바르게 표기되는 날까지 꾸준히 노력할 것입니다.

또한, 세계 곳곳에 거주하시는 팔로워분들께서 평소 독도와 관련하여 많은 제보를 해 주고 계십니다. 그와중에 전 세계 누리꾼이 많이 사용하는 마이크로소프트의 '빙Bing'이라는 검색 엔진에서 심각한 문제가 발견되었습니다. 미국에서 'Dokdo'를 검색했을 때, 메인 사진에는 '리앙쿠르 암초'로 표기하고 설명 부분에서는 '일본의 섬'이라고 소개하는 황당한 결과가 나타난 것입니다.

더욱이 일본에서 'Dokdo'를 검색했을 때, 일본 측이 주장하는 '다케시마'로 표기하고 설명에서는 '한일 간 다툼 중인 일본해에 있는 섬'이라고 소개했습니다. 잘 아시는 바와 같이 독도는 역사적, 지리적, 국제법적으로 명백한 대한민국 영토인 만큼 일본과의 분쟁 지역이 전혀 아닙니다. 그렇기 때문에 이는 매우 잘못된 소개문입니다. 황당하게도 미국과 일본에 잘못 게시된 것과 달리, 한국에서 'Dokdo'를 검색했을 때는 정확히 '독도'로 표기하고 설명 부분에서는 '동해의 암초'로 소개하고 있습니다.

최근 러시아판 위키피디아인 '루비키ruwiki'가 독도를 일본과의 분쟁 지역으로 설명한 것을 발견하고, 제가 직접 항의 메일을 보내 '독도는 한국에 속한다'로 올바르게 수정시킨 사례가 있습니다. 이처럼 미국 마이크로소프트 측에도 지속적으로 항의 메일을 보내, 전 세계 누리꾼이 독도에 관한 올바른 정보를 얻을 수 있도록 신속한 시정을 촉구하겠습니다.

　이런 와중에 최근 넷플릭스에서 공개된 한 예능 프로그램에 독도가 등장하여 온라인에서 큰 화제가 되었습니다. 2025년 4월 중순에 공개된 〈대환장 기안장〉 6회에서는 태극기를 들고 독도 관광에 나선 부자의 모습이 그려졌습니다. 특히 한글뿐만 아니라 영어, 일본어로도 독도를 그대로 표기하여 눈길을 끌었습니다.

　그동안 넷플릭스는 동해를 '일본해'로 표기하여 논란을 빚었고, 김치를 중국식 채소 절임인 '파오차이泡菜'로 표기해 큰 질타를 받기도 했습니다. 그렇기에 이번 예능에서 독도를 정확히 표기한 것은 매우 환영할 만한 일입니다. 독도에서 직접 촬영한 영상을 글로벌 OTT를 통해 전 세계 시청자들에게 보여줄 수 있다는 것은 우리만이 할 수 있는 의미 있는 활동이기 때문입니다.

　이제 우리는 독도에 관한 일본의 부당한 주장에 단호히 대처해야 하며, 예능·드라마·영화 등 문화 콘텐츠를 활용한 전 세계 독도 홍보를 더욱 강화해 나가야 합니다. 이제 곧 독도에 관한 애니메이션을 공개할 예정입니다. 국내 채널은 물론 세계적인 OTT를 통해 독도를 전 세계에 널리 알리겠습니다.

　한편, 일본 정부와 시마네현, 그리고 극우 언론에서는 독도에 대한 끊임없는 도발을 지속하고 있습니다. 지난 2월 22일 일본 시마네현에서는 일본이 주장하는 독도의 명칭을 내걸고 '다케시마의 날' 행사를 개최했습니다. 올해로 20회째 행사를 치러 왔는데, 매년 행사

규모가 커지고 있으며 일본 정부는 13년째 차관급인 정무관을 파견했습니다.

이날 일본의 우익 매체인 『산케이신문』 사설에서는 '한국이 불법 점거한 지 70년 이상 경과했다'며 '명백한 주권 침해로 결단코 용납될 수 없다'고 주장했습니다. 또한 이 매체는 '역사적으로나 국제법상으로 다케시마는 일본 고유의 영토'라고 덧붙였습니다. 특히 '북방 영토의 날'은 일본 정부가 제정했는데, '다케시마의 날'은 아직도 시마네현이 제정한 날이라는 점을 언급하며, 중앙 정부 차원에서 이를 제정할 것을 촉구했습니다.

수많은 누리꾼의 손도장으로 제작한 초대형 태극기를 독도 바다 위에 띄웠다.

『산케이신문』은 역사적, 국제법적으로 독도가 일본 땅이라고 늘 '주장'만 할 뿐, 올바른 '근거'를 제시하지 못하는 것이 특징입니다. 『산케이신문』측은 '태정관 지령'에 대해 혹시 들어보지 못했습니까? 태정관 지령을 누가 만들었는지, 어떤 내용인지 먼저 파악해 본 후, 독도가 역사적으로 어느 나라 땅인지 판명해 보시기 바랍니다. 언론 매체가 제대로 된 근거 없이 자국 내 여론만 호도하려 한다면, 아예 폐간하는 것이 마땅합니다. 이제라도 진실을 직시하시길 바랍니다.

이러한 활동들을 대학교 1학년 때부터 시작하여 지금까지 30년간 진행해 오면서, 일본 우익들의 표적이 되었습니다. 한번은 일본 극우 세력이 제 사칭 계정을 활용하여 SNS에서 다케시마와 욱일기를 홍보하며 큰 논란을 일으켰습니다. 많은 누리꾼에게 제보를 받고 확인한 결과, 일본 우익들이 제 사칭 계정을 여러 개 만들어 부당한 주장을 유포하고 있었습니다. 이 사칭 계정들의 특징은 제 얼굴을 프로필 사진으로 사용하며, 마치 제가 '다케시마는 일본 땅', '욱일기는 아름다운 깃발'이라고 주장하는 것처럼 보이도록 꾸민 것이었습니다. 특히 일부 누리꾼들이 이러한 사칭 계정에 속아 '변심할 줄 몰랐다', '정말 실망이다' 등의 DM을 제게 보내와 당혹감을 느꼈습니다.

오랜 기간 동안 끊임없는 욕설과 살해 협박을 받아왔으며, 저뿐만 아니라 가족들까지 협박당하는 일도 많았습니다. 이제는 사칭 계정을 만들어 또다시 괴롭히고 있습니다. 하지만 이와 같은 행위로 독도가 일본 땅이 될 수는 없습니다. 이러한 어리석은 행동은 오히려 일본의 이미지만 더욱 깎아내리는 행위일 뿐입니다. 부디 일본 극우 세력의 사칭 계정에 절대 속지 않도록 주의해 주십시오. 저의 공식 계정은 바로 이곳 @seokyoungduk입니다.

  지금까지 독도와 관련된 수많은 활동들을 펼쳐 왔습니다. 『뉴욕타임스』, 『워싱턴포스트』, 『월스트리트저널』 등 세계적인 유력 매체에 지속적인 독도 광고 캠페인을 펼쳐 왔습니다. 뉴욕 타임스스퀘어 등 세계 유수의 관광지에 옥외 광고를 게재하고, 유튜브, 페이스북 등

독도의 주소 안내판에서 포즈를 취한 서경덕 교수

누리꾼 10만 명과 함께 『워싱턴포스트』에 독도 광고를 실었다.

다양한 온라인 매체에도 광고를 집행해 왔습니다. 향후 더 세련된 방법으로 독도를 전 세계에 알려 나가겠습니다.

02

임시정부
대한민국임시정부, 세계에 민주공화국을 선포하다

　한 국가의 역사는 그 구성원들이 자긍심을 가질 때 더욱 빛난다. 세계 여러 나라가 수천 년의 역사를 기록하고 보존하며 미래 세대에게 전하려 노력하는 이유다. 역사는 단순히 과거 기록에 머물지 않는다. 특히 굴곡진 시간을 헤쳐 온 민족에게 역사는 구성원을 하나로 묶는 끈이자 미래를 향한 용기의 원천이 된다. 일제강점기, 국권을 상실했던 우리 민족에게 3·1운동과 대한민국임시정부는 민족의 자긍심을 회복하고 빼앗긴 주권을 되찾기 위한 간절한 염원의 상징이었다. 이제 대한민국임시정부의 발자취를 따라가며 그 역사적 의미와 오늘날 우리에게 던지는 메시지를 되짚어 본다.

대한민국 헌법의 위대한 시작 :
3·1운동과 임시정부가 세운 민주주의의 이정표

    2025년은 일제로부터 해방된 지 80주년이자 남북이 분단된 지 80년이 되는 해다. 또한 을사늑약이 체결된 지 120년이 되는 해이기도 하다. 1905년 11월 17일, 일제는 대한제국의 외교권, 교육권, 재정권 등을 강탈한 을사늑약을 강제로 체결했다. 이는 대한제국을 식민지로 만들기 위해 치밀하게 준비한 침략의 결과였다. 결국, 을사늑약으로 대한제국은 주권국가의 지위를 잃었다. 그리고 1910년 8월 29일, 우리 민족은 국권을 완전히 빼앗기는 비극적인 경술국치를 맞이했다. 이처럼 을사늑약은 대한제국이 일제의 식민지로 전락하는 결정적 계기였으며, 우리 역사에서 가장 큰 시련의 시작이었다.

    우리 민족의 가장 큰 치욕이자 아픔인 경술국치 이후, 나라의 주권을 되찾기 위해 자신의 안위를 돌보지 않은 이들이 있었다. 우리는 조국을 위해 헌신한 이들을 '독립운동가'라 부른다. 이들은 개인의 안위보다 조국의 독립을 먼저 생각했고, 그 숭고한 희생 덕분에 우리는 마침내 광복을 맞이할 수 있었다. 오늘날 우리가 누리는 대한민국은 이름 모를 수많은 독립운동가의 값진 헌신 위에 세워졌다. 대한민국의 헌법적 가치는 1919년 3·1 독립선언서와 그해 4월 11일 수립된 대한민국임시정부의 임시헌장에서 비롯되었다. 이는 민주공화국이라는 우리의 정체성을 처음으로 명문화한 소중한 초석이다.

해방 이후 대한민국 정부 수립 과정과 그 이후 민주주의는 수많은 시련을 겪었다. 하지만 4·19 혁명, 5·18 민주화운동, 촛불혁명 같은 역사적 순간들을 통해 국민은 헌법적 가치를 굳건히 지켜냈다. 특히 5·18 민주화운동은 그 숭고한 정신을 인정받아 유네스코 세계 기록 유산으로 등재되어 세계가 주목하는 민주주의의 이정표가 되었다. 이처럼 우리는 역사의 고비마다 대한민국의 헌법적 가치를 지켜왔으며, 이는 오늘날 우리가 계승해야 할 가장 소중한 유산이다.

대한민국 헌법 전문은 3·1운동의 정신을 계승하고 있음을 분명히 밝히고 있다. 1948년 7월 제정된 제헌헌법 전문은 다음과 같다.

> 유구한 역사와 전통에 빛나는 우리들 대한국민은 기미 삼일운동으로 대한민국을 건립하여 세계에 선포한 위대한 독립정신을 계승하여 이제 민주독립국가를 재건함에 있어서 정의인도와 동포애로써 민족의 단결을 공고히 하며 모든 사회적 폐습을 타파하고 민주주의 제도를 수립하여 정치, 경제, 사회, 문화의 모든 영역에 있어서 각인의 기회를 균등히 하고 능력을 최고도로 발휘케 하며 각인의 책임과 의무를 완수케 하여 안으로는 국민생활의 균등한 향상을 기하고 밖으로는 항구적인 국제 평화의 유지에 노력하

여 우리들과 우리들의 자손의 안전과 자유와 행복을 영원히 확보할 것을 결의하고 우리들의 정당 또 자유로이 선거된 대표로서 구성된 국회에서 단기 4281년 7월 12일 이 헌법을 제정한다.

3·1운동은 한국 독립운동사에서 민족의 역동성을 세계에 알리며 전 세계의 주목을 받았다. 이는 단순한 시위를 넘어 인류 보편적 가치를 실현하려 했던 민족의 거대한 외침이자 역사의 흐름을 바꾼 항쟁이었다. 3·1운동은 지역, 성별, 계층을 초월한 거족적인 운동이었다. 중국의 저우언라이周恩來●조차 3·1운동의 열기를 직접 느끼기 위해 일본 유학 중 서울을 방문했을 정도였다.

대한민국임시정부는 3·1운동의 정신을 이어받아 탄생했다. 시대적 염원을 담아 출범한 임시정부는 한국 민주주의의 시작이었다. 상해에 모인 독립운동가들은 오늘날의 국회 격인 '임시의정원'을 조직하여 첫 헌법인 임시헌장을 제정하고 민주공화국을 선포했다. 일제는 임시정부를 '가정부假政府'라 폄하했지만, 임시정부는 27년간 끊

● 저우언라이周恩來 : 마오쩌둥과 함께 중화인민공화국을 수립한 정치인. 제1대 총리 겸 외교부장을 지냈다.

3·1운동

임없이 일제에 저항하며 민족의 정통성을 지켰다. 대한민국임시정부는 독립운동의 구심점 역할을 했으며, 중국을 비롯한 국제사회와의 연대를 통해 독립운동의 기반을 넓히는 데 기여했다.

상하이, 대한민국의 찬란한 씨앗을 싹틔우다 : 임시정부가 그린 민주공화국의 청사진

상하이上海는 '대한민국'이라는 국호가 탄생한 역사적인 도시다. 상하이와 한국의 인연은 고려 시대 홍빈洪彬이 송강부 관리로 파견된 것까지 거슬러 올라갈 만큼 오래되었다. 수백 년 후, 조선의 젊은 사제 김대건 신부가 1845년 8월 푸동浦東 금가항金家巷 성당에서 사제 서품을 받으며 상하이와 한국의 근대적 인연이 시작되었다.

당시 상하이는 격변의 중심에 있었다. 1842년 청나라와 영국의 난징조약南京條約 체결 이후 외국인이 자유롭게 거주하며 치외법권을 누리는 영국 조계租界가 설치되는 등 중국 대륙은 서구 열강이 주도하는 국제 질서에 편입되고 있었다. 동북아시아의 오랜 패권자였던 청나라조차 영국의 군사력 앞에 무릎을 꿇었고, 홍콩마저 이때 영국령으로 넘어갔다.

이후 1848년 홍커우에는 미국 조계가 건설되었고, 이는 1863년 영국 조계와 합쳐져 공공조계가 되었다. 프랑스 역시 1849년 상하이 현성과 영국 조계 사이에 프랑스 조계를 별도로 개설했다. 이처럼 제국주의 열강들은 상하이 땅에 '조계'라는 이름 아래 '나라 안의 나라國中之國'를 만들어 자유롭게 활동했다.

1880년대 갑신정변 실패 후 망명한 윤치호와 민영익 등이 상하이에서 활동했으며, 안중근 의사도 1905년 상하이에서 민영익을 만나려 시도했다. 1910년 경술국치 이후에는 많은 한국 청년이 유학이나 독립운동을 목적으로 상하이로 이주했다. 신규식, 여운형, 신국권 등 대한민국임시정부 수립에 핵심 역할을 한 인물들도 바로 이 시기 상하이에 거주했다.

1919년 3월 1일, 우리 민족의 가슴에 타오른 독립의 불길은 빼앗긴 주권을 되찾으려는 간절한 염원이었다. 이날 온 겨레가 하나 되어

● 조계租界 : 19세기부터 제2차 세계 대전까지 중국의 개항 도시에 있었던 외국인 거주 지역으로, 이곳에서는 외국이 행정권과 경찰권을 행사할 수 있었다.

외친 독립 선언은 민족의 단결된 의지를 보여주었다. 전국 곳곳에서 울려 퍼진 독립만세 함성에는 자유를 향한 열망과 민주주의에 대한 신념이 담겨 있었다. 3·1운동의 정신은 우리 민족의 독립 열망과 민주 역량을 바탕으로 대한민국임시정부 수립이라는 결실로 이어졌다.

3·1운동 직후 서울과 연해주 등 여러 지역에서 각각 임시정부가 세워졌다. 이후 안창호를 비롯한 독립운동가들은 역량을 하나로 모으기 위해 통합 논의를 진행했고, 1919년 9월 마침내 통합된 임시정부를 출범시켰다. 이때, 현순은 3·1운동 직후 독립운동 지도부의 파견으로 상하이에 도착했다. 그는 독립임시사무소 총무로 활동하며 독립선언서를 영어로 번역해 각국 공관에 배포하고 독립운동 소식을 해외에 알리는 역할을 맡았다. 현순은 활발히 활동하여 상하이 임시정부 수립에 크게 기여했다. 이처럼 일제의 감시망 밖에서 독립 국가 건설을 위한 움직임이 꾸준히 진행되었다.

1919년 4월 10일, 상하이 프랑스 조계 김신부로金神父路에 각계각층의 독립운동가들이 모여들었다. 이들은 저마다의 정치적 견해를 잠시 접어두고 오직 새로운 나라 건설이라는 목표를 향해 뜻을 모았다. 밤샘 토론 끝에 임시의정원을 조직하고, 임시헌장을 제정했으며, 새로운 국호를 결정하는 역사적인 순간을 만들었다. 대한제국 황제가 일제에 넘겨준 주권을 이제는 국민民이 되찾아야 한다는 시대정신을 담아 새 국호를 '대한민국'으로 정한 것이다. 그리고 민주적 절차를 거쳐 제정된 임시헌장 10개 조 중 제1조를 통해 대한민국은 민주공화국임을 천명했다. 이는 당시 독립운동가들이 3·1 독립 선언의 정신을 계승했음을 보여주는 가장 빛나는 증거다. 이에 대한민국임시정부는 3월 1일을 독립선언기념일, 즉 국경일로 지정했다.

1920년 3월 1일 오후 2시, 상하이 프랑스 조계 정안사로 올림픽극장(현 정안사로 씨티은행 건물)에서 제1회 3·1 독립선언기념식이 열렸다. 식장은 조국 독립을 향한 뜨거운 열기로 가득 찼다. 여운형의 사회로 시작된 기념식에는 임시정부 주요 인사들과 상하이 거주 교민들이 다수 참석하여 조국 독립의 염원을 함께 나눴다. 기념식은 이화숙의 애국가 선창과 임시정부 요인들의 축사로 이어졌다. 특히 도산 안창호는 기념사에서 "일본 제국주의는 작년의 오늘을 무효라고 주장하고 있지만, 우리 백의민족은 영원히 기억해야 할 것이오!"라고 열변을 토하며 참석자들에게 깊은 감동과 용기를 불어넣었다.

2시간 30분 동안 이어진 기념식이 끝날 무렵, 상하이에는 봄비가 내리고 있었다. 기념식에 참석했던 젊은 독립운동가들은 벅찬 감동과 희망을 안고 영국 총영사관을 지나 일제 식민 통치의 상징인 일본 총영사관까지 행진하며 조국 독립을 외쳤다. 행진하는 한국인들을 보며 서양인들은 경의를 표하듯 모자를 들어 예를 갖췄지만, 일본 총영사관 직원들은 불편한 기색을 감추지 못했다. 대한민국임시정부의 제1회 독립선언기념식은 이렇듯 상하이 사람들에게 조국 독립을 향한 한국인들의 강렬한 의지를 깊이 각인시키며 마무리되었다.

기념식에서 안창호가 강조했듯이, 일제는 국제사회에서 식민 통

상하이 임시정부 청사
출처 : 한국학중앙연구원

치의 정당성을 인정받기 위해 3·1 독립운동의 외침을 역사에서 지우려 했다. 하지만 일제의 의도와는 반대로 우리 민족은 독립 선언 이후 임시로나마 민주공화국 '대한민국'을 굳건히 세웠다. 나아가 중국을 비롯한 전 세계를 향해 빼앗긴 조국의 주권을 되찾기 위한 외교적 노력을 멈추지 않았다. 그 독립운동의 지휘부가 바로 상하이 대한민국임시정부 청사였다.

　상하이 대한민국임시정부의 첫 청사는 프랑스 조계 하비로霞飛路 321호에 마련되었다. 태극기가 게양된 하비로 임시정부 청사 사진은 오늘날까지도 많은 이들에게 감동을 준다. 초기 임시정부 청사는 안

상하이 대한민국임시정부 청사 유적지
출처 : 동북아역사재단

창호의 재정 지원으로 운영되었으나, 점차 재정 상황이 악화되어 새로운 청사를 구해야 했다.

그 후 임시정부는 여러 곳을 옮겨 다니다가 1926년 프랑스 조계 마당로馬當路에 새로운 보금자리를 마련했다. 이곳이 바로 오늘날 많은 한국인이 방문하는 상하이 임시정부 청사다. 마당로 청사가 약 6년간 유지되었다는 사실은, 그 이전 시기에 비해 임시정부의 활동이 상대적으로 안정되었음을 의미한다.

오늘날 상하이 프랑스 조계의 옛 정취가 남아있는 마당로 신천지 부근에는 '대한민국임시정부 청사 유적지'가 자리 잡고 있다. 이 건물은 1926년부터 1932년까지 대한민국임시정부 청사로 사용된 역사적인 장소다. 물론 1992년 한중 수교 이후 전시관으로 개관하면서 당시보다 공간이 확장되었다.

바로 이곳, 마당로 임시정부 청사에서 백범 김구는 1926년 12월 대한민국임시정부 국무령에 취임했다.『백범일지』에는 당시 김구의 고뇌와 결심이 다음과 같이 기록되어 있다.

> 정부가 아무리 위축되었다고 하더라도 해주 서촌 김존위의 아들인 내가 한 나라의 원수가 되는 것은 국가, 민족의 위신을 크게 떨어뜨리는 것이므로 불가하다.…(중략)…결국 나는 이 권고에 따라 국무령에 취임하여 윤기섭, 오영선, 김갑, 김철, 이규홍 등으로 조각하였다.
>
> – 김구 저, 도진순 주해,『백범일지』, 돌베개, 316쪽.

김구가 국무령에 취임했을 때 임시정부는 매우 어려운 상황이었다. 초대 대통령 이승만이 미국에 위임 통치를 건의하고 미국 교포들의 독립 자금을 임시정부로 보내지 않는 등 독단적인 행동을 했기 때문이다.

결국, 이로 인해 이승만이 1925년 3월 18일 임시의정원에서 탄핵된 후, 많은 독립운동가가 임시정부를 떠났다. 탄핵 이후 박은식이 대통령직에 취임했으나 곧 국무령제로 개편 후 사임했다. 그 뒤로 이상룡, 이동녕, 홍진이 차례로 국무령을 맡았지만, 모두 내각 구성에 실패하며 리더십을 발휘하지 못했다. 극심한 예산 부족으로 임시정부 운영은 늘 어려웠고, 조직 내부 갈등과 분열로 독립운동의 구심점 역할마저 위태로운 상태였다. 재정 상황이 악화되자 임시정부 요인들도 생계를 위해 별도의 생업에 종사해야만 했다.

불꽃처럼 산화한 청년들, 역사를 뒤흔든 한인애국단의 의거

어려운 여건 속에서도 김구를 비롯한 임시정부 요인들은 1931년 7월 만주에서 발생한 '만보산 사건'을 심각하게 받아들이고 사태 해결을 위해 노력했다. 만보산 사건은 1931년 7월 2일 중국 지린성 만보산 지역에서 한인 농민과 중국인 농민 사이에 수로 문제로 일어난 충돌이었다. 일제는 이 사건을 만주 침략의 구실로 삼으려 했고, 일본 관동군은 『조선일보』 창춘지국에 허위 정보를 흘려 오보를 유도했다. 이로 인해 한반도 내에서 중국인 배척 운동이 일어나 인천, 평양, 경성, 부산 등 전국적으로 중국인 살해, 가옥 파괴, 재산 약탈 사건이 발생했다. 이는 중국에서 활동하던 대한민국임시정부에 큰 위협이 되었다.

김구는 만보산 사건 이후 침체된 임시정부에 활력을 불어넣기 위해 1931년 비밀 결사 조직인 '한인애국단'을 결성했다. 한인애국단 본부는 상하이 프랑스 조계 신천상리 20호 안공근의 집에 두었고, 단원 합숙소는 마당로 보경리 4호 임시정부 청사 뒤 살파새로 188호에 마련했다.

한인애국단의 활동은 1932년 1월 8일 이봉창 의사의 의거로 시작되었다. 이봉창 의사는 도쿄 교외에서 관병식을 마치고 돌아가던 히로히토裕仁 일왕을 겨냥하여 사쿠라다몬櫻田門 부근에서 수류탄을 던졌다. 그러나 일제가 일왕 암살에 대비해 여러 대의 의전 마차를 운용한 탓에 폭탄은 일왕이 타지 않은 마차 옆에서 터져 의거는 실패로 끝났다. 비록 의거는 성공하지 못했지만, 이는 자신을 희생하여 조국 독립의 의지를 보여준 숭고한 행동이었다. 이봉창 의사의 의거는 침체된 임시정부를 다시 일으키는 계기가 되었다. 당시 내분과 재정난으로 존폐 위기에 놓여 집세조차 내기 어려웠던 임시정부는 이 의거를 통해 선재함을 세상에 알렸다.

그 뒤를 이어 1932년 4월 29일 아침, 윤봉길 의사는 굳게 다문 입술과 결의에 찬 눈빛으로 훙커우 공원으로 향했다. 그는 스프링 코트 차림에 도시락과 수통 모양 폭탄을 지니고 있었다. 손에는 일장기를 들었지만, 가슴속에는 태극기가 선명하게 펄럭였다.

오전 9시 30분부터 시작된 관병식이 11시 30분경 끝나고 축하식이 이어졌다. 식이 거의 끝나갈 무렵 일본 국가인 기미가요가 울려 퍼질 때, 윤봉길은 단상의 일본 수뇌부를 향해 수통형 폭탄을 던졌다. 천지를 뒤흔드는 굉음과 함께 폭탄이 터졌다. 이 폭발로 일본군과 관료들에게 큰 피해를 입힌 윤봉길은 현장에서 "대한 독립 만세!"를 외치며 일본 헌병에게 체포되었다.

이 의거로 단상에 있던 상하이 파견 군사령관 시라카와 요시노리白川義則 대장, 해군사령관 노무라 기치사부로野村吉三郎 중장, 제9사단장 우에다 겐키치植田謙吉 중장, 주중공사 시게미쓰 마모루重光葵, 거류

한인애국단 제1호 단원이었던
이봉창 의사
출처 : 한국학중앙연구원

홍커우 공원 거사 전 백범 김구와 윤봉길 의사
출처 : 독립기념관

임시정부

민단 행정위원장 가와바타 사다쓰구河端貞次, 주중총영사 무라이村井倉松, 민단서기장 토모노友野盛 등 7명이 중상을 입었다.

윤봉길 의사의 의거는 전 세계의 이목을 집중시켰다. 특히 중국의 장제스 총통은 "중국의 백만 대군도 못한 일을 조선 청년 한 명이 해냈다"며 감격했고, 대한민국임시정부에 대한 전폭적인 지원을 약속했다. 한인애국단의 이러한 활동은 임시정부에 새로운 활력을 불어넣었고, 중국과 연대하여 본격적인 항일 투쟁에 나설 수 있는 기반이 되었다.

『오사카 마이니치 신문大阪每日新聞』에 따르면 시라카와 대장은 얼굴에, 시게미쓰 공사는 발에 중상을 입었다. 무라이 총영사는 얼굴과 왼쪽 발, 노무라 사령관은 머리와 발, 가와바타 민단 행정위원장은 배와 다리, 민단 서기장은 발, 얼굴, 손에 부상을 입었다고 보도되었다. 4월 30일 가와바타가 병원에서 사망했고, 민단장民團葬으로 장례를 치른다는 소식도 전해졌다. 신문은 시라카와와 우에다는 건강하여 병상에서 집무를 볼 정도라고 했지만, 실제로는 우에다가 왼쪽 다리를, 시게미쓰 공사가 오른쪽 다리를 절단했다는 사실도 나중에 알려졌다. 시게미쓰는 1945년 9월 패전국 일본의 외교 책임자로서 미국 미주리호 함상에서 항복 문서에 서명할 때 다시 세간의 주목을 받았다. 윤봉길 의거 당시 일본 육군을 상징했던 시라카와 대장 역시 5월 26일 사망했다. 윤봉길 의거는 일본 제국주의 침략 전쟁에 경종을 울린 쾌거였다.

조국을 품고 떠돌기 시작한 임시정부 : 고난의 대장정 시작

윤봉길 의사의 홍커우 공원 의거는 임시정부가 상하이를 떠나 기나긴 고난의 여정을 시작하는 계기가 되었다. 의거 직후, 일본 영사 경찰과 프랑스 조계 경찰은 윤 의사의 배후를 찾고자 상하이에 머물던 임시정부 주요 인사들을 닥치는 대로 체포하려 했다. 결국, 이러한 위기 속에서 안창호가 체포되었고, 김구는 엄항섭, 안공근, 김철 등과 함께 미국인 조지 애쉬모어 피치George Ashomore Fitch 목사의 도움으로 간신히 몸을 피신할 수 있었다.

피신 후, 김구는 피치 목사 부부에게 사건의 전말과 당시의 긴박했던 상황을 상세히 설명했다. 안창호 체포 소식을 들은 피치 목사는 프랑스 언론인 및 지식인들과 연대하여 프랑스 당국의 부당한 협조와 불법적인 체포 과정을 강하게 규탄했다. 그는 프랑스 조계 경찰서장에게 항의 서한을 보내는 등 안창호 석방을 위해 적극적으로 노력했다.

특히 쑨원孫文의 부인 쑹칭링宋慶齡 여사는 제19로군 사령관 장즈중張治中과 차이팅카이蔡廷鍇로부터 미화 2,000달러를 지원받아 프랑스 경찰 당국과의 교섭을 시도했으며, 이 과정에서 상하이 교통대학 교수 신국권이 연락책 역할을 수행했다. 비록 안창호 석방에는 실패했지만, 중국 인사들의 도움은 이후에도 계속 이어졌다.

이 시기를 바로 임시정부의 '이동 시기'라고 할 수 있다. 임시정부 역사는 크게 상하이 시기, 이동 시기, 그리고 충칭 시기로 나뉜다. 그 중 이동 시기는 임시정부 역사상 가장 큰 고난의 시기였다. 약 8년 여 동안 1만 3천 리(5,200km) 가량을 이동하며 중국 대륙을 떠돌아야만 했다. 일제의 감시를 피해 배를 타고 강과 호수를 건너며 끊임없이 거처를 옮겼다. 먹을 것이 없어 굶주리고, 폭격을 피해 숨어 지내기도 했다. 그러나 이러한 극한 상황 속에서도 독립에 대한 열망은 결코 꺾이지 않았다. 오늘날 우리가 누리는 민주공화국은 이처럼 험난한 여정을 견뎌낸 임시정부의 희생과 투쟁 위에 굳건히 서 있다. 배 위에 뜬 정부, 대한민국임시정부의 고난에 찬 이동 시기는 우리 역사에서 가장 어둡지만 동시에 가장 빛나는 시간이었다.

대한민국임시정부 이동경로

대한민국임시정부의 항일 독립운동, 27년의 기록

- 상하이上海 시기 (1919.4~1932.4)

3·1운동 정신을 계승하여 대한민국임시정부 수립. 독립운동 구심점 역할 수행. 윤봉길 의거 후 일제 탄압 심화로 이동 시작.

- 이동 시기 (1932~1940)

1) 항저우杭州 (1932.5~1935.11) : 상하이 탈출 후 첫 청사 마련. 조직 재정비 및 활동 재개. 5당 통일회의 등 내부 어려움도 존재.

2) 전장鎭江 (1935.11~1937.11) : 중일전쟁 발발 대비 항일 투쟁 준비 및 군사 활동 기반 마련 위해 잠시 이전. 청사 소실.

3) 창사長沙 (1937.11~1938.7) : 중일전쟁 발발 후 급히 이전. 선전 활동 및 독립운동 세력 통합 시도. 남목청 사건(김구 저격 미수 사건)으로 다시 이동.

4) 광저우廣州 (1938.7~1938.10) : 일본군 공습 피해 잠시 체류. 3개월 단기 체류로 뚜렷한 활동 기록 부족.

5) 류저우柳州 (1938.10~1939.3) : 피난 생활 지속. 한국광복진선청년공작대 조직 등 군사 활동 기반 마련 노력.

6) 치장綦江 (1939.3~1940.9) : 이동 시기 중 비교적 안정된 시기. 7당 통일회의 개최, 순국선열 공동 기념일 제정 등 독립운동 진영 통합과 군사 활동 추진 노력.

• 충칭重慶 시기 (1940.9~1945.11)
8년간의 이동 생활 끝 정착한 마지막 근거지. 한국광복군 창설, 대일 선전포고 등 가장 활발하고 조직적인 항일 독립운동 전개하며 광복 준비.

물 위에 떠다니는 정부 : 자싱과 항저우의 은신처

일본 경찰은 당시 거액이었던 현상금 60만 원을 내걸고 김구 체포에 나섰지만, 김구는 장쑤성江蘇省 주석 천궈푸陳果夫와 자싱嘉興 지역 유력자인 추푸청褚輔成의 도움으로 저장성浙江省 자싱으로 무사히 피신했다. 김구가 은신한 수륜사창秀綸紗廠은 추푸청 집안 소유의 면사 공장이었으나 세계 대공황으로 폐쇄된 상태였다. 김구는 추푸청의 양아들 천퉁성陳桐生의 별채에 머물렀는데, 이곳은 수륜사창과 강을 사이에 둔 2층 목조 주택으로 비상 탈출구가 마련되어 있었다.

일본 경찰은 김구를 잡기 위해 상하이와 항저우를 잇는 철도를 수색했고, 중간 지점인 자싱까지 경찰을 파견해 감시를 강화했다. 심지어 자싱 보안대에서 김구를 취조하는 상황까지 벌어졌으나, 천퉁성의 보증으로 풀려날 수 있었다. 신분 노출 위험이 커지자 김구는 주아이바오朱愛寶라는 뱃사공 여성과 함께 생활하며 위기를 넘기려 했지만, 일본 경찰의 감시망이 좁혀오자 하이옌海鹽으로 거처를 옮기기로 했다. 하이옌은 추푸청의 부인 주지아루이朱家瑞의 친정이 있는 곳이었다.

김구는 배를 타고 자싱을 떠나 하이옌으로 이동하여 주지아루이 집안의 자이칭載靑 별장에서 약 6개월간 은신했다. 김구는 1932년 7월 주지아루이의 친정집에서 하룻밤을 묵고 자이칭 별장으로 향했다. 출산한 지 얼마 되지 않은 주지아루이 여사는 기꺼이 김구와 동행하며 편의를 제공했다. 김구는 주지아루이의 용기와 친절에 깊이 감동하여 『백범일지』에 "우리 국가가 독립이 된다면, 우리 자손이나 동포 누구나 주 부인의 용감성과 친절을 흠모하고 존경치 않으리오"라며 감사의 마음을 남겼다.

한편, 윤봉길 의거 직후 일제의 추적을 피해 이동녕과 김의한 일가를 비롯한 다른 임시정부 요인들도 자싱으로 피신했다. 이동녕 일행은 김구보다 2주 먼저 도착해 추푸청의 아들 추펑장褚鳳章의 집에 머물렀다. 이동녕, 박찬익, 엄항섭, 김의한과 그 가족들은 김구의 피난처에서 약 200미터 떨어진 곳에서 2년 가까이 지냈다.

  이 시기, 타국에서 고생하는 아들을 걱정한 김구의 어머니 곽낙원 여사가 두 손자 김인, 김신과 함께 바다를 건너왔다. 이는 윤봉길 의거 배후로 지목된 김구 가족의 안전을 위한 조치였으며, 이로써 임시정부 요인 가족들은 한데 모여 힘겨운 망명 생활을 함께하게 되었다. 자싱에서의 어느 날, 곽낙원 여사의 생신을 맞아 임시정부 살림을 맡아보던 정정화 여사가 소고기 미역국으로 생일상을 차렸다. 하지만 곽낙원 여사는 "지금 임시정부가 쓰는 돈은 윤 의사의 핏값이

자싱 임시정부 요인 피난처

다. 늙은이 생일에 이렇게 함부로 돈을 써서는 안 된다"며 단호히 거절했다. 하루하루 불안 속에서 버텨야 했던 임시정부의 힘겨운 시기, 독립운동가의 어머니는 소박한 생일상마저 사양하며 굳건한 의지를 보여주었다. 이는 조국 독립을 위해 모든 것을 바친 어머니의 숭고한 정신을 보여주는 일화다.

1932년 5월 10일, 임시정부 군무부장 김철은 먼저 상하이를 떠나 항저우杭州로 이동하여 청태淸泰제2여사第二旅舍 32호에 청사를 마련했다. 5월 14일에는 재무부장 김구가 항저우로 와 군영여사에 머물렀고, 이동녕, 조완구, 조소앙 등 임시정부 요인들도 속속 항저우에

항저우 임시정부 청사

도착하며 임시정부의 새로운 터전을 준비했다. 하지만 청사 마련을 위해 애쓰던 김철은 과로로 쓰러져 49세의 나이로 순국했다. 이는 이동 시기 독립운동가들의 고된 삶을 보여준다. 임시정부와 함께 한국독립당 또한 항저우로 이전하여 학사로學士路 사흠방思鑫坊에 사무소를 두고 기관지『진광震光』을 발행하며 활동을 이어갔다.

김구가 일제의 체포령을 피해 '장진구', 또는 '장진'과 같은 가명을 쓰며 피신해 있는 동안, 송병조와 차리석 등이 임시정부를 이끌었다. 그들은 김철이 마련한 항저우 임시 청사인 청태 제2여사에서 임시정부의 앞날을 논의했지만, 그 과정은 결코 순탄치 않았다. 이 시기 임시정부는 1935년 6월 난징에서 혁명단체 대표 회의를 열어 단일당 결성에 합의했고, 이후 임시의정원 회의에서 김구, 이동녕, 이시영, 조성환, 조완구 등 5명을 새로운 국무위원으로 선출했다. 김구를 비롯한 새 국무위원들을 중심으로 제13기 임시정부 내각이 구성되었고, 이를 통해 임시정부는 내분과 혼란으로 인한 위기를 극복하고 조직을 재정비할 수 있었다. 이 중요한 회의 중 일부는 자싱 남호南湖의 유람선 위에서 열렸는데, 이를 '남호회의南湖會議'라고 부른다. 임시정부의 이런 정처 없는 상황을 두고 '강물 위에 뜬 망명 정부' 또는 '물 위에 떠다니는 정부'라고 비유하기도 했다.

이처럼 자싱과 항저우는 임시정부가 오랜 활동 근거지였던 상하이를 떠나 일제의 감시를 피해 이동 시기 처음으로 정착했던 곳이다. 1935년 11월, 김구가 국무위원으로 임시정부 운영에 복귀하면서 임시정부는 이후 항일 독립운동을 지속적으로 전개할 기반을 다졌으며, 침체 국면에서 벗어나 활동이 활발해지는 계기를 맞이했다.

전장, 격변의 시대를 맞이한 임시정부의 새 거점

항저우에서 3년간 활동한 임시정부는 중국 국민정부의 수도 난징南京과 가까운 전장鎭江으로 다시 이동했다. 난징은 김구가 장제스蔣介石와 만나 뤄양군관학교洛陽軍官學校 한인 학생 입교 문제를 협의했던 곳이기도 하다.

1937년 7월, 일본이 베이징 루거우차오盧溝橋를 공격하며 중일전쟁이 발발하자 임시정부는 급변하는 전시 체제하에서 새로운 독립운동 전략을 모색하기 위해 독립운동 단체를 통합한 한국광복운동단체연합회(약칭 광복진선)를 결성했다. 1937년 10월, 김구 등 11명이 참석한 가운데 제30회 임시의정원이 열렸고, 이 회의에서 중국 군사위원회 규정 추인안을 처리하는 등 군사 활동 준비를 진행했다. 임시의정원 회의는 민주적 절차에 따라 진행되었고, 회의 내용은 공보를 통해 외부에 공표되었다. 그러나 중국 국민당 정부가 일본군의 공격을 피해 충칭重慶으로 수도를 옮기면서, 임시정부 역시 전장에서의 활동을 정리하고 새로운 근거지를 찾아 이동해야 했다.

현재 전장 임시정부 청사는 도시 개발로 사라져 그 흔적을 찾기 어렵지만, 전장시에서는 자체적으로 대한민국임시정부 활동 전시관을 마련하여 한국 독립운동의 역사를 기리고 있다. 이 전시관 안에는 일제강점기 한국 독립운동에 깊은 관심과 연대의 마음을 갖고 우호적인 시각을 보였던 노벨 문학상 수상자 펄 벅Pearl Buck 여사와 관련된 자료도 전시되어 있다.

후난성 창사 남목청,
독립의 불꽃과 비극이 교차한 역사의 현장

1937년 7월 7일 중일전쟁이 발발하면서, 대한민국임시정부에게는 한중 공동 항일 투쟁의 기회가 열렸다. 그러나 중국 국민당 정부의 수도였던 난징마저 안전하지 않게 되자, 일본군의 빠른 진격 속에 임시정부는 후난성湖南省 창사長沙로 급히 이전해야 했다. 임시정부가 창사에 머무른 기간은 1937년 12월부터 1938년 7월까지 약 8개월이다. 김구는 1937년 11월, 난징에서 배를 타고 우한武漢을 거쳐 창사에 도착했다.

중국인들에게 창사는 신중국 건설 지도자 마오쩌둥毛澤東의 고향으로 널리 알려져 있다. 후난성의 성도省都인 창사는 인구 약 800만 명의 대도시로, 둥팅호洞庭湖 남쪽에 자리한다. 진나라 때 창사군이 설치될 정도로 역사가 깊은 창사는 서한 시대 장사국의 도읍으로서

번성한 문화를 꽃피웠다. 창사를 관통하는 샹장湘江은 후난 요리를 샹차이湘菜라고 부르는 어원이기도 하다. 아열대 기후에 연평균 기온이 17℃로 온화하고 물산 또한 풍부했던 창사는 대한민국임시정부가 새로운 근거지로 선택하는 데 중요한 요인이 되었을 것으로 추측된다.

김구는 『백범일지』에 임시정부가 창사로 이동하게 된 이유와 당시 생활상을 자세히 기록했다.

> 100여 명의 남녀노유와 청년을 이끌고 사람과 땅이 생소한 호남성 장사에 간 이유는, 단지 다수 식구를 가진 처지에 이곳이 곡식 값이 극히 싼 곳인데다, 장래 홍콩을 통하여 해외와 통신을 계속할 계획 때문이었다. 장사에 선발대를 보내놓고 안심하지 못하였으나 뒤미처 장사에 도착하자 천우신조로 이전부터 친한 장치중張治中 장군이 후난 성 주석으로 취임하여, 만사가 순탄하였고 신변도 잘 보호받았다. 우리의 선전 등 공작도 유력하게 진전되었고, 경제 방면으로는 이미 남경에서부터 중국 중앙에서 주는 매월 다소의 보조와 그 외 미국 한인 교포의 원조도 있었다. 또한 물가가 싼 탓으로 다수 식구의 생활이 고등난민의 자격을 보유케 되었다. 내가 본국을 떠나 상하이에 도착한 후

우리 사람을 만나 초면에 인사할 때 외에는 본성명을 내놓고 인사를 못하고 매번 변성명 생활을 계속하였으나, 장사에 도착한 후로는 기탄없이 김구로 행세하였다.

- 김구 저, 도진순 주해, 『백범일지』, 돌베개, 368쪽.

창사에 정착한 임시정부는 선전 활동과 함께 독립운동 세력 통합에 힘썼다. 지청천, 유동열, 최동오 등이 이끌던 조선혁명당, 조소앙, 홍진 등이 주도하던 한국독립당, 그리고 김구, 이동녕, 이시영 등이 중심이

창사 남목청 전면

었던 한국국민당의 통합 논의가 본격화되어, 1938년 5월 남목청楠木廳에서 김구, 지청천, 현익철, 유동열 등이 참여하는 3당 통합 회의가 열렸다. 이처럼 대한민국임시정부는 끊임없이 이동하는 고난 속에서도 조국 독립운동 세력을 하나로 모으기 위해 쉬지 않고 노력했다.

남목청 사건 :
독립의 길에 드리운 총성과 분열의 아픔

중국 후난성 창사시 남목청 6번지에는 현재 '대한민국임시정부 장사 활동 구지(김구 활동지)' 기념관이 자리하고 있다. 이곳은 단순한 기념관을 넘어, 1938년 한국 독립운동의 중요한 거점이었으며 비극적인 역사가 서려 있는 곳이기도 하다.

1938년 초, 이곳은 지청천을 중심으로 한 조선혁명당의 본부로 사용되었으며, 대한민국 임시정부 요인들과 그 가족들의 거처로도 활용되었다. 당시 2층에는 조경한과 현익철이, 1층에는 지청천, 김학규, 강홍대 등이 머물렀다고 전해진다.

바로 이곳에서 1938년 5월 7일, 한국 독립운동사에 큰 파장을 일으킨 남목청 사건이 발생했다. 이 사건은 3당(한국국민당, 조선혁명당, 한국독립당) 통합 회의가 진행되던 도중, 조선혁명당 간부 출신 이운한이 일으킨 암살 사건이었다. 조선혁명당 내 강창제, 박창세,

이규환 등은 3당 통합 논의 과정에서 소외감을 느끼고 불만을 품었다. 결국, 이운한을 사주하여 김구, 현익철, 유동열, 지청천 등에게 총격을 가하도록 했다.

회의장에 난입한 이운한의 총격으로 현익철은 현장에서 순국하는 비극을 맞았으며, 김구를 비롯한 여러 지도자들에게도 큰 부상을 입혔다. 사건 발생 한 달 뒤인 1938년 6월 15일, 임시정부는 국무위원 6인 명의로 공식 발표를 통해 이 사건을 '반동 사상을 품은 이운한 개인의 행동'으로 규정했다.

그러나 『백범일지』에서 김구는 남목청 사건의 배후에 대해 두 가지 핵심 의혹을 제기했다. 첫째, 사건 수십일 전 강창제가 박창세의 창사 방문 여비 보조를 요청했으나 거절했다고 언급했다. 그 이유는 박창세의 맏아들 박제도가 일본 총영사관의 밀정임을 이미 알고 있었고, 박창세가 그 아들 집에 살고 있다는 점을 특별히 주목했기 때문이라는 것이다. 둘째, 사건 발생 후 "경비사령부 조사로 알 수 있듯이 박창세가 창사에 도착한 직후 상하이에서 박창세에게 200원이 비밀리에 지원됐다"라고 밝혔다. 이 두 가지 사실을 근거로 김구는 이운한이 강창제·박창세 두 사람의 악선전에 이용된 나머지 정치적 감정에 충동되어 이 사건을 일으켰다고 판단했다.

김구의 이러한 의혹은 후에 남목청 사건이 일제의 치밀한 암살 공작이었다는 연구 결과와 맥을 같이 한다. 특히 남목청 사건 이후 박창세가 상하이로 피신한 뒤 '재지나파견총사령부在支那派遣總司令部'에서 근무했다는 사실이 이를 뒷받침한다. 남목청 사건은 한국 독립운동 세력 내 분열과 갈등을 보여주는 비극인 동시에, 일제가 김구 암살을 위해 이이제이以夷制夷 계략을 사용했음을 시사하는 사건으로 연구되고 있다.

김구는 이 사건으로 총탄을 맞고 중태에 빠졌으나 기적적으로 살아났다. 그러나 후유증으로 손 떨림 증세를 겪게 되었고 이후 그의 독특한 서체를 '총알체'라고 부르게 되었다.

역사의 발자취를 지키는 창사 남목청 기념관 : 잊혀가는 임시정부의 흔적

2007년 창사시 정부는 김구의 활동 흔적을 찾기 위한 조사를 시작했다. 중국 중앙 정부와 한국 백범김구선생기념사업회의 협력으로 남목청 사건 현장을 복원하여 2009년 대한민국임시정부 창사 활동 구지 기념관을 열었다. 2015년에는 광복 및 항일전쟁 승리 70주년을 맞아 전시 내용을 새롭게 단장했다. 현재 이 기념관은 매년 7~8만 명의 한국인이 찾는 명소가 되었으며, 창사 지역 여행사들은 장자제張家界 여행객을 위한 필수 코스로 운영하고 있다.

임시정부 청사가 자리 잡았던 창사시 개복구 서원북리 일대에는 옛 정취를 느낄 수 있는 역사 문화 거리가 조성되어 있지만, 남목청

후난성 창사시 서원북리 입구 후난성 창사시 서원북리 골목길

기념관 외에 임시정부의 흔적은 거의 남아있지 않다. 골목에서 만난 현지 노인들도 "예전에 한국인들이 살았던 것 같기는 한데…"라는 희미한 기억만 갖고 있을 뿐이다. 세월이 흐르며 임시정부의 발자취는 점차 희미해지고 있다. 그럼에도 남목청 기념관은 잊혀가는 우리 독립운동의 역사를 되살려 다음 세대에 전한다는 점에서 소중한 의미를 지닌다.

쫓기는 임시정부, 광저우로 향하다

일본 제국주의의 중국 침략이 전방위로 확대되면서 후난성 창사 역시 더 이상 안전한 곳이 아니었다. 연일 쏟아지는 일제의 공습에 임시정부는 부득이하게 다시 청사 이전을 결정했다. 1938년 7월, 창사에 머무른 지 불과 8개월 만에 임시정부는 피난길에 오르게 되었다.

창사에서 광저우廣州로 향하는 길은 고난의 연속이었다. 임시정부 요인들과 가족들은 일본군의 공습과 무더위 속에서 주로 기차를 이용해 이동했다. 당시 상황은 『제시의 일기』에 생생하게 기록되어 있다.

> 이렇게 중일전쟁이 일어나고 같은 해 11월, 임시정부 역시 중국 정부가 피난해 있던 남경 근처의 강소성 진강을 거쳐 호남성 장사로 옮겨왔는데, 그 생활도 결국 오래가지 않게 됐다. 장사를 떠난 것은 임시정부가 장사로 옮긴 지 팔개월이 되는 1938년 7월 19일 이른 아침 4시경이었다. 제시가 태어났던 장사, 이른 새벽잠에서 아직 깨지 않은 장사를 뒤로하고 모든 임정 식구들은 중국 대륙 동남쪽에 위치한 광동성 광주행 월한철로 전차를 탔다. 월한철로는 무한에서 광주를 잇는 있는 기차였다. 월한철로의 월은 광주의

또 다른 이름이기도 하다.

– 양우조, 최선화 저, 『제시의 일기』, 우리나비, 1938년 7월 22일.

1938년 7월, 창사를 출발한 임시정부 요인들은 약 3개월간 광동성廣東省 광저우에서 생활했다. 당시 자료들을 종합해 보면, 임시정부 요인들은 '아세아여관'에 주로 머물렀고, 임시정부 청사는 동산구東山區에 있는 '백원百園', 즉 '동산백원'으로 알려져 있다. 이 시기 임시정부 청사를 '동산백원'으로 기록한 자료는 『백범일지』, 『제시의 일기』, 『백강회고록』, 『임시정부와 나』 등이 있으며, '동산구 백원'으로 기록한 자료는 『장강일기』, 『임시정부의 품안』 등이 있다.

김구는 광저우로 임시정부 청사를 이전할 때 중국 국민정부와 긴밀히 협의하여 청사 사무실과 요인들의 거처를 결정했으며, 청사는 한국독립당 본부와 가까운 와요후가에 위치해 있었다.

하지만 일본군의 공습이 심해지고 광동성 침략이 임박해지자, 임시정부는 광저우에서 남쪽으로 약 20km 떨어진 포산佛山으로 다시 이동해야 했다. 임시정부 요인 양우조와 그의 가족은 포산 복경방福慶坊 28호에 거주했다.

주강의 거센 물살을 거슬러 :
류저우로 향한 임시정부의 피난길

1938년 10월 초, 광저우 일대에 일본군의 침입이 임박했다는 소식이 전해지면서 임시정부는 또다시 피난을 준비해야 했다. 1938년 10월 19일, 임시정부 요인들은 광저우를 떠나 광시성廣西省 류저우柳州로 향하는 고난의 피난길에 올랐다. 당시 급박했던 상황은 『제시의 일기』에 잘 나타나 있다.

> 아침 열시쯤 하여 삼수역에 도착하려 할 때였다. 갑작스런 공습경보에 차가 멈췄다. 순식간에 우리 일행 모두가 사방으로 흩어졌다. 제시를 안고 정거장 서남쪽에 있는 높다란 탑 밑으로 피난했다.
>
> - 양우조, 최선화 저, 『제시의 일기』, 우리나비, 42쪽.

일본군의 공습을 피해 임시정부 요인들은 굽이굽이 흐르는 주강珠江을 따라 광시성 우저우梧州를 거쳐 구이핑현桂平縣에 도착했다. 그러나 피난선이 거센 주강 물길을 거슬러 올라가야 했기 때문에 이동

속도는 매우 더뎠다. 『장강일기』에는 광저우에서 류저우로 향하는 여정의 어려움이 상세히 묘사되어 있다.

> 용강의 물살은 몹시 빨랐다. 곳곳에서 수없이 많은 여울이 우리를 위협했는데, 마치 우리를 기다리고 있었다는 듯이 불쑥불쑥 나타나곤 했다. 그럴 때마다 앞서 가는 윤선도 뒤뚱거리다시피 하면서 겨우 여울을 빠져나오곤 했다.
>
> – 정정화 저, 『장강일기』, 학민사, 159쪽.

멈춰 서고 다시 나아가기를 반복하는 길고 험난한 여정 끝에 임시정부 요인들을 태운 피난선은 광저우를 떠난 지 약 한 달 만인 11월 말, 류저우에 도착했다. 류저우에 도착한 임시정부는 하북 담중로 일대에 거처를 정하고, 청사는 낙군사 부근에 마련했다.

1939년 2월, 류저우에서 한국광복진선청년공작대는 항일 정신을 고취하는 선전 활동을 펼쳤으며, 이는 향후 임시정부가 독립을 위한 군사 활동을 보다 적극적으로 추진하는 중요한 기반이 되었다. 또한 항일 투쟁 참여를 원했던 광복진선 3당 소속 청년들의 열망을 수용하고 임시정부 내부의 동요와 이탈을 방지하려는 현실적인 조치이

류저우 대한민국임시정부 항일투쟁활동 기념진열관(낙군사)

기도 했다.

　류저우 임시정부 청사로 낙군사 또는 담중로 건물이 사용되었다고 전해지지만, 현재 정확한 위치를 특정하기는 어렵다. 항저우 이후 창사와 광저우에서의 활동 기간이 짧았고, 류저우 역시 6개월 정도 머물렀기 때문에 당시 활동에 대한 자세한 기록은 부족한 편이다. 하지만 현재 류저우에는 류허우柳候 공원과 3·1절 기념행사가 열렸던 용성중학 등이 남아 있다. 또한, 2004년부터는 '낙군사'라는 건물이 '류저우 대한민국임시정부 항일투쟁활동 기념진열관'으로 사용되고 있다. 1927년에 건립된 이 근대 건축물은 2006년 중국 국가문화재로 지정되어 보존되고 있다.

치장, 임시정부의 안식처

1939년 4월 30일, 임시정부 요인들은 쓰촨성四川省 치장綦江에 도착하여 쓰촨성 정부가 제공한 숙소, 태자상에서 공동생활을 시작했다. 1932년부터 1940년까지 '이동 시기'의 임시정부는 단순한 정부 조직을 넘어 운명 공동체와 같은 모습이었다. 치장에 도착했을 당시 임시정부는 독립운동 진영의 통합에 주력했다. 한국국민당, 한국독립당, 조선혁명당 등 우파 계열과 조선민족혁명당 등 좌파 계열은 독립운동의 동력을 극대화하기 위해 통합을 모색했고, 1939년 8월 치장에서 열린 7당 통일 회의는 이러한 노력의 결실이었다. 또한 1939년 12월, 임시의정원은 11월 17일을 순국선열 공동 기념일로 제정 및 공포했다.

치장 시기는 이동 시기 중 가장 안정적인 기간이었으며, 임시정부는 군사 활동에도 적극적으로 나섰다. 조성환, 황학수 등 군사특파단을 시안西安에 파견하여 국민당과의 협력을 모색하는 한편, 치장에서도 3·1절 기념식을 개최하며 독립 의지를 다졌다. 1940년 3월 1일, 치장과 충칭에 거주하는 독립운동가들은 태자상 30호(현 상승가

복원된 한국광복군 총사령부

107호) 후원에서 3·1절 기념식을 거행했다.

　치장 임시정부 청사는 국무위원 거주지와 큰 강을 사이에 두고 상승가에 자리 잡고 있었으나, 현재는 원형을 찾기 어렵다. 2002년 독립기념관에서 실태 조사를 했으나 정확한 위치 확인에 어려움을 겪었다. 이후 2004년 독립기념관은 한국광복군 총사령관 지청천이 거주했던 가옥을 실측하여 복원에 필요한 자료를 수집했다. 지청천이 거주했던 건물은 치장현綦江縣 구난진古南鎭 상승가 107호에 위치한

ㅁ자형 중층 주택으로, 1993년 치장현 현급 문물보호단위로 지정되었다. 2009년 치장현에서는 이곳에 기념관 건립을 추진하여 한국 독립운동사 관련 전시를 계획하기도 했다.

쓰촨성 충칭 : 임시정부가 자리 잡은 천혜의 요새

1940년 가을, 대한민국임시정부는 긴 여정의 종착지이자 새로운 도약을 위한 발판이 된 중국 국민정부의 전시 수도 충칭에 안착했다. 상하이를 떠난 지 8년 만의 고된 대장정을 마치고 비교적 안전한 충칭에서 가장 활발한 활동을 펼쳤다. 이 시기는 임시정부 27년 역사 중 가장 강력한 조직과 체제를 갖추고 활동했던 기간이었다.

임시정부는 치장에서의 생활을 정리하고 충칭시 양류가楊柳街에 첫 청사를 마련했다. 이후 석판가石板街, 오사야항吳師爺巷 등으로 청사를 이전했는데, 석판가 청사는 일본 공군의 공습으로 파괴되기도 했다.

쓰촨성 충칭은 자링강嘉陵江과 양쯔강揚子江이 합류하는 지점에 위치하여 예로부터 교통의 요충지로 알려져 왔다. 그러나 두 강이 만나는 지역인데다 강우량도 많아 습도가 높아 풍토병이 자주 발생하기도 했다. 중국 국민당 정부가 충칭을 전시 수도로 정한 것은 1937년 7월 중일전쟁 발발 후 일본군의 공세가 거세지자, 더 이상 중국인들의 항전 의지를 외면할 수 없었고 새로운 수도가 절실했기 때문이었다. 충칭은 험준한 지형과 짙은 안개 덕분에 일본군의 공습을 피하기에 유리한 천혜의 요새였다.

한국광복군과 임시정부의 마지막 도약

1940년 충칭에 정착한 대한민국임시정부는 중국 국민정부의 지원을 받아 한국광복군 창설에 박차를 가했다. 마침내 1940년 9월 17일, 충칭 자링빈관嘉陵賓館에서 한국광복군 성립전례식을 거행하며

한국광복군 성립전례식
출처 : 독립기념관

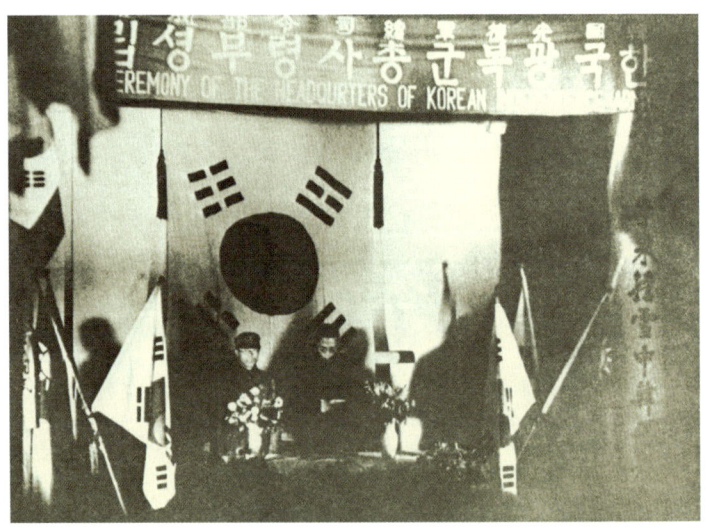

한국광복군이 공식 출범했다. 한국광복군은 중국 전역에서 대일 항전을 수행하며 독립운동의 최전선에 섰다. 한국광복군 창설은 대한제국 군대와 의병 등 항일 무장 투쟁의 전통을 계승하고, 자주적인 군사 활동을 통해 민족 독립을 쟁취하려는 임시정부의 의지를 보여 주는 상징적인 사건이었다.

충칭 시기인 1940년 10월, 대한민국 임시약헌 제4차 개헌을 통해 오랜 이동 시기 동안 유지해 온 국무위원 중심의 집단 지도 체제를 폐지하고 단일 지도 체제인 주석제로 전환했다. 이 개헌으로 주석의 권한이 대폭 강화되어 대외적으로 임시정부를 대표하고, 대내적으로

한국광복군 성립전례식을 기념하여 자링빈관 앞에서 찍은 사진
출처 : 독립기념관

국군을 통솔하며 국무위원회를 소집할 수 있게 되었다. 김구가 주석에 선출되어 임시정부를 이끌었다.

이러한 새로운 지도 체제 아래, 1941년 11월 28일 임시정부는 조소앙이 기초한 '대한민국 건국강령'을 발표하여 광복 이후 건설할 국가의 청사진을 제시했다. 이 건국강령은 총강, 복국, 건국의 3개의 장으로 구성되었으며, 민족, 사회, 인류 모든 영역에서 사상적 대립을 극복하고 통합된 민족 국가 건설을 지향했다. 특히 조소앙의 삼균주의三均主義에 기초하여 정치·경제·교육의 균등을 강조했다.

1941년 12월 10일, 임시정부는 일본에 공식적으로 선전포고를 했다. 또한 조선의용대가 한국광복군에 편입되면서 군사적 통합을 이루었고, 1942년 10월에는 조선민족혁명당 등 좌파 세력이 임시의정원에 참여하면서 정치적 통합도 달성했다. 충칭에서 임시정부는 활

경비 중인 광복군
출처: 독립기념관

발한 외교 활동을 통해 국제사회의 승인을 얻고자 노력했으며, 광복군 인면전구공작대印緬戰區工作隊 파견, 미국 전략사무국OSS과의 군사협력 등 해방될 때까지 명실상부한 정부로서 활동을 전개했다.

해방 후 대한민국 건국을 위한 준비 또한 충칭 시기에 이루어졌다. 5년간의 충칭 시기 임시정부 활동은 일본의 공습과 열악한 환경 등 여러 어려움 속에서도 굴하지 않고 독립을 준비했던 민족의 위대한 여정이었다. 1945년 8월 일본이 패망하자, 대한민국임시정부는 중국에 남아있는 한인들의 귀환을 돕기 위해 대한민국임시정부 주화대표단을 조직했다. 27년간 한국 독립운동의 구심점 역할을 했던 대한민국임시정부는 오늘날 대한민국의 뿌리이자 원형이다.

눈물과 환희의 롄화츠 청사,
태극기 아래 새 역사를 쓰다

충칭 롄화츠蓮花池 대한민국임시정부 청사에서는 1945년 1월경, 안후이성 푸양阜阳에서 온 한국인 청년 환영회가 열렸다. 청년 대표 장준하는 학병 탈출부터 충칭 청사에 태극기를 게양했던 감격적인 순간까지 연설하며 원로 독립운동가들을 감동시켰다. 김구는 "이 못난 선배들 때문에 망국의 노예로 살았다"며 젊은 독립운동가들을 따뜻하게 맞이했고, 환영식장은 눈물바다가 되었다.

충칭 임시정부청사 외부

충칭 임시정부청사

현재 중국 충칭을 방문하는 한국인들에게 가장 익숙한 임시정부 청사는 렌화츠에 위치한 마지막 청사다. 많은 한국인이 귀국 직전 렌화츠 청사 계단에서 찍은 기념사진을 통해 충칭 임시정부 청사를 기억하고 있다.

1990년대 초, 충칭시 정부는 렌화츠 일대에 상가와 아파트를 건설하기 위해 철거를 지시했다. 이 소식을 접한 한국광복군유적지조사단은 충칭시 정부와 협의하여 렌화츠 청사 보존을 추진했고, 1993년 복원에 합의했다. 1995년 8월 15일 복원 공사가 완료되었지만, 1차 복원 공사는 미흡한 점이 많았다. 이후 2000년과 2001년 추가 복원 공사를 통해 현재의 모습을 갖추게 되었다.

렌화츠 청사 대지 면적은 1,077m^2, 연면적은 1,410m^2이며, 총 5개 건물로 이루어져 있다. 제1호 건물은 1층은 경비대 숙소 겸 사무실, 2층은 군무부, 문화부, 선전부가 사용했으나, 복원 과정에서 1층은 대한민국임시정부 전시관으로, 2층은 원형 그대로 복원했다. 제2호 건물은 원래 1층은 식당 및 임시의정원 회의실, 2층은 외무부 및 외무부장실과 차장실로 사용되었으며, 복원 당시 원래 모습에 창고를 증축했다. 제3호 건물은 1층은 내무부, 2층은 재무부, 3층은 김구 주석 집무실과 국무회의실 등으로 사용되었다.

현재 충칭 렌화츠 대한민국임시정부 청사는 충칭시 문물 보호 단위로 등록되어 있으며, 중국인 관람객이 한국인 관람객보다 더 많다고 한다. 2008년 쓰촨성 대지진으로 건물 일부가 손상되어 한중 양국이 공동으로 보수 공사를 진행했고, 2025년 현재 보수된 청사는 한국 독립운동의 역사를 증언하는 역사 유적으로 보존되고 있다.

오늘의 대한민국, 임시정부의 꿈이 현실이 되다

"전쟁은 인간의 마음에서 비롯되므로 평화의 방벽 또한 인간의 마음속에 세워야 한다."

유네스코 헌장 전문에 새겨진 문구처럼, 평화는 간절한 염원에서 시작된다. 19세기 말 20세기 초, 제국주의 열강의 각축장이었던 한반도는 1910년 8월 29일 경술국치라는 치욕을 겪었다. 그러나 우리 민족은 굴하지 않고 1919년 3월 1일, 전 세계에 독립을 선언했다. 그리고 그해 4월 11일, 중국 상하이에서 대한민국임시정부가 깃발을 올리며 1945년 8월 일본 제국이 패망할 때까지 대일 항쟁의 총본부로서 굳건히 그 역할을 수행했다.

대한민국임시정부는 국외에서 조국 독립을 위해 헌신한 이들의 뜨거운 염원이 응축된, 한국 근현대사에서 가장 상징적인 존재다. 27년이라는 긴 시간 동안 상하이 등 중국 각지에서 독립운동을 펼쳤던 임시정부 요인들의 고귀한 역사는 오늘날 대한민국 민주공화국의 확고한 뿌리이자 자랑스러운 자산이며, 세계적인 K-컬처의 든든한 밑거름이 되었다. 제국주의 침략과 가혹한 식민 통치라는 깊은 고난 속에서 민주공화국 형태의 임시정부를 수립하고, 마침내 독립과 민주화를 이루어 세계 선진국으로 발돋움한 대한민국의 역사는 세계사적으로도 매우 드문 사례다. 이 놀라운 힘의 근원은 바로 3·1 독립정신을 계승한 대한민국임시정부의 역사에서 비롯되었다고 할 수 있다.

　오늘날 대한민국은 삼권분립의 건강한 민주공화국으로서 세계가 인정하는 선진국으로 눈부신 성장을 이루었다. 기나긴 식민 통치를 슬기롭게 극복하고 80년이 넘는 시간 동안 굳건하게 발전시켜 온 한국 민주주의는 K-팝, 드라마, 영화 등 다채로운 K-컬처를 전 세계로 확산시키는 강력한 동력이 되었다. 현재의 MZ세대는 대한민국을 자유, 인권, 평등의 보편적인 가치가 살아 숨 쉬는 나라로 인식하고 있으며, 이러한 대한민국의 핵심적인 헌법적 가치는 놀랍게도 100여 년 전, 어두웠던 시대 속에서 대한민국임시정부의 구성원들이 간절히 싹틔운 민주주의 정신에서 비롯되었다. 봉건적인 왕정 시대에 태어났지만, 모든 국민이 진정한 주인이 되는 민주공화국을 뜨겁게 꿈꿨던 임시정부 요인들의 숭고한 헌신과 노력 덕분에 오늘날 대한민국은 성숙하고 발전된 민주공화국으로 우뚝 설 수 있었다. 이러한 빛나는 역사적 가치는 앞으로도 영원히 이어질 것이며, 대한국민은 대한민국의 헌법적 가치를 굳건히 확립한 위대한 선구자들의 결집체, 대한민국임시정부를 끊임없이 기억하고 기념해야 할 것이다.

한국 알리미 서경덕의 임시정부 이야기

몇 년 전, 4월 11일 대한민국임시정부 수립 기념일을 맞이하여 배우 송혜교 씨와 저는 중국 창사에 위치한 임시정부청사에 특별한 기증을 했습니다. 바로 한국어와 중국어로 제작된 안내서 1만 부였습니다.

이 활동은 저희가 꾸준히 진행해 온 '전 세계 독립운동 유적지 안내서 리필 프로젝트(이하 리필 프로젝트)'의 하나였습니다. 처음에는 한국어 안내서만 기증했었는데, 마침 창사 임시정부청사가 새롭게 단장하면서 더 많은 분들이 우리 역사를 이해하실 수 있도록 중국어 안내서까지 추가하여 기증하게 되었습니다. 새로운 독립운동 유적지에 안내서를 만들어 기증하는 것도 중요하지만, 이미 기증했던 곳에 안내서가 부족해지지 않도록 꾸준히 채워 넣는 일은 더욱 중요하다고 생각합니다. 이것이 바로 리필 프로젝트를 시작한 이유이기도 합니다.

이번에 기증한 안내서에는 대한민국임시정부가 그곳에서 펼쳤던 다양한 활동 내용과 함께, 관람 정보 등을 풍부한 역사 사진 자료와 함께 상세하게 담았습니다. 혹시 현장을 직접 방문하기 어려운 분들을 위해서 저희가 운영하는 '해외에서 만난 우리 역사 이야기' 웹사이트(www.historyofkorea.co.kr)에 안내서 원본 파일을 올려두었으니, 누구나 쉽게 내려받아 보실 수 있습니다.

대한민국임시정부 창사 활동 구지 안내서

　안타깝게도 코로나19 상황을 거치면서 해외에 있는 우리 독립운동 유적지들의 보존 및 관리 여건이 좋지 않은 곳들이 있습니다. 이런 소식을 접할 때마다 마음이 무겁습니다. 이럴 때일수록 우리의 더 깊은 관심과 응원이 필요하다고 생각합니다.

충칭임시정부청사에 기증한
김규식 선생 부조 작품

    시간이 흘러, 지난 제77주년 광복절에는 배우 송혜교 씨와 다시 한번 뜻을 모아 중국 중경 임시정부청사에 김규식 선생님의 부조 작품을 기증했습니다. 이 부조 작품은 가로 80㎝, 세로 90㎝ 크기의 청동으로 정성껏 제작되었으며, 중경 임시정부청사 내 김구 주석의 사무실에 설치했습니다. 이번 기증은 저희가 진행하는 '대한민국 독립운동가 부조 작품 기증 캠페인'의 하나로, 네덜란드 헤이그의 이준 열사 기념관, 중국 상하이의 윤봉길 의사 기념관, 중국 자싱의 김구 선생 피난처 등에 이어 여섯 번째로 이루어진 결실입니다.
    이 캠페인의 일환으로, 특히 2020년 봉오동 전투 및 청산리 전투 100주년을 기념하여 카자흐스탄 크질오르다 주립과학도서관에는 홍범도 장군의 부조 작품을, 중국 하이린시 한중우의공원에는 김좌진 장군의 부조 작품을 각각 기증하기도 했습니다. 광복을 맞이했던 역사적인 장소인 충칭 임시정부청사에 김규식 부주석의 업적을 기리는 작품을 설치하게 되어 감회가 새로웠습니다.

그런가 하면, 2021년 제575돌 한글날에는 송혜교 씨와 다시 힘을 합쳐 중국 자싱에 위치한 '한국임시정부요인거주지(김구 선생 피난처)'에 한글로 된 대형 간판을 제작하여 기증했습니다. 이 멋진 목재 간판은 한국어와 중국어를 함께 넣어 만들었으며, 유적지 정문 입구에 설치하여 방문객들을 맞이하고 있습니다. 이는 네덜란드 헤이그의 이준 열사 기념관과 일본 우토로 마을에 이어 세 번째로 해외 독립운동 유적지에 한글 간판 또는 안내판을 기증한 사례입니다. 해외에 있는 우리 독립운동 유적지 중에는 아직 한글 간판이 없는 곳들이 많습니다. 그래서 저희는 이러한 곳에 꾸준히 한글 간판을 기증하는 활동을 이어가고 있습니다.

저희의 활동은 여기서 그치지 않습니다. 지난해 3.1절을 계기로 하여 '임시정부의 안주인, 수당 정정화'라는 제목의 영상을 다국어로 제작하여 국내외에 공개하는 뜻깊은 일도 있었습니다. 이 영상 역시 제가 기획하고 송혜교 씨가 후원하는 방식으로 협업하여 만들었으며, 한국어와 영어 설명을 각각 넣어 제작하여 국내외 많은 분께 널리 알리고자 노력했습니다.

영상은 대한민국임시정부의 살림을 도맡아 꾸려나가신 수당 정정화 여사의 일대기를 중심으로, 그분의 헌신적인 삶을 상세히 소개하는 내용을 담고 있습니다. 특히 국내로 잠입하여 독립 자금을 마련하고, 대한애국부인회 등 여러 단체에서 활동하셨을 뿐만 아니라, 임시정부 요인들과 그 가족들의 생활까지 세심하게 돌보시는 등 보이지 않는 곳에서 임시정부 운영을 위해 헌신하신 정정화 여사의 삶을 새롭게 조명하고자 했습니다. 아직 대중에게 잘 알려지지 않은 여성 독립운동가들이 많다는 생각에, 이분들의 고귀한 삶을 재조명하여 국내외에 널리 알리고 싶은 마음이 간절했습니다.

  이 영상을 시작으로, 앞으로도 잘 알려지지 않은 여성 독립운동가들을 주제로 한 다국어 영상을 꾸준히 제작하여 공유하는 글로벌 캠페인을 지속적으로 펼쳐나갈 계획입니다. 이렇게 제작된 영상은 유튜브뿐만 아니라 페이스북, 인스타그램 등 각종 SNS를 통해 널리 공유하고 있으며, 특히 전 세계 주요 한인 및 유학생 커뮤니티에도 적

14년 동안 꾸준히 기증 활동을 함께한
배우 송혜교 씨

극적으로 알려서 더 많은 분이 접할 수 있도록 노력하고 있습니다.

지금까지 저와 배우 송혜교 씨는 지난 14년 동안 해외에 있는 대한민국 독립운동 유적지 37곳에 한국어 안내서, 한글 간판, 독립운동가 부조 작품 등을 꾸준히 기증해 왔습니다. 앞으로 저희가 펼쳐나갈 다음 활동에도 많은 기대와 응원 부탁드립니다.

03

강제동원

당신이 알아야 할 역사 :
일본의 침략 전쟁에 끌려간 조선 민중

　2022년 2월 24일에 시작된 러시아-우크라이나 전쟁 소식이 머나먼 한국까지 전해지고 있다. 2023년 10월에는 하마스와 이스라엘 간의 전쟁 발발 소식까지 들려오며, 지구촌 곳곳에서 끊이지 않는 전쟁의 끔찍한 공포를 생생하게 전하고 있다. 하지만 70년 넘게 직접적인 전쟁을 경험하지 못한 우리에게는 매일 쏟아지는 전쟁 관련 뉴스가 그저 먼 나라의 이야기처럼 느껴지는 것이 사실이다. 분단국가라는 현실이 무색하게 우리는 전쟁의 참혹함을 피부로 느끼기 어렵다.

　그러나 우리의 역사 속에도 전쟁의 상처가 고스란히 남아있다. 6.25 전쟁보다 훨씬 이전, 일제 강점기 시절의 조선 민중은 이미 근대 전쟁의 참혹함을 온몸으로 겪어야 했다. 평범했던 일상은 송두리째 사라지고, 수많은 이들이 군인이나 노무자, 군무원으로 이름 모를 전쟁터로, 낯선 타향의 탄광으로 강제동원되었다. '배급제' 아래 모든 것이 부족했고, 어린 학생들마저 학업을 멈추고 공장이나 군 시설 건설 현장으로 내몰리는 고통스러운 시간을 보내야 했다. 사랑하는 가족을 전쟁터나 탄광에서 영원히 잃은 이들의 슬픔은 온 땅에 짙게 드리워져 쉬이 가시지 않았다.

80여 년 전, 일본이 일으킨 그 전쟁은 아시아태평양 지역의 수많은 사람들과 식민지 백성이었던 우리 민족에게 씻을 수 없는 깊은 상처와 고통을 안겨주었다. 그것은 결코 승리의 역사가 아닌, 억울함

국립일제강제동원역사관
출처 : 부산광역시

과 슬픔만이 가득한 피해의 역사다. 외면하고 싶을지도 모르지만, 우리는 그 아픈 역사를 기억해야만 한다. 그 비극적인 과거가 바로 우리의 현재를 만든 뼈아픈 토대이기 때문이다.

오늘날 우리가 누리는 이 당연한 평화와 풍요로운 번영은 그 시절 이름 없이 스러져간 우리 선조들의 기나긴 고통과 처절한 희생 덕분이다. 그들의 꺾이지 않던 강인한 인내와 말로 다 할 수 없는 슬픔을 기억하며, 우리는 잠시 시간을 되돌려 그들의 고단했던 삶을 조용히 들여다보고 깊이 공감해야 한다. 과거의 아픔을 기억하는 것, 바로 그것이 현재 우리가 누리는 이 소중한 평화를 더욱 굳건하게 지켜나갈 수 있는 가장 강력한 힘이 될 것이다.

조작과 모략으로 시작한 일본의 침략 전쟁

일본이 침략 전쟁을 일으켰다. 1931년 9월 18일, 만주에 주둔하던 일본 관동군이 펑톈奉天(현재 선양) 근처 류타오거우柳條溝에서 '만주사변'을 일으킨 것이다. 이는 1931년부터 1945년까지 15년간 지속된 아시아태평양전쟁의 서막이었다. 아시아태평양전쟁은 1931년 만주사변을 시작으로 1937년 중일전쟁, 1941년 태평양전쟁으로 이어지는 침략 전쟁이었다.

만주사변의 발단은 '조작된 만주 철도 폭파 사건'이었다. 당시 일본 외무성은 '1931년 9월 18일 오후 10시경, 누군가가 만주 철도의 선로를 폭파하고 일본 수비대를 습격했다'라고 발표했다. 관동군은 '누군가'가 중국군이라며 즉시 군사 행동을 개시했다. 그러나 실제로는 중국군 복장을 한 일본군이 이 사건을 조작한 것이었다.

그렇다면 그들은 왜 이 사건을 일으킨 것일까? 당시 선양에서 외교관으로 근무하던 모리지마森島 영사는 전쟁이 끝난 후 남긴 저서에서 관동군의 두 핵심 인물 이시와라 간지石原莞爾 중좌●와 이타가키 세이시로板垣征四郎 대좌●●가 중국의 영토인 만주를 차지하기 위해 사건을 조작했다고 밝혔다. 그 결과 사건 발발 4개월 만에 만주의 주요 도시와 철도 주변을 점령했고, 1932년 3월에는 만주국을 세웠다.

만주국은 1932년 3월 일본이 만주 전역을 장악한 후 세운 괴뢰국傀儡國이다. 표면상으로는 청나라의 마지막 황제였던 선통제宣統帝 푸이溥儀를 만주국 집정執政으로 삼아 건국식을 거행하고 독립 국가의 형태를 갖추었지만, 실제 통치권은 관동군이 쥐고 있었다. 푸이는 건국식 이후 곧 자신의 권한이 명목상에 불과하다는 것을 깨달았다. "집정의 직권이라는 것은 종이에 적혀 있을 뿐, 내 손에는 없는 것"이라는 그의 말 그대로였다.

만주국의 입법원과 국무원 등 주요 기구의 수장은 중국인이었지

● 중좌 : 현재의 중령에 해당된다.
●● 대좌 : 현재의 대령에 해당된다.

만, 실질적인 권력은 그 아래에 있는 일본인들과 배후의 관동군이 행사했다. 1934년 만주국은 제정帝政을 선포하고 푸이를 황제로 추대했지만, 이 또한 실권 없는 허울뿐인 지위였다.

이러한 만주를 점령하는 일에 성공한 일본 육군은 더 큰 야망을 품고 중국 본토로 눈을 돌렸다. 1937년, 그들은 중일전쟁을 일으켜 본격적인 침략을 시작했다. 일본군은 먼저 베이징을 점령했고, 이어서 상하이와 난징으로 진격하며 중국 내륙 깊숙이 침투해 갔다.

놀랍게도 일본 국민들은 이러한 침략 행위에 대해 열렬한 지지를 보냈다. 그들은 전쟁의 참혹함을 알지 못한 채 제국의 확장을 환영하며 군대를 성원했다.

베이징을 점령한 일본군

법의 이름으로 포장한 폭력의 실체

중일전쟁 발발 후 일본은 전시戰時 체제로 돌입했다. 이는 단순히 중국에서 일으킨 전쟁이 아니라 일본의 국가 체제를 근본적으로 바꾸는 국가총동원 체제의 시작이었다.

과거 일본이 승리를 경험했던 청일전쟁과 러일전쟁은 모두 1년 이내의 단기전이었으나, 중일전쟁은 달랐다. 3개월 만에 끝내겠다던 육군의 호언장담과 달리 전쟁은 장기전이 되었고, 당시 일본의 국력으로는 장기전을 감당하기 어려웠다. 이에 일본은 1918년에 수립했던 국가총동원 체제를 가동해야 했다.

아시아태평양전쟁의 핵심 인물 중 하나인 도조 히데키東條英機는 중일전쟁 발발 당시 만주에서 중요한 역할을 수행했다. 그는 전쟁 수행을 위해 대규모 병력과 전비戰費가 필요하다고 판단해 1938년 2월 만주국 의회를 통해 국가총동원법 제정을 주도했다.

만주국의 국가총동원법 제정은 일본 본토의 국가총동원 체제 확립으로 이어졌다. 군부는 이를 기반으로 일본에서도 같은 법 제정을 추진했다. 재계와 정계는 '헌법 위반'이라며 반대했지만, 육군의 강압에 굴복했다. 당시 의회에서 법안을 설명하던 육군 군무국 장교가 의원들에게 "조용히 하라!"며 호통을 치는 등 폭력적인 분위기 속에서 법안이 통과되었다.

이렇게 탄생한 국가총동원법은 전시에 국가의 모든 인적·물적 자원을 통제하고 운용할 수 있는 근거가 되었다. 동원 대상은 제국 신민, 제국 법인, 기타 단체였으며, 일본뿐 아니라 조선, 대만, 남양청, 관동청에도 적용되었다. 이 체제 아래에서 일본과 식민지, 점령지의 민중들은 동원을 거부할 수 없었다. 거부할 때는 감옥이나 거액의 벌금형에 처했다. 1938년 4월부터 1945년 8월까지 지속된 체제는 제국 일본 영역의 모든 사람과 물자, 자금, 심지어 정신까지 통제하고 동원했다.

일본이 법을 통해 자행한 이러한 동원이 바로 강제동원의 실체였다. 국가 권력에 맞서 개인은 무력했다. 전시 체제 아래에서 개인의 의사와 상관없이 국가에 의해 강제된 이 동원 정책은 수많은 사람들에게 깊은 상처와 고통을 안겨주었다.

강제동원, 일본 스스로 인정한 국가 범죄

전시 강제동원은 몇몇 개인의 행위가 아닌 일본 국가 권력이 법적 근거를 바탕으로 정책적, 조직적, 집단적, 폭력적, 계획적으로 수행한 공식 업무였다. 그러므로 조선인 동원의 강제성 문제는 논란의 대상이 아니다. 그런데도 일본 정부와 우익, 그리고 한국의 『반일종족주의』 집필자 등 역사 부정론자들은 당시 당국이 공표했던 법과 제도마저 부정하며 논란을 일으키고 있다.

이들은 대부분 '자기 발로 걸어갔는데 무슨 강제'냐며, 자발적이므로 강제가 아니라고 주장한다. 그러나 이 주장은 틀렸다. 납치당하듯 끌려간 사람은 물론, 나오라는 날짜에 맞춰 자기 발로 집을 떠난 사람도 강제동원이다. 전시에 강제로 동원된 사람들이다. 한국과 일본의 학계에서, 일본 변호사협회에서 그렇게 규정했다. 한국과 일본 학계에서는 '강제성'을 다음과 같이 설명한다.

신체적 구속이나 협박은 물론, 황민화 교육에 따른 정신적 구속 회유, 설득, 본인의 임의 결정, 취업 사기, 법적 강제에 의한 동원.

2002년 일본 변호사협회는 '강제란 육체적 정신적 강제를 포함하며, 이 개념은 19세기 말에 국제적으로, 20세기 초에 일본 국내적으로 확립되었다'라는 조사 보고서를 발표했다. 자기 발로 걸어갔다 해도 국가 권력이 속이거나 꼬여내서 데려갔다면 '강제'라는 개념이다.

이러한 생각은 학자나 변호사만의 주장이 아니다. 국제기구가, 그리고 일본 정부가 공식적으로 인정한 사실事實이다.

"1940년대 일부 지역에서 그들의 의지에 반하여 가혹한 조건 아래에서 일하도록 강요당한 많은 한국인들과 다른 사람들이 있었고, 제2차 세계대전 동안 일본 정부 또한 요구 정책을 시행했다."

2015년 7월 5일, 독일에서 열린 제39회 유네스코 세계유산위원회에서 사토 구니佐藤地 주 유네스코 일본대사가 했던 공식 발언이다. 일본은 일본 정부의 정책에 따라 자신의 의지에 반하여 동원된 피해자를 인정했다. 이 발언은 일본 최초로 국제기구에서 아시아태평양전쟁의 강제동원을 스스로 인정한 사례로써 공식 기록으로 남아 있다. 영문 발언록 원문이 세계유산위원회 결정문에 포함되었기 때문이다.

또 다른 국제기구가 인정한 전시 일본의 강제성은 어떨까? 1919년에 창설된 국제노동기구ILO는 1930년 강제 또는 의무 노동에 관한 협약(이하 강제노동협약) 29호를 채택했고, 일본은 1932년 강제노동협약을 비준했다. 이에 따르면, 일본은 ILO 강제노동협약 제1조 제1항에 따라 '가능한 한 조속히 모든 형태의 강제 또는 의무 노동 사용을 억제할 법적 의무'를 져야 했다. 그 외에 제13조와 제14조, 제15조, 제17조, 제21조, 제25조에서 명시한 강제노동 규정도 준수해야 했다.

그런데 일본은 그 어떤 규정도 지키지 않았으므로 ILO는 일본이 취한 노무동원 정책에 대해 국제 노동 기준을 위반했다고 평가했다. ILO는 회원국들의 국제 노동 기준 적용의 공정하고 객관적인 평가를 위해 ILO 이사회에서 임명한 20인의 저명한 법조인으로 '협약 및 권고 적용 전문가위원회CEACR'를 운영하고 있다. 이 위원회는 1999년 제87차 국제노동기구 총회ILC에서 일본 당국의 전시노무동원에 관한 소견을 공표하면서 "이같이 개탄스러운 조건으로 일본의 사부문 산업에서 일할 노동자를 대량 징용한 것은 강제노동협약 위반"이라고 발표했다.

강제동원의 다른 이름 : 공출, 징용, 강제징용

"조선의 노무자를 모으고 있습니다만, 모으는 작업이 매우 빈약해서 하는 수 없이 반강제적으로 하고 있습니다. 반강제적인 공출은 앞으로도 더욱 강화해 나가야 한다고 생각합니다."

1943년 11월, 조선총독부 관료와 기업 간부 등이 참석한 가운데 열린 좌담회에서 조선총독부 후생국 노무과의 다하라 미노루田原実가 한 발언이다. 다하라는 분명히 '공출供出'이라 표현했다. 다하라뿐만 아니다. 1941년 7월 23일 조선총독부 내무국 노무과가 작성한 문서 제목에서도, 1942년 제국의회에 제출한 후생성 설명 자료 제목에서도 모두 '공출'을 사용했다. '공출'은 당시 일본 당국이 사용하던 용어로서 '강제동원'을 의미했다. 현재 한국 사회에서는 '공출'보다 '징용'이나 '강제징용'이라는 용어를 더 많이 사용한다.

"총 쏠 줄 아나?"

"그럼, 그것도 모릅니까? 징용 갔다 왔는데…."

– 영화 〈지슬〉 中

제주 4·3 사건을 다룬 영화 〈지슬〉의 첫 장면 대사다. 토벌군과 맞서기 위해 장총 하나를 구해 온 마을 형님에게 청년은 "징용 갔다 왔으니 당연히 쏠 줄 안다"고 대꾸한다.

그런데 이상하다. 일제 강점기나 지금이나 총이란 경찰 또는 군인이 아니면 일반 사람들은 쉽게 구경할 수 없는 무기다. 그런 상황에

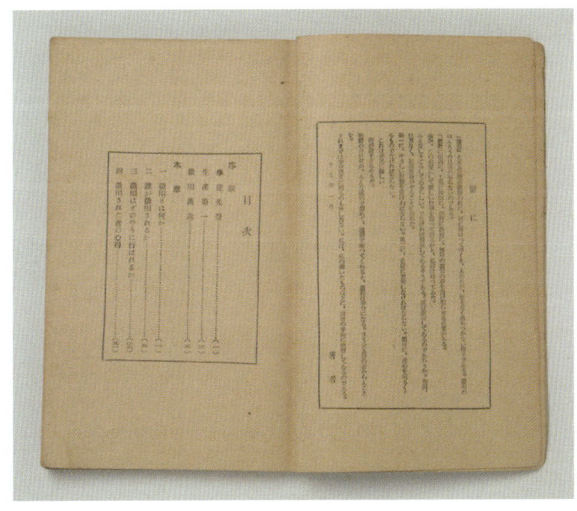

조선징용문답
출처 : 부평역사박물관

『경성일보』 1945년 12월 8일자

서 평범한 마을 청년이 총을 다뤄봤다는 건 군인으로 동원되었다는 뜻과도 같다. 그럼에도 청년은 '징용'이라 대답했다.

징용徵用의 사전적 뜻은 '국가의 권력으로 국민을 강제적으로 일정한 노역에 종사시키는 것'이다. 일제 강점기에 조선총독부가 대민 홍보용으로 만든 『조선징용문답』에서도 '징병은 천황폐하의 명령하시는 대로 전선戰線에 나가 싸우는 것이요, 징용은 후방銃後에서 국가가 명하는 총동원 업무에 종사하는 것'이라 했다. 즉, 징용은 군인이 아니다.

요즘 한국에서 많이 사용하는 용어는 '강제징용'이다. 여기서 '징용'이 '강제적으로 부린다'는 의미인데, '강제징용'이라고 하면 '강제+강제'가 되어 서로 상충한다.

그런데 왜 우리는 '강제징용'이라는 말을 많이 사용할까? 강제징용은 놀랍게도 최근에 만든 용어가 아니다. 1945년 당시에 민중들이 사용하던 용어였다. 조선총독부 기관지였던 『경성일보』라는 신문을 통해 살펴보자.

『경성일보』 1945년 12월 8일 자 2면의 그림 오른쪽에 '강제징용'이라는 네 글자가 보인다. 1945년 12월이면 광복을 맞은 지 얼마 되지 않은 시기였으므로 '강제징용'은 1945년에 일반적으로 사용하던 민중의 용어였다. 영화 〈지슬〉에서 '징용'이라 표현한 것도 '징병'과 '징용'을 구분하지 못해서가 아니다. 한국 사회에서 '징용'은 일제 말기 강제동원을 대변하는 상징적 용어이기 때문이다.

그 사회에서 통용하는 용어는 역사성을 가지고 있다. '징용'이나 '강제징용'은 일제 강점기에 조선의 민중들이 느꼈던 공포와 억압을 담은 용어로 한국 사회에 자리하고 있다.

강제로 고향을 떠나야 했던 조선의 민중

일본은 침략 전쟁인 아시아태평양전쟁을 치르면서 일본 본토와 남사할린, 식민지(조선, 대만), 점령지(중국 관내, 만주, 중서부 태평양, 동남아시아)의 인력과 물자, 자금을 동원했다.

지도에서 붉은 표시를 한 곳은 일본 당국이 인력과 물자, 자금을

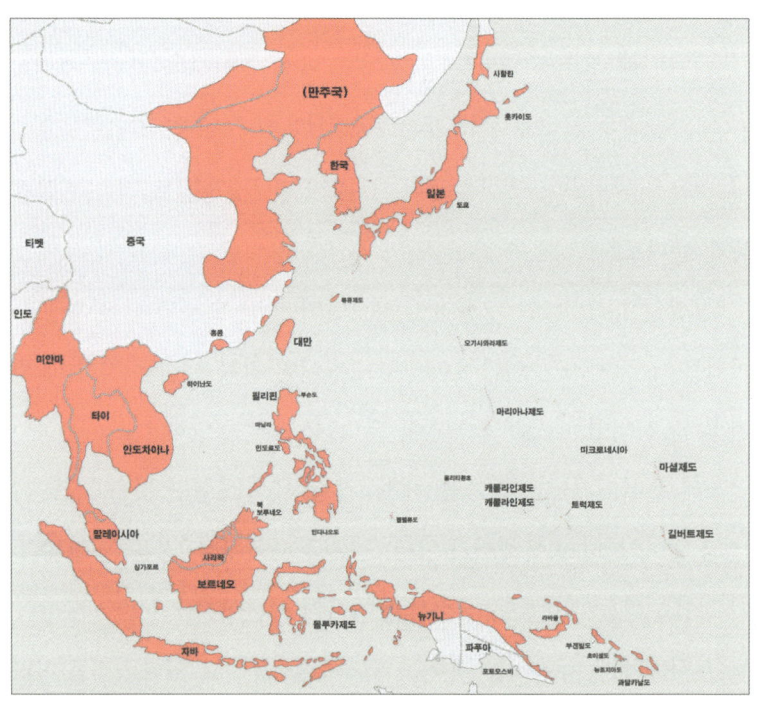

아시아태평양전쟁 당시 일본 최대 영역도
출처: 일제강점하강제동원피해진상규명위원회, 『강제동원명부해제집』1, 2009

동원한 지역이자 조선의 민중을 동원한 지역이다. 길버트와 미크로네시아, 마셜제도도 일본의 점령지였다.

사람과 물자, 자금 등 세 가지 중 한국 사회가 피부로 느끼는 강제동원 피해는 바로 사람이다. 일제는 조선 민중을 군인과 군무원, 노무자, 일본군 '위안부'로 전쟁에 동원했다.

한국의 현행법●은 제2조 제1항에서 강제동원 피해를 '일제에 의하여 강제동원 되어 군인·군무원·노무자·위안부 등의 생활을 강요당한 자가 입은 생명·신체·재산 등의 피해'라 규정했다. 이 규정에 따라 국무총리 소속 대일항쟁기 강제동원 피해조사 및 국외강제동원 희생자 등 지원위원회가 산출한 인력 동원 피해 규모는 중복인원 포함 총 780만 4,376명이다. '위안부' 피해자는 가늠할 수 없으므로 제외한 수치다.

1944년 5월, 조선총독부가 실시한 국세조사 결과 조선의 인구는 2,584만 5,935명이었다. 780만 명이라면, 당시 조선 인구의 30%가 넘을 정도로 많은 인원이다. 그렇다면, 열 명 중 세 명이 동원되었다는 것일까? 그렇지 않다. 780만 명은 연인원이다. 피해자 1인이 여러 차례 동원되기도 했기 때문이다. 실제로는 몇 명이 동원되었을까? 현재 한국 정부는 200만 명 정도로 추산할 뿐, 정확한 숫자는 모른다.

● 법률 제12132호, 대일항쟁기 강제동원 피해조사 및 국외강제동원 희생자 등 지원에 관한 특별법

일본의 황군이 되어야 했던 조선 청년들

일본의 침략 전쟁은 조선 청년들을 전쟁터로 내몰았다. 이들은 주로 한반도에 주둔한 일본군 부대인 '조선군'에 배속되었지만, 일부는 중국과 동남아, 태평양 전선에서 안타까운 죽음을 맞이해야 했다. 이처럼 조선인 군인 동원은 일본의 전쟁 수행을 위한 병력 확보라는 명분 아래 점진적으로 진행되었다.

전쟁 초기 일본 정부는 조선인에 대한 징병제를 시행하지 않았다. 징병이 국가에 대한 의무일 뿐 아니라 권리도 수반하는 제도였기 때문이다. 징병제를 실시할 경우 조선인이 참정권을 요구할 여지를 줄 수 있다는 점에서, 조선인 징병은 정치적으로 민감한 사안이었다. 일본 군부 내부에서도 1931년 만주사변 직후 "조선인을 우리 등 뒤에서 총을 겨누게 하려는가!", "피는 우리가 흘리고 열매는 조선인과 나누라는 것인가!" 등등 강한 반발이 있었다.

그럼에도 중일전쟁이 장기화되자 전선에서 병력 부족이 심각해졌고, 조선 청년을 전장에 투입해야 할 필요성이 커졌다. 일본 정부는 조선인 동원을 위한 사전 준비로 황민화 교육을 본격화했다. 1936년 8월 부임한 미나미 지로南次郎 총독은 징병제 실현을 공언하고, 이를 위해 교육제도 개정에 착수했다. 그 목표는 조선인들을 일본인으로 철저히 세뇌해 전쟁터에서 일본군에게 반기를 들지 않도록 만드는 데 있었다.

이러한 준비 속에서도 징병제를 즉각 도입할 수는 없었다. 조선인들이 징병을 계기로 자신들의 권리를 주장할 가능성을 우려했고, 당시 조선의 행정 체계 또한 징병제를 시행하기에는 미흡했기 때문이다. 이러한 상황에서 1938년, 일본이 선택한 방안이 바로 지원병 제도였다. 육군특별지원병을 시작으로 해군특별지원병, 학도지원병, 해군징모병, 소년지원병 등 다양한 방식으로 조선 청년들을 점차 동원했다. 이는 분명 '자발적 지원'을 내세운 강제동원이었으며, 그 정확한 규모조차 파악되지 않고 있다.

전세가 악화되자 일본 정부는 마침내 1942년 5월, 조선인 징병제 실시를 결정했다. 이를 위해 약 2년간의 준비 기간을 두었다. 1943년 3월에는 제4차 교육령을 개정하여 황국신민 정신교육을 더욱 강화했다. 또한 1942년 12월에는 1946년 시행 예정인 의무 교육 제도 계획을 발표하는 등, 미래 세대까지 동원하려는 의도를 드러냈다. 초등교육을 제대로 받지 못한 청년들을 대상으로 조선청년특별연성소를 설치하여 징병에 필요한 기본적인 교육을 실시하기도 했다.

징병 대상자를 정확히 파악하기 위한 노력도 이루어졌다. 1943년, 일본은 조선기류령을 공포하고 호적을 정비하여, 본적지를 떠나 다른 지역에 거주하는 징병 대상 연령의 청년들을 빠짐없이 파악하고자 했다.

이러한 철저한 준비 과정을 거쳐, 1923년 12월 2일부터 1925년 12월 1일 사이에 태어난 조선 청년들이 1944년 9월 1일부터 일본군으로 강제 입대하여 전장에 투입되었다. 이들은 자신의 의지와는 무관하게 타국을 위해 목숨을 걸어야 했으며, 이는 식민지 청년이 겪은 비극의 상징이라 할 수 있다.

아래 표에 나와 있듯이 공식 기록상 일본군이 된 조선인은 20만 9,279명이다. 그러나 실제 숫자는 이보다 많았다. 2013년 12월 6일 일본 후생노동성 관계자는 1945년 1월부터 8월 사이 징병 된 조선인 명부 중 일부가 존재하지 않는다고 밝혔다. 전쟁 혼란으로 인한 기록 소실이나 부실한 병적兵籍 관리 때문이다.

조선인 강제동원 피해 규모 (중복 인원 포함)

노무자동원			계	군무원 동원		계
한반도 내	도내동원	5,782,581	6,488,467	일본	7,213	60,668
	관 알 선	402,062		조선	12,468	
				만주	3,852	
				중국	735	
	국민징용	303,824		남방	36,400	
				군인 동원		계
한반도 외	국민징용	222,217	1,045,962	육군특별지원병	16,830	209,279
	할당모집 관 알 선	823,745		학도지원병	3,893	
				육군징병	166,257	
				해군(지원병 포함)	22,299	
총계			7,804,376			

자료 : 국무총리 소속 대일항쟁기강제동원피해조사 및 국외강제동원희생자 등 지원위원회, 2016, 『위원회 활동결과보고서』, 135쪽
1. (총계) 1인당 중복동원 포함
2. (동원 실수) 최소 2,021,995명(한반도 노무자동원 중 도내동원 제외한 수) 이상으로 추산
3. (지역 구분)
  - (국내) 6,552,883명[노무자 6,488,467, 군무원 12,468, 군인 51,948]
  - (국외) 1,251,493명[노무자 1,045,962, 군무원 48,200, 군인 157,331]
4. 군무원 총수는 피징용자 동원수를 제외한 수
5. 일본군'위안부' 피해자 제외
6. 군인(병력) 가운데 1945년 8월 기준 한반도 주둔군 숫자는 51,948명

현재 학계에서는 일본군이 된 조선인을 약 40만 명으로 추산한다. 이는 공식 기록보다 거의 두 배에 달하는 숫자다.

강요된 군복, 그러나 멈추지 않는 저항의 길

1938년 2월, 일제가 조선 청년을 대상으로 육군 특별 지원병 제도를 실시하기로 결정하자 조선 땅에는 대대적인 '지원의 바람'이 불었다. 당국은 도별로 할당 인원을 책정하고, 경찰력과 관변단체를 동원해 선전과 회유, 종용 활동을 펼쳤다. 대상은 주로 가정 형편이 어렵거나 주재소·소방서 등에서 임시직으로 일하는 등 어려운 처지인 사람들이었다. 군인 봉급과 제대 후 일자리 보장 등의 회유책은 이들에게 강력한 유혹으로 작용했다.

1943년 말에는 전문학교 이상 학생을 대상으로 하는 학도지원병 제도가 실시되었다. 당국은 100% 지원을 목표로 각종 방법을 동원했다. 일본은 물론 부관연락선과 항구 등지에서 대대적인 미지원자 색출 작업을 벌였고, 지원을 피해 고향으로 돌아오는 청년들에게 강제로 지원서에 도장을 찍게 했다. 잠적한 청년들의 가족을 협박하는 등의 방법도 사용했다.

이러한 강압적인 방식으로 조선의 전문대학 재학생의 96%가 지원서에 서명했지만, 당국이 정한 100% 목표는 달성하지 못했다.

1943년 11월 21일 학도지원병 모집이 마감되었을 때 4%의 대상자가 여전히 지원을 거부했기 때문이다.

일제는 1943년 11월 28일 미지원자 징용령을 내리고 이들을 '학도 징용' 또는 '응징 학도'라는 이름으로 잡아들였다. 검거된 미지원자들은 1943년 12월 5일부터 2주간 경기도 양주군 노해면 공덕리(현재 노원구 태릉) 육군 지원병 훈련소에서 군사 훈련과 사상 교육을 집중적으로 받았다. 그리고 시멘트 공장이나 철도공사장, 채석장 등에서 강제 노역에 동원되었다.

1944년 1월 21일, 학도지원병으로 입소한 조선 청년 3,893명은 단순히 황군의 길에 순응하지 않았다. 장준하와 김준엽과 같이 전선을 탈출해 독립운동에 합류하기도 했고, 탈출을 시도하다 발각되기도 했다. 실제로 제42·43·44보병부대 및 제47포병부대, 제48공병부대, 제50치중병부대로 구성된 평양사단에 소속된 학도병 24명은 1944년 7월 민족독립운동을 결의하고 '무명의 집단'을 결성해 백두산으로 탈출한 후 독립운동에 헌신할 준비를 하다가 발각되었다. 이들은 징역 2년에서 13년의 중형을 선고받았다.

더불어 함흥 제43부대 소속 학도병 임영선과 이윤철, 태성옥 등 3명은 1944년 1월 입대 직후부터 탈출 모의를 하다가 6월 2일 탈출에 성공했다. 그러나 군경 당국의 수색으로 모두 검거되어 평양 육군 군법회의에서 4년 6개월에서 5년 6개월의 징역형을 받았다. 이것이 '한반도에서 감행된 최초의 학도병 탈출 사건'이다.

이 두 사건은 단순한 탈출이 아니라, 독립군에 합류해 군사 활동을 전개하려는 분명한 목적과 의지를 지닌 행동이었다. 특히 함흥 학도병 탈출자들의 경우, 사전에 치밀하게 논의한 독립운동 방침에 따라 다음과 같은 결연한 각오로 탈출을 감행한 것이었다.

"생자필멸生者必滅이니 나라의 독립을 위해 죽기로 하자. 탈출 목적은 독립군 접선을 실행하기 위함이니 만주 통화현通化縣 반석盤石으로 가서 접선을 시도한다. 탈출 자체가 항일운동이다. 극적이며 선봉적인 행동을 보여줌으로써 학병, 징병, 징용에 해당된 조선 청년들에게 용기를 불어넣어야 한다. 따라서 우리는 총살을 각오하자!"

이러한 조선 청년들의 용기 있는 행동은 당시 일본 제국주의에 맞서 싸우려는 강한 의지를 보여주는 사례로 남아 있다.

군이 부린 민간인, 군무원 :
11살 소녀까지 전쟁터로 내몰다

'군무원'은 일제 강점기 당시 군이 동원한 민간인을 가리키는 현대 용어다. 당시 법률상으로는 군속軍屬이라 불렸다. 군무원의 동원 경로는 크게 세 가지였다. 첫째, 해군징용공원규칙, 국민징용령, 육군군속선원취급요령 등 각종 법령에 따른 동원이었다. 둘째, 주로 전선에서 상황이 급박할 때 현지 지휘관의 판단에 따라 차출하거나 신분을 전환하는 방식이었다. 셋째, 포로 감시원과 같은 모집 방식이 있었다.

군무원은 크게 군노무자軍勞務者와 군요원軍要員으로 나뉘었다. 군노무자는 가장 많은 수를 차지했으며, 군부軍夫나 고원雇員, 용인傭人 등으로 불렸다. 이들은 주로 군이 운영하는 비행장이나 도크공사장 같은 공사 현장, 또는 육군조병창이나 해군공창 같은 무기 공장에서 일했다.

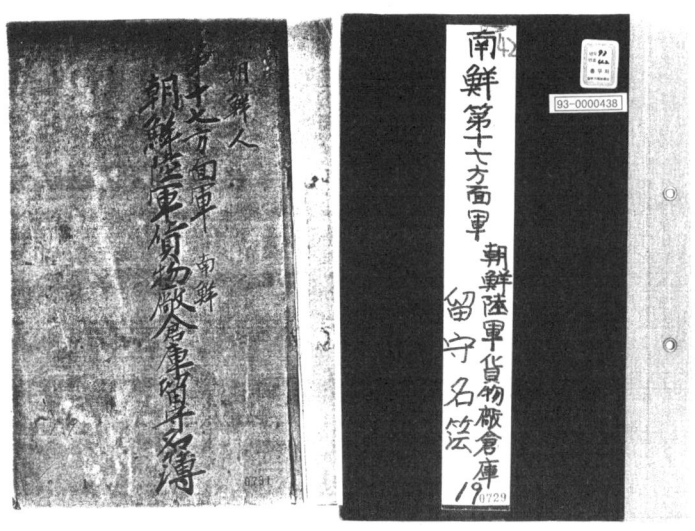

송오순의 이름이 적힌 『유수명부』 표지
출처: 국가기록원 소장 자료

군무원이 일했던 인천육군조병창 모습. 1948년 미군이 촬영
출처 : 미군 장교 노릅 파이어Norb Faye

안타깝게도 군노무자 중에는 여성과 어린 소녀들도 있었다. 일본 정부가 남긴 명부에는 충격적인 사례가 기록되어 있다. 1932년 2월 충남 공주에서 태어나 경성부 종로구 청운정(현재 청운동)에 살던 '송오순'이라는 소녀가 있었다. 소녀는 1943년 9월, 겨우 11살의 나이에 용산의 조선육군화물창 창고부대 소속 육군 공원으로 동원되었다. 송오순이 일했던 화물창은 무기와 탄약 등 군수물자를 보급하는 부대였다.

한편 군요원에는 문관, 운전수, 간호부, 포로 감시원 등이 있었다.

특히 포로 감시원은 태평양전쟁 개전 직후 급증한 연합군 포로를 관리하기 위해 1942년 6월 일본 육군이 포로수용소 설치를 결정한 후 동원되었다. 그해 8월, 일본은 조선과 대만인들을 동원했는데, 조선인만 3,223명에 달했다. 이들은 자신들과 마찬가지로 전쟁의 피해자인 연합군 포로들을 감시해야 하는 비극적인 상황에 처했다.

'공출'이라는 이름의 폭력 : 200만 조선인의 피눈물

일제 강점기, '노무동원'이라는 이름으로 수많은 조선인이 강제동원되었다. 이는 국가총동원법에 따라 정책적, 조직적, 집단적, 폭력적, 계획적으로 이루어진 대규모 인력 동원이었다. 당시 문서에는 이들을 '전시노무이입자戰時勞務移入者' 또는 '공출'이라고 표현했는데, 이는 사람을 마치 물건처럼 취급했다는 것을 의미했다.

한국 현행법에서 규정하는 강제동원 피해자 가운데 노무자가 가장 큰 비중을 차지했다. 중복 인원을 제외하면 약 200만 명으로 추정되는데, 이는 당시 조선 인구의 10%에 해당하는 엄청난 규모였다. 즉, 열 명 중 한 명꼴로 동원된 셈이었다.

전쟁은 군인만으로 치를 수 없었기에 민간인의 노동력이 절실히 필요했다. 군수품 생산, 자원 채굴, 운송, 건설 등 다양한 분야에서 노동력이 요구되었다. 일본 정부는 병사 한 명당 13~18명의 민간 노동력이 필요하다고 계산했다. 패전 당시 일본군이 약 788만 명이었다는 점을 고려하면, 전쟁 수행에 필요한 민간 노동력은 1억 244만 명에서 1억 4,184만 명에 달했다. 그러나 패전 당시 일본 인구는 약 7,500만 명이었고, 한반도 인구를 포함해도 1억 명 정도였다. 결국 필요한 민간 노동력은 일본의 전체 인구를 훨씬 초과하는 규모였다.

이에 따라 수많은 조선인이 고향을 떠나 한반도, 일본, 남사할린, 태평양 도서, 중국, 동남아시아, 대만 등지의 군수공장, 탄광, 건설 현장, 항만, 농장, 삼림 등지에서 혹독한 노역에 시달려야 했다. 주로 장정들이 동원되었지만, 노인과 아이들, 심지어 여성들까지도 강제동원의 대상이 되었다.

이러한 대규모 노무동원은 조선인들의 삶을 철저히 파괴했다. 가족과 떨어져 낯선 땅에서 위험하고 고된 노동을 강요당했으며, 많은 이들이 비인간적인 대우 속에서 목숨을 잃었다.

이런 상황 속에서 노무자로 공출당하지 않아도 되는 사람들이 존재했다. 이 시기 노무동원의 실상은 당시 조선 사회의 불평등한 구조를 여실히 보여준다. 공출 대상에서 제외된 이들은 주로 두 부류였다. 첫째, '끌고 가는 사람들'이었다. 이들은 지위와 권력을 가진 정책결정자들로, 자신들의 특권을 이용해 동원을 피할 수 있었다. 둘째, 쌀을 공출할 토지를 가진 농민들이었다. 이는 당시 식량 공출의 중요성을 반영한다.

반면, 공출의 주요 대상은 사회적 약자들이었다. 토지 없는 농민,

권력이 없는 사람들, 그리고 마을에서 가장 힘없고 가난한 이들이 주로 동원되었다. 이는 강제동원이 단순한 노동력 징발을 넘어 사회적 불평등을 더욱 심화시켰음을 보여준다.

조선인 동원 과정은 철저히 조직적이고 체계적이었다. 일본 국가권력이 정책적, 조직적, 집단적, 계획적, 폭력적으로 수행한 공식 업무였다. 일본 정부 기관, 조선총독부, 남양청 등 통치기관이 주도했으며, 법과 제도에 따라 행정체계를 갖추고 진행되었다.

노무동원 관련 행정조직은 중앙과 지방자치단체 조직으로 나뉘었다. 중앙행정조직은 조선총독부가 담당했는데, 1939년 내무국 사회과 노무계에서 출발해 패전 즈음에는 광공국 동원과, 광공국 근로부 근로 제1과, 근로 제2과 등 3개 과로 확대되었다.

> 내무국 사회과 노무계(1939) → 내무국 노무과(1941) → 후생국 노무과(1941) → 사정국 노무과(1942) → 광공국 노무과(1943) → 광공국 근로조정과·광공국 근로동원과·광공국 근로지도과·근로동원본부(1944) → 광공국 근로부 조정과·광공국 근로부 동원과·광공국 근로부 지도과(1945) → 광공국 동원과·광공국 근로부 근로제1과·광공국 근로부 근로제2과(1945)

지방행정기구는 도道 아래에 부府와 군郡, 도島, 면, 리 등의 행정 단위가 있었지만, 실제 동원을 담당한 것은 읍면 단위였다. 강제동원 경험자들의 증언에 따르면, 그들을 직접 끌고 간 이는 '노무가가리'였다고 한다. 이는 노무계勞務係의 일본어 발음으로, 당시 조선인들에게 공포의 대상이었다.

강제동원 모집 방법 : 국민징용, 전시모집, 관알선

일제 강점기 조선인 강제동원은 전시모집(1938.5~1945.6), 국민징용(1939.10~1945.6), 관알선(1942.2~1945.6) 등 세 가지 방식으로 이루어졌다. 이 세 가지 동원 경로는 모두 일본 정부와 조선총독부 등 통치기관이 공권력을 동원해 집행했다는 공통점이 있다.

흔히 전시모집에서 관알선, 그리고 국민징용으로 갈수록 강제성이 강화되었다고 생각하지만, 실제로는 세 방식 모두 강제성의 정도가

노무동원 규모(중복인원 포함)

국민징용			전시모집, 관알선				
일본	한반도	남방	일본	한반도	남사할린	남양군도	만주
222,082	303,824	135	798,043	6,184,643	16,113	5,931	3,658
526,041			7,008,388				
총계 : 7,534,429							

동일했다. 전시모집과 관알선도 노무자 선정부터 수송까지 모든 과정이 도·군·면의 직원(노무계와 면서기)과 마을 이장, 그리고 경찰의 통제 아래 이루어졌다. 특히 노무자 인솔 수송은 관할 경찰서의 경찰이 인솔했다. 1943년 3월 19일에 일본 메이지 광업이 모집한 조선인 105명을 보내는 책임자는 황해도 봉산군 사리원 경찰서장이었다.

　세 가지 동원 경로 가운데 우리에게 익숙한 국민징용을 살펴보자. 징용이란 국가 권력이 개인의 자유와 생활을 박탈해 특정 직장에서 일하게 하는 것이다. 그러므로 징용이라는 수단은 국가의 책임을 수반하며 사무절차도 단순하지 않았다. 절차가 매우 복잡했고 비용도

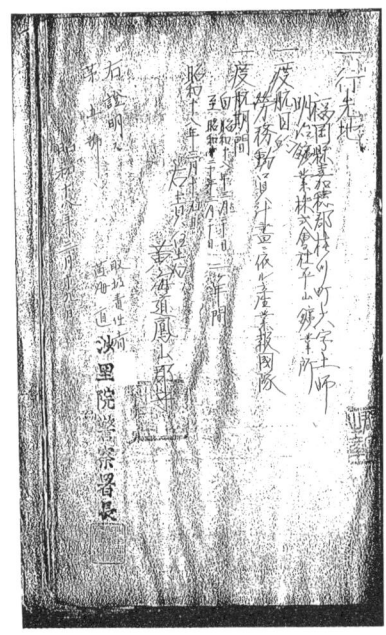

1943년 3월 19일, 황해도 봉산군 사리원의 조선인 105명을 후쿠오카현의 메이지明治광업(주) 탄광으로 보낸다는 경찰서장의 공문
출처 : 국가기록원 소장 일제하피징용자명부

많이 들었다. 정부로서는 군수물자를 생산하는 인력 확보라는 목적만 달성된다면, 전시모집이나 관알선이 더 편리했다. 그래서 초기에는 일본인이든 조선인이든 소규모의 특수 기술직을 국민 징용으로 동원했다. 대규모로 동원한 것은 1944년부터였다.

그렇다면 세 가지 동원 경로의 차이는 무엇일까? 그것은 바로 사고나 사망에 대해서 국가가 책임을 지느냐 지지 않느냐의 문제였다. 징용은 정부가 사고나 사망 부조금을 지급하도록 했고, 식량이나 수송 과정에 필요한 비용을 부담했다. 정부가 책임지는 동원 방법이다. 이에 비해 전시모집과 관알선은 사고나 사망에 대한 부조금을 기업이 해결했다. 정부가 책임지지 않는 동원 방법이었다. 그런데 그 돈은 온전히 회사가 마련한 것이 아니다. 노무자들에게 알리지 않고 각종 보험에 가입시킨 뒤, 월급에서 보험료 명목으로 미리 공제한 금액으로 충당했던 것이다. 그렇기에 기업의 손실은 조금도 없었다.

일본 정부는 기업의 노무자 착취를 방임했고, 우선 수매 방식을 통해 기업의 이익을 보장했다. 기업이 노무자를 부려 생산량을 높이면 정부에서 받는 돈이 늘어나 이득이 커지므로 더 큰 돈을 얻기 위해 노무자들을 더욱더 착취하게 되었다. 기업은 노무자를 데려오는 데 들어간 비용을 '선대금先貸金'이라 해서 모두 공제했다. 연락선 승선비, 기차삯 등 교통비, 숙박비, 국민복값도 임금에서 먼저 떼 갔다. 회사 모집인의 경성관 숙박비와 조선총독부 관리들에게 쓴 접대비도 조선인들의 월급에서 회사가 가져갔다. 이 돈은 자연스레 조선인들의 빚이 되었다. 물론 당사자는 모르는 빚이었다.

작업장에 도착해서도 빚은 줄어들지 않고 늘어났다. 회사에서 조선인들이 탄광에서 쓰는 곡괭이, 일본 버선, 숙소 전등, 이불, 탄광용 랜턴 등을 모두 사용료로 계산했기 때문이다. 형편없는 수준의 숙소 사용료와 식비, 아플 때 받아먹은 약값도 월급에서 꼬박꼬박 빼갔다. 별의별 이름의 보험료와 주민세도 내야 했다. 이러저러한 것을 제하면 적자를 의미하는 빨간 숫자가 남았다. 열심히 빚을 갚아야 1년 후에 용돈이라도 구경할 수 있었다.

열악한 현장과 가혹한 노동 환경으로 인해 사고가 자주 일어났다. 사망자가 속출한 것은 어찌 보면 당연한 일이다. 회사에서 미리 여러 명목으로 돈을 빼갔으므로, 남는 돈이 없어 고향에 송금도 할 수 없었다. 그러다 보니 노무자들의 불만이 높아졌다. 노무자들의 불만이 고향에 알려지자 민심이 흉흉해졌다. 관청에서 일하는 사람들이 무서워 전시 모집에 응하기는 해도 부산항에 도착하기 전에 다수가 달아나버렸다.

1939년에 5.2%였던 탈출자가 1940년에는 37.2%로 늘었다. 그래서 관알선으로 바꾸어 수송 과정에서 탈출을 방지하고 대량 수송 문제를 개선하기로 했다. 그런데도 탈출은 점점 늘어나 1943년에는 40%가 되었다. 전쟁 상황이 기울어가는 상황에서 생산성을 높이고 민중의 불만을 잠재우기 위해서는 일본 정부가 책임지는 모습을 보여주어야 했다. 그래서 할 수 없이 국민징용제도를 확대했다.

치밀하게 짜여진 억압의 사슬, 징용 동원 시스템의 작동 방식

고향을 떠나 징용 가는 과정은 체계적이고 잔인할 정도로 조직적이었다. 이 과정은 크게 네 단계로 나눌 수 있다.

제1단계 노동력 조사 및 등록

제2단계 요청 : 노동력이 필요한 기업은 다음 해 필요한 인원수를 일본 후생성(남양군도는 남양청南洋廳)에 신청한다. 그러면 후생성은 기업별로 인원을 할당하고 기업에 고용 허가를 내준다. 허가를 받은 기업은 조선총독부에 모집허가를 신청한다.

제3단계 동원 : 기업의 모집허가를 접수한 조선총독부는 인원 조정을 한 후, 기업에 지역을 할당했다. 그리고 지방행정기관이 나서서 기업 담당자와 함께 지정된 지역에서 할당된 인원수를 동원했다.

제4단계 수송 : 지방행정기관은 수송 준비를 완료해 집단으로 배에 태워 보냈다. 당시 기록에서는 송출送出이라 표현했다.

사람을 모집하고 기차에 태워 부산까지 수송하고, 마지막으로 부관연락선關釜聯絡船●에 태우는 모든 과정은 조선총독부가 주관했다. 이 과정에 중앙행정 부서는 물론이고 지방행정기관에서도 경찰이나 군청 직원, 면 직원, 철도청 직원, 소방서원 등 모든 공권력을 동원했다. 모든 동원 과정은 조선총독부가 주관했고, 지방행정기관이 수행했으며 관련 기업과 직업소개소·조선노무협회·동아여행사 등이 업무를 보조하거나 지원했다.

동아여행사는 상업적인 여행사가 아니었다. 노무동원을 담당하던 조선총독부 후생국 노무과와 논의해 수송에 필요한 단체 수송 신고서를 철도국에 보내고, '단체 수송 계획표'를 작성해 동원하는 노무자들의 숙박과 도시락, 수송을 담당했다. 일본 패전 후 일본교통공사 JTB로 이름을 바꾼 후 지금도 운영하고 있다.

고향을 떠나 일본이나 남사할린, 동남아시아, 중서부태평양으로 가는 조선인은 부산과 여수항에서 연락선을 타고 시모노세키로 갔고, 중국과 만주로 가는 이들은 경성역에서 기차를 타고 북쪽으로 향했다. 남양군도로 가는 이들은 시모노세키에 도착한 후 고베神戶나 요코하마橫浜로 가서 다시 배를 타고 떠났다. 일제 말기에는 원산항에서 곧바로 남사할린을 향해 출발하는 연락선을 운영하기도 했다.

● 부관연락선 : 부산과 일본의 시모노세키 사이를 연결하던 연락선

국경 없는 강제동원 :
조선으로 간 것은 징용도 아니라고?

일제 강점기 조선인 강제동원은 단순히 일본이나 만주, 사할린에 국한된 것이 아니었다. 조선인들은 조선, 일본, 남사할린, 타이완, 중국 관내, 중서부 태평양, 만주, 동남아시아 등 광범위한 지역으로 동원되었다.

1940년 중앙선 철도공사장에 동원된 근로보국대. 소년들의 모습이 보인다.
출처 : 대일항쟁기 강제동원피해조사 및 국외강제동원희생자 등 지원위원회, 『조각난 그날의 기억』, 2013

멀리 평북 정주의 철도공사를 위해 1940년 전남 광양에서 동원한 산업전사대. 앞줄에 어린이들의 모습이 보인다.
출처 : 대일항쟁기 강제동원피해조사 및 국외강제동원희생자 등 지원위원회, 『조각난 그날의 기억』, 2013

    많은 사람들이 '조선으로의 동원은 징용이 아니었다'라거나 '조선에서의 노동은 편했을 것'이라고 오해하지만, 이는 사실과 다르다. 당시 조선은 독립국이 아닌 일본의 식민지였기 때문에, 조선인들은 어디로 동원되든 선택권이 없었다. 동원 지역과 관계없이 강제동원의 실태는 마찬가지로 가혹했다.

    이러한 오해가 생긴 데에는 두 가지 이유가 있다. 첫째, 당시를 독립국 시절로 잘못 인식하는 경우다. 둘째, 피해자들이 '보국대'나 '봉

사대'라는 이름으로 거주지 인근 작업장에 동원된 경우다. 특히 도내 동원은 거주지역 관내 도에 있는 작업장으로 단기간 동원하는 형태였기 때문에 '조선은 편한 곳'이라는 오해를 낳았다. 하지만 모든 조선인이 도내에 동원된 것도, 모두가 편하게 일한 것도 아니었다. 실제로 경남에서 함경도로 동원된 사람들도 적지 않았다. 더욱이 한반도 북부의 노동 환경은 매우 열악해 현장 사망자가 더 많았다는 점을 주목해야 한다.

따라서 조선 내 동원을 단순히 '편했다'거나 '징용이 아니다'라고 판단하는 것은 역사적 사실을 왜곡하는 위험한 오해다. 우리는 이러한 오해를 바로잡고, 일제 강점기 강제동원의 실상을 정확히 이해하고 기억해야 할 것이다.

탄광에 묻힌 아이들 :
보호받지 못한 어린 영혼들의 고통

1943년 10월, 후쿠오카현 야마다山田 탄광으로 동원된 여주 출신 조선인들이 탄광에 도착해 찍은 단체 사진이 있다. 사진 맨 앞줄에는 헐렁한 국민복을 입은 앳되고 조막만한 얼굴의 아이들이 앉아 있다. 이들은 전쟁의 소용돌이에 휘말린 어린 피해자들이다.

일제 말기, 아이들은 탄광과 광산뿐만 아니라 군수공장, 토목건축

공사장, 집단농장 등 다양한 곳으로 동원되었다. 동원 지역은 일본, 남사할린, 중서부태평양, 한반도 등이었지만, 가장 많은 아이들이 한반도로 동원되었다. 건장한 성인 남성들이 일본이나 남사할린 등으로 끌려간 자리를 노인과 여성, 그리고 어린이들이 메워야 했기 때문이다.

일본 당국은 법적으로 동원 가능한 연령을 정해놓았으나, 실제로는 이를 무시하고 더 어린아이들을 강제동원했다. 「국민근로보국대실시요강」, 「국민근로보국협력령」, 「노무조정령」에 따르면, 1944년까지 동원할 수 있는 남녀는 만 14세 이상, 「여자정신근로령」(1944년 8월)과 「국민근로동원령」(1945년 4월)에 따라 만 12세 이상을 동원할 수 있다는 규정이 있었지만, 이는 형식적인 것에 불과했다. 현실에서는 여섯 살이나 아홉 살의 어린 소녀들까지도 노역장에 투입되었다.

이렇게 무리하게 동원된 어린이들은 성인 남성 기준의 노동 시스템에서 자신을 지킬 수 없었다. 그들은 노동 재해와 공습 피해에 취약했고, 성폭력과 물리적 폭력에 저항할 힘도 없었다. 그 결과 많은 아이들이 목숨을 잃었다. 실제로 1931년 2월생인 세창은 열한 살의 나이에 경북 영양의 중천가곡광산에 동원되어 한 달 만에 갱이 무너지는 사고로 기계에 깔려 사망했다.

광복 이후에도 강제동원의 상처는 깊었다. 고통스러운 투병 끝에 생을 마감한 소년들이 적지 않았는데, 그중 가슴 아픈 형제의 이야기가 있다. 청양군 장평면 출신의 길평은 1928년생으로, 14세였던 1942년 3월에 중천가곡광산으로 끌려갔다. 어린 나이에 갱 속에서 힘든 노동을 했던 그는 해방 후 3년 만에 진폐증으로 세상을 떠났다. 비극은 여기서 그치지 않았다. 길평이 떠난 지 1년 후, 같은 광산에서 일했던 동생 상구도 형의 뒤를 따랐다. 1930년생이었던 상구는 12세에 광산에 갔다. 어린 형제가 함께 갱 안에서 일했고, 결국 둘 다 진폐증으로 고통 받다 사망했다. 이 형제의 죽음은 우연이 아니었다. 해방 이후 죽음에 이르기까지, 그들은 끊임없는 기침과 천식, 각혈의 고통에 시달렸다. 결국 그들의 고통을 멈춘 것은 죽음뿐이었다.

이 이야기는 당시 사회의 참혹한 실상을 보여준다. 보호받아야 할 어린이들이 위험한 노동 환경에 노출되었고, 그 결과는 평생의 고통과 이른 죽음이었다.

자유와 존엄을 위해 싸운 조선인, 굴종하지 않는다!

'조선인이 바보인가? 왜 저항하지 못하고 끌려갔는가!'라는 주장은 강제동원의 역사를 부정하는 이들의 잘못된 인식이다. 이는 사실과 다르다. 일제 강점기 조선인 강제동원의 역사는 결코 저항 없이 끌려간 이야기가 아니다.

힘없는 어린이들은 저항하기 어려웠지만, 많은 성인들은 다양한 방법으로 저항하고 투쟁했다. 이러한 행동은 목숨을 걸어야 할 만큼 큰 용기가 있어야 했다. 무기도 없는 민간인이 일본의 국가 권력을 상대로 저항과 투쟁을 벌이는 것은 실로 목숨을 내걸어야 할 정도의 큰 결단이 필요했기 때문이다.

그럼에도 이러한 용기를 낸 이들은 적지 않았다. 그들은 자신의 생명을 위협받으면서도 굴하지 않고 저항을 이어갔다. 이는 조선인들이 결코 '바보'가 아니었으며, 극한의 상황 속에서도 자유와 존엄을 위해 싸웠음을 보여주는 명백한 증거다.

1944년 조선총독부가 제85회 제국의회에 보고한 내용은 조선 민중들의 강력한 저항을 보여준다. 징용에 맞서 경찰을 살해하고 무기를 들고 산에 들어가 투쟁하는 등 격렬한 반발이 있었다. 당국은 이에 대응해 탈출자들에게 실형을 부과하고 수형 중에도 작업장에 동원하는 등 강경하게 탄압했다.

그러나 조선인들의 저항은 일본 땅에서도 계속되었다. 일본 내무성 조사에 따르면, 1939년부터 1942년까지 일본에 끌려간 조선인 중 25만 7,907명이 탈출을 시도했다. 이 수치는 해가 갈수록 증가해 1939년 2.2%에서 1943년에는 39.9%에 달했다.

부득이 조선에서 탈출에 실패하고 일본으로 끌려간 이들도 저항을 멈추지 않았다. 1939년부터 1944년까지 일본으로 강제동원된 노무자들이 벌인 파업과 태업은 1,784건에 달했으며, 참가자는 총

10만 8,978명에 이르렀다. 이는 조선인들이 굴종하지 않고 끊임없이 저항했음을 보여준다.

일본 당국과 기업은 이러한 저항에 폭력적으로 대응했다. 특히 동원된 지 1년 이내 탈출자들을 경찰과 공권력을 동원해 잡아들이고 폭력을 가했다. 이는 조선인을 데려올 때 들어간 비용을 회수하기 위함이었다. 노역을 거부하는 조선인들은 공권력으로 진압되었고, 이 과정에서 목숨을 잃는 경우도 있었다.

한 예로 1921년 경북 선산에서 태어난 김선근은 축구와 마라톤을 즐기던 건장한 청년이었다. 24살에 오사카에서 법학을 전공하던 그는 히로시마廣島縣 구레吳 해군시설부에 징용되었다. 그곳에서 김선근은 700명의 조선인들과 함께 봉기를 주도했다. 그의 행동은 가혹한 대가를 치렀다. '폭동 주도' 혐의로 해군 군법재판에 회부된 김선근은 징역 4년 형을 선고받았다. 해군형무소에 수감된 지 얼마 지나지 않아 그는 폐균질로 생을 마감했다.

유학생이었던 김선근은 자신의 행동이 초래할 결과를 충분히 예측했을 것이다. 그럼에도 그는 투쟁의 선봉에 서는 것을 주저하지 않았다. 이같이 저항이나 투쟁은 목숨을 건 행위였으나 조선인들은 탈출과 파업, 작업 거부 등 지속적인 투쟁을 하며 일본 국가 권력과 파쇼에 맞섰다.

기억하지 않는 역사는
반복된다

―――――――

　일본의 침략 전쟁에 동원된 조선인 중 많은 이들이 1945년 8월 광복 이후에도 고향으로 돌아오지 못했다. 전쟁터, 탄광, 공장 등에서 목숨을 잃거나 지금까지도 행방불명된 이들의 수는 정확히 알 수 없지만, 그 규모는 상당하다.

　남사할린을 제외한 일본 본토에서 사망하거나 행방불명된 노무자는 약 10만 명으로 추정된다. 이 중 작업장 내 사망이 1만 명, 원폭 사망이 4만 명, 공습 등 재난으로 인한 사망이 5만 명이다. 군인과 군무원의 경우, 일본 후생성 통계를 적용하면 약 17만 2,650명이 사망하거나 행방불명된 것으로 추산된다.

　이를 종합하면, 조선인 강제동원 피해 사망·행방불명자는 최소 27만 명, 즉 동원된 조선인의 13.5%에 달한다. 그러나 이 수치는 한반도 내 사망자와 귀국 중 해난사고로 희생된 이들을 포함하지 않아 실제로는 더 많을 것으로 보인다.

　또한, 사할린에 억류된 약 4만 6천 명의 조선인들도 있다. 이들은 사망하거나 행방불명되지는 않았지만, 고향으로 돌아가지 못한 채 '동토의 땅'에 발이 묶였다. 중국과 만주에서도 돌아오지 못한 이들이 있지만, 그 수는 정확히 파악되지 않고 있다.

　비록 정확한 숫자는 알 수 없지만, 이렇게 일본의 침략 전쟁에 동원되어 돌아오지 못한 조선인들의 이야기는 한국 사회가 반드시 기억해야 할 역사다. 그들의 고통과 희생은 우리의 과거이자 현재이며, 미래 세대에게도 전해져야 할 중요한 교훈이다.

한국 알리미 서경덕의 강제동원 이야기

　2015년 일본이 군함도를 세계유산으로 등재할 때 강제동원한 역사를 충분히 반영하기로 한 약속을 아직까지 이행하지 않고 있어 논란이 되고 있습니다. 유네스코 측이 '전체 역사를 반영하라'고 시정 요구를 했지만, 지난달 31일 유네스코 세계유산위원회가 공개한 일본의 유산 관련 후속조치 보고서에는 반영되지 않은 것으로 밝혀졌습니다.

많은 관광객이 배 위에서 군함도를 바라보고 있다.

이미 예견된 일입니다. 군함도 전체 역사를 알리겠다고 만든 산업유산정보센터(이하 군함도 전시관)를 군함도에서 1000km 떨어진 도쿄에 세울 때부터 예상되었습니다. 이 군함도 전시관의 첫 번째 문제점은 찾아가기도 쉽지 않다는 점입니다. 대로변이 아닌 후미진 곳에 위치하고 있어 접근성이 매우 떨어집니다. 이는 일본 정부가 이 시설에 대해 무언가 떳떳하지 못한 상황이라는 점을 단적으로 보여주고 있습니다.

두 번째 문제점은 내부 전시물에 대한 사진과 영상은 절대로 찍을 수가 없다는 점입니다. 이는 전시물이 외부로 유출되어 왜곡된 상황이 널리 알려질까 봐 두려운 마음에 행한 조치라고 판단됩니다. 가장 중요한 세 번째 문제점은 조선인 강제동원, 심각한 차별 등 피해자들이 군함도에서 겪었던 참혹한 역사적 사실을 전혀 언급하고 있지 않다는 점입니다.

그동안 계속 일본에게 속아 왔습니다. 그렇다면 이젠 대일 외교전략을 바꿔야만 할 것입니다. 무엇보다 가장 중요한 건 강제동원 역사에 대한 우리 국민들의 지속적인 관심이 필요할 때입니다.

2024년 11월 일제강점기 조선인 강제노역 현장인 일본 니가타현 사도광산 인근 아이카와 개발종합센터에서 '사도광산 추도식'이 개최됐습니다. 애초 한국 정부와 유가족은 추도식에 참여하기로 했으나, 이날 추도사를 낭독한 이쿠이나 아키코 정무관이 과거 야스쿠니 신사를 참배했다는 이력이 불거지는 등 논란이 지속되자 전날 불참

하기로 결정했습니다.

　반쪽짜리 행사로 전락된 이번 추도식에서 이쿠이나 정무관은 추도사에서 "전쟁이라는 특수한 상황 하에서라고 해도 고향에서 멀리 떨어진 땅에서 사랑하는 가족을 생각하면서 갱내의 위험하고 가혹한 환경에서 곤란한 노동에 종사했다"라고 말했습니다. 또한 그는 "종전까지 고향에 돌아가지 못하고 유감스럽지만 이 땅에서 돌아가신 분들도 있다"라는 말을 덧붙였습니다. 사도광산 추도식 추도사에서 '가혹한 환경에서 곤란한 노동에 종사'한 건 인정했지만 '강제성'

일본 니가타현 사도광산 내부

언급은 또 없었습니다.

사도광산 추도식이 열리기 전 사도광산을 직접 답사하고 돌아왔는데, 사도광산 인근 아이카와 향토 박물관에서도 조선인의 가혹한 노동은 기술되어 있지만 강제성 표현은 전혀 없었습니다. 특히 '반도인(조선인)은 원래 둔하고 기능적 재능이 극히 낮다', '반도인 특유의 불결한 악습은 바뀌지 않아' 등 오히려 조선인을 비하하는 내용을 전시하고 있었습니다. 이는 군함도 전시관에 이어 또 다시 일본의 진정성 부족을 보여주는 사례입니다.

이번 답사 자료를 엮어 사도광산의 전체 역사를 올바르게 알리지 않고 있는 일본의 행태를 유네스코 측에 또 이의를 제기할 예정입니다. 이는 지금까지 일본의 잘못된 형태를 유네스코 측에 꾸준히 알리며, 세계적 여론을 조성하기 위해 노력해 온 활동의 연장선에 있습니다.

예를 들어 지난 2023년 2월 일본 정부는 니가타현 사도광산을 유네스코 세계유산으로 등재시키기 위해 재신청을 했다고 밝혔습니다. 이에 대해 오드레 아줄레Audrey Azoulay 유네스코 사무총장에게 일본의 역사왜곡에 관한 서한을 우편으로 보냈습니다. 이번 서한에서 "일본 정부는 유산의 대상 기간을 16~19세기 중반 에도시대로 한정해 조선인 강제노동을 의도적으로 배제하는 꼼수를 부렸다는 비판을 받고 있다"라고 전했습니다.

이는 유산이 지닌 전체 역사를 외면한 처사이자, 유네스코의 보편적 가치에도 위배되는 행위라고 지적했습니다. 특히 "지난 2015년 군함도 등을 세계유산으로 등재시킬 때 일본 정부는 '수많은 한국인과 여타 국민이 의사에 반해 동원돼 가혹한 조건하에서 노역을 했다'라고 언급한 후, 각 시설의 전체 역사를 이해할 수 있도록 하겠다는 약속을 했었다"라고 설명했습니다. 그러나 "지금까지도 그 약속을 이행하지 않고 있다. 이게 바로 일본의 본 모습이다. 그러니 더 이상 일본의 역사왜곡에 속지 말고, 이번에는 유네스코의 현명한 판단을 기대하겠다"라고 강조했습니다.

또한 이번 서한에는 지난해 한국 및 다양한 국가의 누리꾼 10만

아이카와 향토 박물관

여명이 동참한 '일본 사도광산 유네스코 세계유산 반대 서명' 결과를 함께 첨부했습니다. 아울러 이번 서한은 세계유산센터장, 유네스코 190여 개 회원국, 세계유산위원회 21개 위원국, 국제기념물유적협의회ICOMOS 전 회원국의 대표 메일로도 발송했습니다.

　이처럼 세계적인 여론 조성을 위해 향후 사도광산에 관한 세계적인 유력 매체의 광고 캠페인을 계획하고 있습니다. 다국어 영상 제작 및 전 세계 배포 등을 통해 국제사회에 사도광산 강제노역의 역사적 진실을 지속적으로 알려나갈 예정입니다. 그럼 끝까지 한번 해 보겠습니다.

04

일본군 '위안부'

아물지 않는 상처, 역사 앞에 서다

심달연

    1992년 1월 8일, 일본군 '위안부' 문제 해결을 향한 간절한 외침으로 시작된 수요시위는 오랜 시간 동안 숨겨왔던 고통스러운 기억을 용기 내어 증언해주신 피해 생존자분들이 그 자리를 지키며 이어져 왔다. 여성·인권운동가로서 언제나 당당하게 활동하신 길원옥 할머니는 수요시위를 상징하는 존재였다. 하지만 2025년 2월 16일, 할머니는 길고 고단했던 삶의 여정을 마치고 우리 곁을 떠났다. 그리고 다음 날 열린 제1,688차 수요시위에 영정 사진으로나마 우리 곁을 지켰다. 그 빈자리는 깊은 슬픔을 남겼고, 그 울림은 우리 기억 속에 영원히 남을 것이다.

    2025년 5월 기준 정부에 등록된 일본군 '위안부' 피해자 240명 중

생존자는 단 6명뿐이다. 매주 수요일 낮 12시, 서울 종로구 주한 일본대사관 앞에서 일본군'위안부' 문제 해결을 위해 이어져 온 수요시위는 이제 피해 생존자 없이 치러지는 날들이 더 많아졌다.

안타까운 변화는 이뿐만이 아니다. 어느 순간부터 그 아픈 역사의 진실 자체를 부정하는 이들까지 나타나 우리의 마음을 더욱 무겁게 하고 있다.

일본군'위안부' 문제에 대한 '무관심'과 '무지'는 상처 입은 할머니들의 명예를 짓밟고, 역사의 진실을 흐리게 만드는 심각한 걸림돌이다. 우리가 이 아픔을 잊지 않고, 올바른 해결을 향해 나아가기 위

고(故) 길원옥 할머니 영정 사진
출처 : 전쟁과여성인권박물관

해서는 일본군'위안부' 문제가 어떻게 세상에 알려지고, 억압받는 여성들의 인권 문제로 부각될 수 있었는지 그 과정을 되짚어볼 필요가 있다. 또한, '위안부' 제도가 만들어진 배경과 피해자들이 겪었던 참혹한 실상, 그리고 국제사회가 이 문제를 어떻게 인식하고 있는지 깊이 있게 배워야 한다.

역사적 사실을 제대로 마주하고, 올바로 아는 것은 피해자분들의 존엄과 명예를 회복하는 첫걸음이다. 나아가 이 문제를 가슴 깊이 기억하고, 이와 유사한 다른 인권 침해 문제에도 끊임없이 관심을 기울여야 한다. 그것이야말로 일본군'위안부' 문제 해결의 진정한 의미일 것이다.

침묵을 깨다 : 내가 바로 일본군'위안부'였다

일본군'위안부' 피해는 1945년 8월 광복 이전에 발생했지만, 광복 이후 오랫동안 사회적 관심사로 떠오르지 못했다. 피해자들은 일본군'위안부'였다는 사실이 알려질까 두려워 살아가는 내내 전전긍긍했다. 어쩌다 주변에 알려지기라도 하면 '팔자 사나운 년'이라는 꼬리표가 붙은 채 사회적 편견과 차별 속에서 살아야 했다.

당시 한국 사회는 여성들이 겪은 '위안부' 피해를 사회 전체가 모두 나서서 해결해야 할 문제로 인식하지 못했다. 그러나 1987년 민주화를 계기로 여성 인권 문제에 대한 사회적 관심이 높아졌다.

1990년 1월 4일, 윤정옥 이화여자대학교 교수는 『한겨레』 신문에 「'정신대' 원혼 서린 발자취 취재기」를 연재하기 시작했다. 이 기사에서 '정신대'는 일본군'위안부'를 지칭하는 용어로 사용되었다. 이를 계기로 일본군'위안부'의 역사적 진실을 규명하고 일본 정부에 책임을 물어야 한다는 여론이 만들어졌다.

1990년 5월 18일, 노태우 대통령의 방일을 앞두고 '한국여성단체연합회' 등 여러 여성단체는 성명을 발표했다. 이들은 일본 정부가 과거의 범죄 행위, 특히 일본군'위안부' 문제에 대해 진상을 규명하고 공식적으로 사죄하며 배상해야 한다고 강력히 요구했다. 하지만 일본 정부는 이러한 요구를 외면했다. 같은 해 6월 6일, 일본 국회 참의원 예산위원회에서 사회당의 모토오카 쇼지本岡昭次 의원이 조선인 여성의 종군 '위안부' 강제 연행 사실에 대해 질문하자, 당시 노동성의 시미즈 쓰다오淸水傳雄 직업안전국장은 다음과 같이 대답했다.

"민간업자가 데리고 다닌 것으로 알고 있는데, 이제 와서 실태를 조사하는 것은 불가능하다."

증거도, 증언하는 피해자도 없는 상황에서 진상 규명 요구는 힘을 얻기 어려웠다. 문제 해결을 바라는 많은 이들은 피해자가 직접 나서 증언해 주기를 간절히 바랐다.

그러던 중 1991년 8월 14일 '한국정신대문제대책협의회' 사무실에 머리가 희끗한 할머니 한 분이 찾아왔다. 평범한 모습의 할머니는 잠시 후 기자들 앞에서 입을 열었다.

"16세 어린 나이에 중국 오지에 끌려가 일본군'위안부'로 고통받은 내가 이렇게 시퍼렇게 살아있는데 그런 일이 없다니 말이 됩니까?"

김학순 할머니였다. 50년 넘게 묻어둔 고통을 역사의 이름으로 증언하겠다고 나선 그는 자신이 겪은 피해를 담담히 이야기했다.

1991년 8월 16일 자 기사에 실린 김학순 할머니
출처 : 조선일보

김학순 할머니의 용기 있는 증언은 국제사회에 큰 반향을 일으켰다. 이후 한국뿐 아니라 필리핀, 인도네시아, 타이완, 네덜란드 등지에서도 피해자들의 증언이 이어졌다. 네덜란드인으로 인도네시아에서 피해를 겪었던 얀 루프 오헤른Jan Ruff- O'Herne 할머니는 2014년 7월 한국을 방문하는 프란치스코Francis 교황에게 영상 메시지를 보냈다. 그리고 김학순 할머니의 증언이 자신에게 어떤 영향을 미쳤는지 설명했다.

"50년 동안 소위 '위안부'라고 불린 여성들, 우리는 모두 침묵했습니다. (중략) 우리는 우리에게 벌어졌던 일들을 매우 부끄러워했습니다. 우린 너무나도 더럽다고, 너무나도 끔찍하다고 느꼈습니다. (중략) 저는 방에 앉아 텔레비전을 시청했습니다. 그리고 김학순을 보았습니다. (중략)

"나도 '위안부'다, 나도 그녀를 도와야 한다라는 생각이 들었습니다. 나는 그녀와 함께이어야 합니다. 왜냐하면 그녀는 이미 사실을 밝혔지만, 세계는 그녀의 목소리를, '위안부' 여성을 인식하지 못했기 때문입니다. (중략) 바로 그때 저 역시도 목소리를 내기로 결심했습니다."

또 다른 피해자 문옥주 할머니는 자신이 '위안부'였음을 밝힌 후 친구 몇몇과 관계가 멀어졌던 경험을 다음과 같이 회고했다.

"친구를 몇 명 잃었지만, 그 친구들은 그걸로 됐어. 이름을 밝혀도, 이름을 밝히지 않아도 나는 나니까. 나는 내가 정말 겪었던 일을 말한 것뿐인데…. (중략) '위안부' 일을 알면서도 친구로 있을 수 있는 사람이 정말 친구야."

숨겨왔던 아픈 기억들이 서로에게 용기를 주며 기적 같은 변화를 만들어냈다. 피해자들의 증언이 잇따르자 국제사회도 이 문제에 관심을 갖기 시작했고, 역사적 사실을 뒷받침하는 관련 문서들도 발굴되기 시작했다. 일본군이 위안소 설치와 '위안부' 모집에 직접 관여했음을 보여주는 문서를 처음 발굴해서 공개한 일본의 역사학자 요시미 요시아키吉見義明 교수 역시 김학순 할머니의 증언을 듣고 자료 발굴에 나섰다고 밝혔다.

피해자들은 단순히 피해를 고발하는 데 그치지 않고 문제 해결을 위해 스스로 행동에 나섰다. 진실을 밝히고 일본 정부의 사죄와 배상을 받아내는 것이야말로 같은 비극이 되풀이되는 것을 막는 길이라고 믿었기 때문이다. 이옥선 할머니는 이렇게 말했다.

"내 이야기는 꼭 알려져야 합니다. 사실 너무나 고통스럽기에 이야기를 하고 싶지는 않습니다만, 우리는 반드시 이야기를 해야 합니다. 이러한 일들이 다시 자행되지 않도록, 다른 여성들을 보호하기 위해서 말입니다. 진실은 반드시 알려져야 합니다."

피해자들이 전면에 나서자 일본 정부도 더 이상 외면할 수 없었다. 한국 정부의 요구를 받아들여 정부 간 협의를 시작했고, 일본 정부 차원에서 자료 수집에 착수했다. 1992년 1월 가토 고이치加藤紘一 관방장관은 담화를 통해 일본 정부와 군이 위안소 설치 및 '위안부' 모집과 이송 등에 관여했음을 인정했다. 이어 1993년 8월에는 고노 요헤이河野洋平 관방장관이 담화를 발표하여 '위안부' 동원 과정에서 본인 의사에 반하는 강제성이 있었음을 인정하고, 역사 교육을 통해

미군에 의해 구조된 일본군 '위안부'
출처 : 한국학중앙연구원

이 사실을 미래 세대에게 전달하겠다고 약속했다.

중국 침략과 일본군 범죄 증가, 군 전용 위안소 설치로 이어지다

1910년 한국 국권을 침탈한 일본은 만주, 중국 대륙, 태평양 지역으로 침략 전쟁을 확대했다. 1937년 중일전쟁 발발 후 당시 중국 수도였던 난징을 점령하는 과정에서 일본군은 수많은 민간인을 학살하고 여성을 성폭행하는 만행을 저질렀다. 이것이 바로 난징대학살이다. 일본군 점령 지역 곳곳에서 성폭력 사건이 빈발하면서 치안은 극도로 불안해졌고, 중국인들의 반일 감정은 격화되었다.

일본군은 이러한 반일 감정 고조가 작전에 불리하다고 판단했다. 그래서 성폭력 방지를 명분으로 병사들의 성욕 해소를 위한 군 전용 위안소 설치를 추진했다. 그러나 특정 여성을 가두어 놓고 성욕 해소 대상으로 삼는 조치는 오히려 병사들의 폭력성을 부추겼고, 전쟁에서 받는 스트레스는 '위안부'에 대한 가혹행위로 이어졌다. 결국 위안소 설치에도 불구하고 일본군의 성폭력 범죄는 근절되지 않았다.

일본군의 또다른 고민은 병사들의 성병 문제였다. 성병에 걸린 병사는 전투력을 상실하고 치료 기간 동안 전력에서 제외되므로, 군 전력상 큰 손실이라고 여겼다. 1939년 육군 군의관 아소 테쓰오_麻生徹男_

위안소 밖까지 줄을 서서 차례를 기다리고 있는 일본군들
출처 : 일본군'위안부'e역사관

는 〈화류병(성병)의 적극적인 예방법〉이라는 보고서에서 상하이와 난징 지역 병사들의 높은 성병 감염율을 지적하며, 성병 예방을 위해 군인 전용 위안소 설치를 주장했다. 그는 보고서에서 위안소를 '군인들의 공동 변소'라고 표현했는데, 일본군이 '위안부' 피해자를 어떻게 취급했는지 단적으로 보여준다.

일반적으로 창부의 질은 연령이 어릴수록 양호하다. 군인은 군용 위안소를 이용해야 한다. 군인이 매독에 걸리는 것은 전력이 소비되는 것과 동일한 결과를 초래한다. 또한 군인이 술집에 가서 음주를 하게 되면 화류병이 증가하므로 군대 내에서 술의 소비를 최소한도로 해야 한다.

군용 특수 위안소는 향락의 장소가 아니며, 위생적인 공동변소이기 때문에 변소에서 술을 팔지 않는 것과 같이 주류를 금지하는 것은 오히려 당연한 일이다.

– 〈화류병(성병)의 적극적인 예방법〉 中

하지만 위안소 설치로 일본군의 성병 문제가 해결되었을까? 일본 육군성 자료에 따르면 육군의 성병 환자 수는 1942년 1만 1,983명, 1943년 1만 2,557명, 1944년 1만 2,587명으로 줄어들지 않았다. 그럼에도 일본군이 위안소를 계속 운영하고 확대한 것은 성병 예방이라는 명분과는 별개로 여성의 성을 병사 통제와 전쟁 수행의 도구로 여겼기 때문이다.

위안소가 설치된 지역
출처 : 여성들의 전쟁과 평화 자료관(WAM)

일본군은 어떻게 '위안부'를 동원했는가?

① 일본 자국 내에서 동원

일본군은 자국 내에서도 '위안부'를 동원했다. 그러나 전쟁터에 간 남편이나 아들이 위안소를 이용한다는 사실이 가족에게 알려지거나, 자국 여성을 성매매 목적으로 해외 전쟁터에 보냈다는 사실이 공론화되는 것을 꺼렸다. 그래서 일본 정부, 군, 경찰, 헌병 등이 공모하여 민간 성매매 업자를 동원하는 방식으로 은밀하게 '위안부'를 모집하고 이송했다. 업자들은 일본 정부 그리고 군의 지시와 통제하에 움직였다. 일본 경찰은 이들이 사기나 인신매매와 같은 불법적인 방법으로 여성을 모집해도 이를 묵인했다.

② 식민지 조선에서의 동원

식민지였던 조선의 상황은 더욱 열악했을 가능성이 높다. '위안부'를 강제로 동원했다는 공문서는 아직 발견되지 않았지만, 당시 『매일신보』, 『경성일보』 등 신문에 실린 '위안부' 모집 광고나 관련자들의 증언 등 정황 증거는 다수 존재한다. 이를 통해 일본 본토와 유사하게 조선군사령부가 모집을 지시하고 조선총독부가 업자 선정 등에 관여하는 방식으로 동원이 이루어졌을 것으로 추정된다. 때로는 한 번에 수백 명 이상을 동원할 정도로 규모가 컸다.

'강제동원'은 단순히 폭행이나 협박에 의한 연행만을 의미하지 않는다. 취업 사기나 인신매매 등 불법적인 방법으로 동원된 사실을 알면서도 이를 방치하거나 본국으로 돌려보내지 않았다면, 이 역시 강제성을 띤 것으로 보아야 한다. 실제로 수많은 일본군 병사가 조선 여성들이 취업 사기나 인신매매로 위안소에 오게 되었으며, 고향에 돌아가지 못하는 현실을 슬퍼하며 울었다고 증언했다.

③ 군과 관헌의 납치와 유괴

전쟁이 끝난 후 열린 전범 재판 기록이나 공식 문서 중에는 일본군이나 관헌이 직접 여성을 납치하거나 유괴하여 '위안부'로 삼은 사례들도 확인된다.

> 광시성廣西省의 구이린桂林과 류저우柳州를 향해 더욱 남하하였다. 구이린을 점령하고 있던 사이에 일본군은 강간, 약탈과 같은 온갖 종류의 잔학행위를 저질렀다. 공장을 짓는다는 구실로 일본군은 여공을 모집하였다. 이렇게 하여 모집된 부녀자에게 일본 군대를 위해 추업을 강제하였다. 1945년 7월에 구이린에서 퇴각하기 전에 일본 군대는 방화반을 편성하고 구이린의 모든 상업 구역의 건물에 방화하였다.
>
> - 1948년 11월 1일 구이린 사건 판결 中

침략이 한창일 때와 점령 초기에는 일본 군인에 의한 강간 사건이 타라칸, 마나도, 반둥, 파당, 프로로레스 등지에서 다발적으로 발생했다. 일본군이 범인을 엄하게 징계 처분한 경우도 있었다. 자와섬의 스마랑 근처 블로라에서 발생한 강간 사건은 20여 명의 유럽인 여성을 두 채의 집에 감금한 악질적인 것이었다. 거기에서 3주 동안, 그 가운데는 어머니와 딸을 포함한 적어도 15명의 여성들이 여러 연대가 지나갈 때마다 일본 군인에 의해 하루에 수차례씩 강간당했다.

- 1994년 네덜란드 정부가 조사하여 공표한 문서

일본 법원 역시 '위안부' 피해자들이 제기한 손해배상 소송 판결 10건 중 8건에서 한국인 10명, 중국인 24명, 네덜란드인 1명 등 총 35명의 원고 전원이 본인 의사에 반하여 '위안부'가 되었고, 위안소 생활이 자유를 박탈당한 채 성행위를 강요당한 비참한 것이었음을 인정했다.

일본군'위안부', 폭력과 감금 속에서 쓰러진 삶

위안소는 운영 주체에 따라 일본군이 직접 운영하는 군인 전용 위안소, 군이 감독·통제하는 군인 전용 위안소, 군이 민간의 성매매 업소를 지정하여 사용하는 위안소 등으로 나눌 수 있다. 그러나 어떤 형태이든 위안소 설치와 운영의 주체는 사실상 일본군이었다. 민간업자에게 운영을 맡긴 경우에도 군이 이용 규정 제정, 시설 관리, 업자와 '위안부'에 대한 감독 및 통제를 총괄했다. 민간업자는 군의 지시에 따라 움직이는 하수인에 불과했다.

일부 우익 세력은 당시 성매매는 합법이었고 '위안부'는 성노예가 아니었다고 주장한다. 하지만 '위안부' 피해자들은 스스로 그만둘 자유도, 권리도 없었다. 위안소 규정에 따라 외출은 엄격히 통제되었

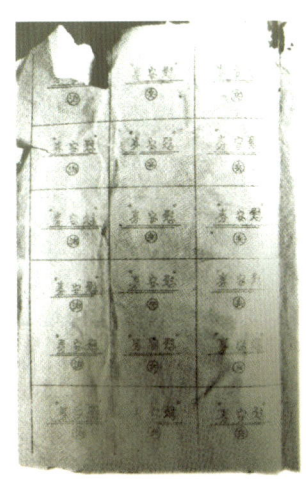

위안소에 가는 장병에 지급되는 위안소 사용권
출처 : 동북아역사넷

고, 허가된 외출 구역 역시 군의 감시하에 있었다. 위안소 주변은 군인들이 24시간 순찰하는 사실상의 감금 상태였다.

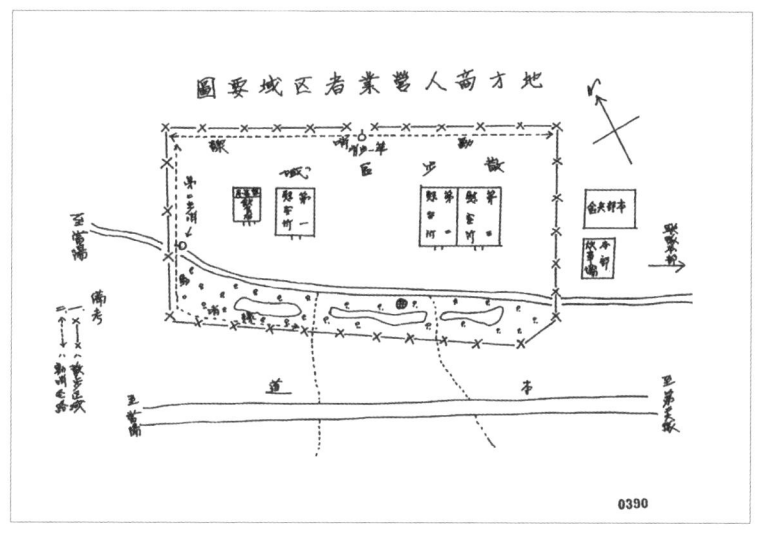

〈독립산포병 제3연대-다카모리 부대 특수위안업무규정〉에 첨부된 '위안부' 산책 구역
출처 : 동북아역사넷

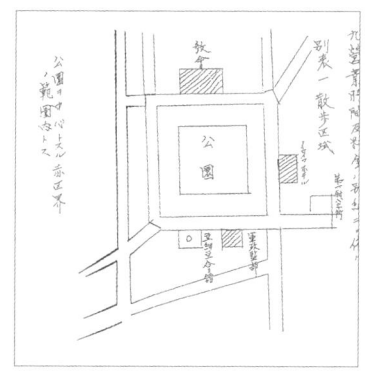

일로일로 파병부대의 위안소 설치관련 규정에
첨부된 '위안부' 산책 구역
출처 : 동북아역사넷

피해자들은 자신의 의사와 무관하게 수많은 군인을 상대해야 했다. 피해자 송신도 할머니는 하루에 많게는 40~50명의 군인을 상대해야 했으며, 식사 시간이나 잠 잘 시간조차 부족했다고 증언했다. 오키나와 위안소에서 피해를 겪은 배봉기 할머니는 위안소 생활을 '지옥'이라고 표현했다.

배봉기 할머니의 증언처럼 위안소 내에서는 군인에 의한 폭행 상해 등 사건 사고가 끊이지 않았다. 위안소 내에서 군인이 총이나 칼로 '위안부'에게 상해를 입히거나 구타하는 일이 빈번하게 발생했다. 지역이나 국적을 불문하고 대부분의 피해자는 위안소에서 극심한 정신적 고통과 불안에 시달렸으며, "위안소에서 점점 미쳐가고 있었다"고 증언했다. 이는 '위안부' 제도가 명백한 성노예제였음을 보여준다.

'위안부', 돌아갈 곳 없는 영혼들 : 광복 후에도 이어진 고통의 역사

전쟁이 끝났지만 '위안부' 피해자들의 고통은 끝나지 않았다. 많은 피해자는 귀환 과정에서 또 다른 어려움을 겪어야 했다. 전쟁 종결 사실조차 모른 채 버려지거나, 일본군 부대가 갑자기 사라져 홀로 남겨진 경우도 많았다. 일부 지역에서는 일본군'위안부'였다는 이유로 현지 주민들에게 폭행을 당하기도 했다.

연합군 포로로 잡힌 경우 수용소를 거쳐 귀국선을 탈 수도 있었지만, 그렇지 못한 피해자들은 오키나와의 배봉기 할머니나 중국 우한의 하상숙 할머니처럼 낯선 땅에서 돌아갈 길을 찾지 못해 헤매거나 현지에 정착할 수밖에 없었다.

1997년 8월, '위안부'로 끌려갔다가 캄보디아에 홀로 남겨졌던 훈 할머니(한국 이름 이남이)가 55년 만에 고국 땅을 밟았다. 당시 김포공항 생중계 장면은 많은 이들에게 큰 충격과 슬픔을 안겼고, 배우 겸 작가 차인표는 이 경험을 바탕으로 소설 『언젠가 우리가 같은 별을 바라본다면』을 집필하기도 했다. 그러나 안타깝게도 훈 할머니는 귀국 넉 달여 만에 다시 캄보디아로 돌아갔다. 반세기 넘는 세월은 그를 고국에서조차 이방인으로 만들었고, 남은 생을 편히 보낼 안식처가 되어 주지 못했다. 이처럼 전쟁이 끝난 후에도 피해자들의 고통은 여러 형태로 지속되었다.

고국에 돌아온 피해자들 역시 순탄한 삶을 살기 어려웠다. '위안부'였다는 사실이 알려질까 두려워하며 평생을 수치심과 불안 속에서 살아야 했다. 정상적인 사회생활이나 결혼 생활을 유지하기 어려웠고, 몸과 마음에 깊은 상처를 안고 살아가야 했다.

앞서 소개한 얀 루프 오혜른 할머니는 피해 사실을 증언하기 전까지 꽃 선물을 받거나 병원에 가는 것을 극도로 꺼렸다고 한다. 일본군이 그녀가 감금되었던 위안소 방문 앞에 꽃 이름을 붙였고, 도움을 요청했던 의사에게마저 성폭행을 당했던 끔찍한 기억 때문이었다.

증언 이후 오혜른 할머니는 조금씩 트라우마를 극복하고 꽃을 받을 수 있게 되었다고 했지만, 안타깝게도 대부분의 피해자는 평생 트라우마를 안고 살아가다 세상을 떠났다. 그들의 청춘은 일본군에 의해 철저히 망가졌다. 그 세월을 생각하면 생각할수록 화가 나고 울분을 참을 수 없어 기억에서 지우고 가슴에서 지웠다. 그래도 문득문득 공포처럼 찾아와 평생을 괴로워했다.

국제사회에서 본 일본군 '위안부': 문제의 본질은 전시 여성 인권 침해

일본군 '위안부' 문제의 본질은 무력 분쟁 상황에서 발생한 여성에 대한 조직적인 성폭력, 즉 심각한 인권침해 문제다. 과거 국제사회는 전쟁 중 발생하는 성폭력에 소극적으로 대처하는 경향이 있었다. 그러나 1990년대 보스니아 내전, 르완다 집단학살, 코소보 분쟁 등에서 수많은 여성이 조직적인 성폭력 피해를 겪은 사실이 알려지면서 전시 성폭력 문제가 심각한 인권 유린이자 국제 범죄라는 인식이 확산되었다. 이러한 배경 속에서 일본군 '위안부' 문제 역시 국제사회에서 주요 의제로 다루어지기 시작했다.

유엔 인권위원회(현 인권이사회)는 1994년 라디카 쿠마라스와미

Radhika Coomaraswamy를 여성 폭력 문제 특별 보고관으로 임명했고, 유엔 인권소위원회는 1996년 전시 성노예 문제 특별 보고관으로 린다 챠베스Linda Chavez를 임명하여 일본군'위안부' 문제를 조사하도록 했다.

1996년 제출된 쿠마라스와미 보고서는 위안소 설치 배경, '위안부' 동원 방식, 위안소 실태 등을 문헌 자료와 피해자 증언을 토대로 상세히 기술하며, 이 문제를 '군사적 성노예제'로 규정했다. 1998년 제출된 맥두걸MacDougall 보고서는 제2차 세계대전 당시 설치된 위안소에 대한 일본 정부의 법적 책임에 대해 명확한 의견을 제시하며, 일본 정부에 법적 책임 인정, 공식 사죄, 피해자 배상, 진상 규명 및 역사 교육 등을 권고했다.

이후 일본군'위안부' 문제는 유엔 인권이사회뿐 아니라 인종차별철폐위원회, 경제적·사회적·문화적 권리위원회, 자유권규약위원회, 고문방지위원회, 국제노동기구ILO 전문가위원회 등 다양한 국제기구에서 지속적으로 논의되었다. 이들 기구는 한목소리로 일본 정부에 역사적 사실 인정, 공식 사죄, 법적 배상, 책임자 처벌, 역사 교육 실시 등을 촉구했다. 이러한 국제적 논의의 배경에는 피해자들의 용기 있는 증언과 국경을 넘은 시민사회의 연대가 있었다. 일본군'위안부' 문제는 단일 인권 현안으로는 유엔에서 가장 오랫동안 논의되고 있는 사안 중 하나다.

2007년, 일본 정부 내 일부 세력이 '위안부' 동원의 강제성을 부정하려는 움직임을 보이자, 미국, 네덜란드, 캐나다 의회 및 유럽의회 등은 일본 정부에 역사적 사실 인정과 책임 있는 해결을 촉구하는 결의안을 잇달아 채택했다. 특히 미국 하원은 일본과의 동맹 관계 등 정치·외교적 부담에도 불구하고, 인권 문제라는 보편적 가치를 우선시하여 결의안(H.Res.121)을 만장일치로 통과시켰다.

(1) 일본 정부는 1930년대부터 제2차 세계대전이 끝날 때까지 아시아 태평양 제도를 식민통치하고 이를 점령하는 동안 일본 제국주의 군대가 '위안부'로 알려진 젊은 여성들을 강제로 성 노예로 만든 사실에 대한 역사적 책임을 확실하고 분명한 태도로 공식 인정, 사과하고 수용해야 한다.

(2) 일본 총리가 일본 정부를 대표하는 공식적인 입장에서 공식적인 사과를 한다면 종전에 발표한 성명의 진실성과 지위에 대해 되풀이되는 의혹을 해소하는 데 도움을 줄 수 있을 것이다.

(3) 일본 정부는 일본군들이 '위안부'를 성 노예로 삼고 인신매매를 한 사실이 결코 없다는 주장에 대해서도 분명하고 공개적으로 반박해야 한다.

(4) 일본 정부는 '위안부'에 대한 국제사회의 권고에 따라 현 세대와 미래 세대를 대상으로 잔혹한 범죄에 관한 교육

을 해야 한다.

— 캘리포니아의 랜토스Tom Lantos 의원과 플로리다의 로스-레티넨Ileana Ros-Lehtinen의원의 수정 제의를 반영한 하원 121호 결의안(2007.7.30.)

하지만 국제사회의 이러한 노력에도 불구하고, 전시 성폭력 범죄는 여전히 세계 곳곳에서 벌어지고 있다. 최근 러시아의 우크라이나 침공 과정에서도 러시아 군인의 성폭력 사례가 다수 보고되었다. 국제법은 전시 성폭력을 포함한 반인도적 범죄를 엄격히 금지하고 있지만, 가해자 처벌과 책임 규명은 여전히 어려운 과제로 남아 있다.

전시 성폭력이 개인의 일탈을 넘어 조직적·계획적으로 자행되었다는 증거가 드러나더라도 책임자 처벌로 이어지기 쉽지 않은 현실이다. 따라서 일본군'위안부' 문제 해결을 위한 노력은 과거사 청산을 넘어, 현재 진행 중인 무력 분쟁하의 성폭력 문제 해결과 재발 방지를 위한 국제적 연대와 노력으로 이어져야 한다.

평화의 소녀상,
아픈 역사를 넘어 인권과 평화를 염원하다

일본군'위안부' 피해자를 기억하고 평화를 염원하며 세워진 대표적인 기념물은 '평화의 소녀상'이다. 첫 소녀상은 2011년 12월 14일, 수요시위 1천 회를 맞아 서울 주한 일본대사관 앞에 설치되었다.

김운성, 김서경 부부 작가가 제작한 소녀상은 지역과 시기에 따라 조금씩 모습은 다르지만, 대체로 한복 치마저고리를 입은 단발머리 소녀의 형상을 하고 있다. 작가에 따르면, 거칠게 잘린 단발머리는 부모와 고향으로부터의 단절을, 어깨 위의 작은 새는 먼저 세상을 떠난 피해자들과 현재를 이어주는 영매를 상징한다. 땅에 다리를 온전히 딛지 못하고 뒤꿈치를 살짝 든 맨발은 광복 후에도 정착하지 못하고 떠돌아야 했던 피해자들의 불안정한 삶을 나타낸다. 소녀상 주변에서 발견되는 나비 문양은 할머니들의 영혼이 고통에서 벗어나 자유롭게 날갯짓하기를 바라는 염원을 담고 있다.

2025년 3월 현재, 평화의 소녀상은 국내 154곳, 해외 31곳에 설치되어 한국을 넘어 전 세계로 확산되었다. 하지만 일본 정부는 2015년 한일 정부 간 합의를 근거로 일본군'위안부' 문제가 최종적이고 불가역적으로 해결되었다고 주장하며, 일본대사관 앞 소녀상 철거를 지속적으로 요구하고 해외 소녀상 건립을 조직적으로 방해하고 있다. 일본 정부는 소녀상을 '반일反日의 상징'으로 간주하는 경향이 있다.

그러나 이는 소녀상이 담고 있는 본질적인 의미를 간과하는 것이다. 평화의 소녀상은 특정 국가에 대한 적개심을 표현하기 위한 것이 아니라, 전쟁으로 인해 희생된 여성들의 고통을 기억하고 추모하며, 다시는 그러한 비극이 반복되지 않기를 바라는 평화와 인권의 메시지를 담고 있다. 이는 일본 히로시마 평화기념공원이 원폭의 참상을 고발하며 평화를 염원하지만 '반미反美의 상징'으로 여겨지지 않는 것과 같은 맥락이다.

일본 정부의 압력에도 불구하고 해외 여러 도시에서 시민들의 자발적인 참여로 평화의 소녀상 건립이 이어지고 있다. 독일 베를린 미테구에 설치된 소녀상 비문에는 다음과 같은 내용이 새겨져 있다.

"제2차 세계대전 당시 일본군이 아시아·태평양 전역에서 여성을 성노예로 강제동원했다. 이러한 전쟁 범죄의 재발을 막기 위해 싸워온 생존자들의 용기에 경의를 표한다."

베를린 소녀상은 일본 정부의 끈질긴 철거 요구에 직면했지만, 피해자들의 아픔에 공감하고 연대하는 독일 시민들과 국제사회의 노력으로 현재까지 자리를 지키고 있다.

해외에서의 소녀상 건립과 보존 노력은 일본군'위안부' 문제가 단순히 과거의 문제가 아니라, 여전히 세계 곳곳에서 벌어지고 있는 전시 성폭력 및 여성 인권침해 문제와 연결되어 있음을 보여준다.

독일 베를린에 설치된 '평화의 소녀상'
출처 : 동북아역사재단

소녀상 의자 뒤 게시물의 QR 코드를 통해
온라인 서명 등에 참여할 수 있다.
출처 : 동북아역사재단

    평화의 소녀상 옆에는 빈 의자가 놓여 있다. 이 의자는 먼저 세상을 떠났거나 아직 세상에 드러나지 않은 모든 피해자를 위한 자리이자, 그들의 아픔에 공감하고 평화를 위해 함께 행동하는 우리 모두를 위한 자리이기도 하다.

도쿄에도 평화의 소녀상이 설치될 그 날까지

    일본군 '위안부' 문제 해결을 위해 평생을 싸워온 피해자들은 단순히 과거 피해를 고발하는 증인을 넘어, 스스로의 존엄을 회복하고 다른 여성들의 인권을 위해 싸운 투사이자 인권운동가였다. 하지만 그들이 진정 원한 것은 빼앗긴 평범한 삶을 되찾는 일이었을 것이다.

그들은 자신을 '위안부' 피해자로 소개해야 하는 현실 자체를 큰 부담으로 느꼈다. 아픈 역사를 정면으로 마주하기까지는 오랜 시간이 필요했다. 한 피해자는 '위안부'로 불리며 살아야 하는 삶을 '어둡고 칙칙한 숲속에서 길을 헤매는 것 같은 느낌'이라고 표현하기도 했다. 그들은 상상조차 힘든 참혹한 경험을 증언해야 했고, 이름 없이 스러져 간 동료들의 죽음을 평생 안고 살아야 했다. 피해자들의 증언은 인간 존엄성의 무게를 일깨우며, 더 나은 세상을 향한 처절한 외침이었다.

이제 피해 생존자들이 고령과 건강 문제로 우리 곁을 떠나면서, 문제 해결을 위해 함께 목소리를 내기 어렵게 되었다. 이러한 상황에서 우리는 일본군'위안부' 문제 해결의 의미를 다시금 고민해야 한다. 피해 생존자가 모두 돌아가시면 문제는 자연히 해결되는 것일까? 일본 정부의 법적 배상이 이루어지지 않으면 영원히 미해결 상태로 남는 것일까? 생존자가 더 이상 계시지 않을 때, 우리는 무엇을 할 수 있을까?

피해 생존자는 하나둘 우리 곁을 떠나고 있지만, 전쟁이 일어날 때마다 여성에 대한 성폭력은 여전히 되풀이 되고 있다. 단순히 "전쟁은 싫다!"고 외치는 것을 넘어, 전쟁이 인간의 삶을 어떻게 파괴하는지 역사의 진실을 통해 깊이 이해해야 한다. 그것이 전쟁을 막는 진정한 힘이 될 수 있다. 또한 지금도 세계 곳곳에서 여성이라는 이유로, 혹은 우리와 다르다는 이유로 각종 차별과 인권 침해가 벌어지고 있다. 일본군'위안부' 피해를 기억하고 그 해결을 위해 노력하는 것은, 바로 이러한 부조리한 현실에 맞서 싸우며 더 정의롭고 평화로운 세상을 만들어가는 과정일 것이다.

독일 베를린 한가운데에 유대인 학살을 기억하는 홀로코스트 기념비가 세워져 있듯, 언젠가 일본 도쿄 중심부에도 전쟁의 고통과 평화의 소중함을 되새기는 평화의 소녀상이 세워질 날을 기대해 본다.

심달연 피해자가 꽃잎으로 폭탄을 표현한 작품 〈전쟁은 없어져야 한다〉
출처 : (사)정신대할머니와 함께하는 시민 모임

한국 알리미 서경덕의 '위안부' 이야기

2024년 5월, 독일 베를린시의 카이 베그너Kai Wegner 시장이 일본 도쿄를 방문하여 가미카와 요코上川陽子 외무상과 회담한 소식이 있었습니다. 베그너 시장은 이 자리에서 '우리가 변화를 만드는 것이 중요하다'라고 언급하며, 베를린에 설치된 '평화의 소녀상' 문제에 대한 해결 방안 모색 의지를 밝혔다고 전했습니다. 베를린과 도쿄의 자매결연 30주년을 기념해 일본을 찾은 베그너 시장은 '여성에 대한 폭력에 반대하는 기념물 설치는 지지하지만, 더 이상 일방적인 표현은 지양해야 한다'는 입장을 전달한 것으로 알려졌습니다. 또한 베를린시는 베그너 시장이 소녀상 문제와 관련하여 관할 구청 및 연방정부 등 모든 관련 당사자와 대화하고 있으며, 독일 주재 일본 대사도 논의에 참여시킬 계획이라고 덧붙였습니다.

베를린 평화의 소녀상은 2020년 10월 설치 직후 관할 미테구청으로부터 철거 명령을 받았으나, 현지 시민단체의 가처분 신청이 받아들여져 현재까지 철거가 보류된 상태입니다. 그동안 일본 정부는 세계 곳곳의 소녀상이 한국의 일방적인 주장만을 담고 있다며 지속적으로 철거를 요구해 왔습니다. 이러한 상황에 대해 저는 베를린 시장에게 '일본의 일방적인 주장에 현혹되지 말아 달라'는 취지의 항의 메일을 보냈습니다. 메일에는 일본군'위안부' 관련 역사 자료를 함께 첨부하며, '부디 역사를 올바르게 직시하고 다음 세대에 부끄럽지 않은 현명한 판단을 내려주시기를 바란다'고 강하게 호소했습니다.

한편, 많은 축구 팬들로부터 안타까운 제보를 받기도 했습니다. 2023년 7월, U-17 아시안컵 결승전에서 한국 대표팀이 일본에 아쉽게 패하며 준우승에 머물렀습니다. 그런데 경기 직후 AFC 아시안컵 공식 인스타그램에는 일본군'위안부' 피해 할머니들을 조롱하는 댓글이 다수 게시되어 큰 논란이 되었습니다. 비록 일본 극우 누리꾼의 소행인지는 확실하지 않지만, 역사적 아픔을 조롱하는 행위는 결코 용납될 수 없는 일입니다.

그래서 저는 아시아축구연맹AFC에 즉각적인 조치를 촉구하는 항의 메일을 보냈습니다. 메일을 통해 '일본군'위안부' 피해자 할머니들을 조롱하는 많은 댓글을 삭제하고, 몰상식한 축구 팬들의 계정을 반드시 차단해야만 한다'고 강력히 요구했습니다. 또한, 일본군'위안부' 관련 영상을 첨부하며 'AFC도 아시아의 역사를 직시하고, 여성 인권의 중요성을 다시금 상기하길 바란다'고 강조했습니다. 사실 이러한 온라인상의 비방은 꾸준히 있어 왔지만, 최근 들어 더욱 심해지는 양상이라 매우 우려스럽습니다.

몇 년 전에는 일본군'위안부' 문제와 관련하여 미국 상하원 의원 535명 전원에게 메일을 보낸 적이 있습니다. 당시 하버드 대학교의 마크 램지어John Mark Ramseyer 교수가 '위안부는 자발적 매춘부'라는 내용을 담은 논문을 발표하여 큰 논란이 되었습니다. 이에 전 세계 양심적인 학자들의 반박이 이어졌고, 국내외 시민단체들은 해당 논문의 철회를 꾸준히 요구하고 있었습니다. 이러한 상황에서 저는 램지어 교수 주장의 문제점을 미국 상하원 의원들에게 정확히 알리고, 일본군'위안부' 문제에 대한 국제적 관심을 다시 한번 환기하고자 메일을 보낸 것입니다.

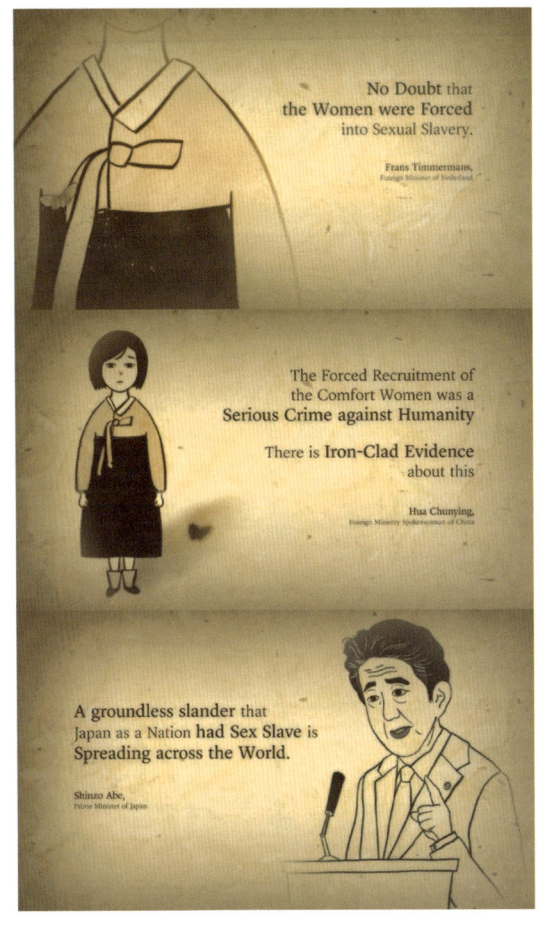

전 세계 누리꾼을 대상으로 제작한 일본군'위안부' 애니메이션 광고

당시 보낸 메일에는 먼저, 2007년 미국 하원이 제2차 세계대전 당시 일본군의 '위안부' 강제동원과 관련하여 일본 정부의 공식적인 인정, 사과, 역사적 책임을 요구하는 결의안(H.Res.121)을 만장일치로 채택했음을 상기시켰습니다. 또한 미국 국무부가 램지어 교수 논란에 대해 '제2차 세계대전 당시 일본군이 자행한 성적인 목적의 여성 인신매매는 끔찍한 인권 침해'라는 입장을 재차 확인했음을 설명했습니다. 특히 이 기회를 통해 일본 정부가 전 세계 일본군 '위안부' 피해자들에게 진심으로 사죄하고 배상하도록 미국 의회 차원에서 다시 한번 힘을 실어주기를 간곡히 부탁했습니다. 이해를 돕기 위해 램지어 교수 논란에 대한 『뉴욕타임스』 기사와 일본군 '위안부' 문제 및 일본 정부의 지속적인 역사 왜곡 실태를 다룬 영어 영상 자료도 함께 첨부했습니다.

더 나아가, 일본군 '위안부' 문제에 대한 국제적인 관심을 높이기 위해 G20 국가들의 주요 언론사 100곳에도 램지어 교수 논란에 관한 제보 메일을 보냈습니다. 앞서 미국 상하원 의원들에게 램지어 교수 주장의 문제점을 알렸던 것과 마찬가지로, 이번에는 전 세계 주요 언론을 통해 일본군 '위안부' 문제의 진실을 더욱 널리 알리고자 한 것입니다.

미국의 CNN과 『뉴욕타임스』, 영국의 『가디언』과 『인디펜던트』 같은 영미권 주요 언론에서는 이미 램지어 교수 논란을 다루었지만, 다른 국가의 언론에서는 상대적으로 관심이 저조했기 때문입니다.

그래서 G20 회원국들의 대표적인 언론사들과 더불어, 램지어 교수의 논문이 실린 학술지 IRLE의 출판사 엘스비어Elsevier가 있는 네덜란드의 주요 언론사인 NPO, 『알헤멘 다흐블라트』 등에도 메일을 보냈습니다. 언론사에 보낸 메일에는 다음과 같이 강조했습니다.

"일본군'위안부' 문제는 한일 간의 역사문제를 넘어 전 세계 여성 인권에 관한 중요한 문제다. 이번 램지어 논란에 관한 기사화를 통해 전 세계인들에게 역사적 진실을 제대로 알려야만 한다. 하루 빨리 일본 정부가 전 세계 일본군'위안부' 피해자들에게 진심어린 사죄와 배상을 할 수 있도록 세계적인 언론사에서 앞장서 주길 바란다."

뉴욕 타임스스퀘어 대형 광고판에 걸린 일본군'위안부' 광고

『뉴욕타임스』에 실린 일본군'위안부'
문제 관련 전면 광고

저는 램지어 교수 논란이라는 위기를 오히려 일본군 '위안부' 문제를 국제적으로 공론화하고, 이를 통해 형성된 여론으로 일본 정부를 압박하는 기회로 만들고 싶었습니다.

그동안 『뉴욕타임스』, 『워싱턴포스트』 등 세계적인 언론 매체와 뉴욕 타임스스퀘어 전광판 등을 통해 일본군 '위안부' 역사의 진실을 알리는 광고 캠페인을 꾸준히 진행해 왔습니다. 앞으로도 이러한 노력을 멈추지 않고 최선을 다할 것을 약속드립니다.

05

동해

역사와 생명이 흐르는 바다

　한반도의 동쪽 경계를 따라 끝없이 펼쳐지는 푸른 바다, 동해는 단순한 지리적 공간을 넘어 우리 민족의 유구한 역사와 숨결을 함께 해온 특별한 곳이다. 예로부터 거친 파도는 외침을 막아선 든든한 방어선이 되었고, 수평선 너머로 떠오르는 해는 우리 민족에게 희망과 웅장한 상상력을 선사했다. 또한, 풍요로운 해양 자원은 삶의 터전을 굳건히 지탱하며 고유한 문화를 꽃피우는 밑거름이 되었다.

　무엇보다 동해는 아득한 옛날부터 우리 민족이 '동해'라 칭하며, 삶과 정신, 그리고 주권 의식을 투영해 온 역사의 증거다. 2천년이 넘는 시간 동안 이어져 온 '동해'라는 이름 속에는 우리 민족의 자긍심과 영토에 대한 굳건한 의지가 담겨 있다.

그러나 안타깝게도 근대, 우리가 주권을 잃었던 시기에 국제사회에서는 '일본해 Sea of Japan'라는 이름이 통용되기 시작했다. 이는 단순한 지명 표기의 문제를 넘어, 오랜 역사 속에서 우리 민족이 사용해 온 고유한 이름을 지우고, 역사적 진실을 흐리게 하는 심각한 문제다.

이제 우리는 '동해'라는 이름을 되찾고, 그 역사적 의미와 정당성을 국제사회에 알리는 데 힘써야 한다. 이는 단순한 이름 되찾기를 넘어, 왜곡된 역사를 바로잡고 우리 민족의 정체성을 확립하는 중요한 과제다. 이제 우리는 동해를 둘러싼 명칭 문제의 깊은 배경과 그 의미를 정확히 이해하고, 우리가 왜 이 푸른 바다의 고유한 이름을 지켜나가야 하는지 함께 고민하고자 한다.

작은 대양, 동해의 시간과 생명 이야기

한반도의 동쪽, 러시아 연해주와 사할린 섬, 그리고 일본 열도로 둘러싸인 동해는 태평양의 가장자리에 위치한 바다다. 남북으로 1,700km, 동서로 1,110km, 총 1,007,300km^2에 달하는 광활한 면적을 자랑한다. 또한, 평균 수심은 1,684m이며, 가장 깊은 곳은 3,762m에 이르러 대양보다는 작지만 대양의 특징을 모두 가지고 있어 '작은 대양'으로 불리기도 한다. 동해의 깊은 바다는 예로부터 우리 민족에게 무한한 상상력과 풍요로운 삶의 터전을 제공해 왔다.

지질학적으로 동해는 약 2,500만 년에서 3,000만 년 전, 신생대 올리고세 후기에서 마이오세 전기에 걸쳐 서서히 그 모습을 드러내기 시작했다. 신생대 이후 지각판 이동과 충돌 속에서 동아시아 지역의 단층 작용으로 한반도는 동쪽이 높고 서쪽이 낮은 지형을 갖게 되었다. 이 과정에서 동해 지역은 깊고 넓게 침강하며 오늘날 우리가 마주하는 장엄한 바다가 되었다. 흥미롭게도 약 2,800만 년 전까지만

동해와 한반도 주변 해역
출처 : 국립해양조사원(KHOA)

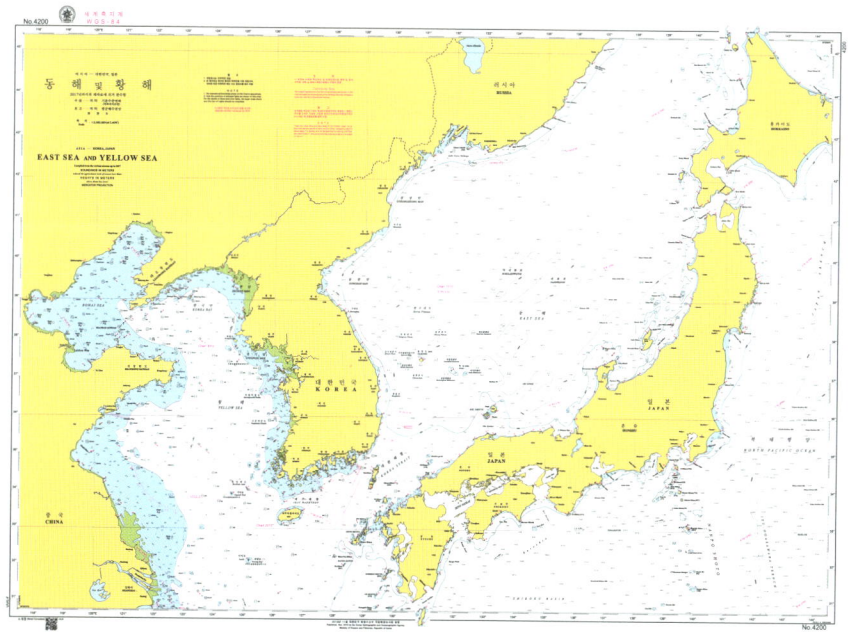

해도 일본 열도는 한반도와 함께 유라시아 대륙에 붙어 있었다. 이후 유라시아판이 이동하고 갈라지면서 일본 열도가 서서히 분리되어 나가, 약 500만 년 전에 비로소 현재의 동해가 완성된 것이다.

동해의 가치는 이러한 지리적, 지질학적 특성뿐만 아니라 풍부한 해양 생태계에서도 찾을 수 있다. 차가운 북한한류와 따뜻한 동한난류가 만나는 이곳은 한류성, 난류성, 온대성 어종이 공존하는 세계적인 어장을 형성하여, 생물 다양성의 보고로서 중요한 의미를 지닌다.

이처럼 오랜 역사 속에서 다양한 생명이 살아 숨 쉬는 동해는 예로부터 우리 민족에게 단순한 바다 이상의 의미를 지녀왔다. 애국가 첫 소절, '동해물과 백두산이 마르고 닳도록'이라는 구절에서 우리는 동해가 한국인의 정체성과 얼마나 깊숙이 연결되어 있는지를 느낄 수 있다.

'일본해' 아닌 '동해':
2천년 역사, 우리의 이름을 되찾기 위한 싸움

동해 명칭 문제는 한국과 일본이 오랫동안 대립해 온 사안이다. 일본이 이 바다를 '일본해 Sea of Japan'로만 표기해야 한다고 주장할 때, 우리나라는 이에 이의를 제기하며 시작되었다.

지명에는 그 이름을 사용하는 사람들의 역사와 문화, 정체성이 담겨 있다. 동해는 우리 민족이 2000년 넘게 사용해 온 역사적인 이름이며, 한국인의 정체성과 깊이 연결되어 있다. 그러나 우리나라가 일제 강점기에 주권을 빼앗겼던 1929년, 안타깝게도 국제사회에서 '동해'라는 이름 대신 '일본해'가 공식적으로 사용되기 시작했다. 그리고 그 상태로 거의 한 세기가 흘렀다.

우리 정부는 1991년 유엔UN 가입 직후부터 우리 바다의 이름을 되찾기 위해 본격적으로 노력해왔다. '동해'와 '일본해'를 함께 쓰자는 우리의 '동해 병기' 주장은 매우 합리적이고 타당하다. 하지만 일본은 '일본해' 단독 표기의 역사적 정당성을 내세우면서, 우리가 2000년 이상 사용해 온 '동해'라는 이름의 오랜 역사는 인정하지 않는다. 오히려 일본해가 국제적·역사적으로 확립된 유일한 명칭이므로 일본해 단독 표기를 변경할 필요성도, 근거도 없다는 입장을 고수하고 있다.

최근 동해 명칭 문제는 새로운 국면을 맞이했다. 2020년 11월 'IHO'라고도 부르는 국제수로기구International Hydrographic Organization, 총회에서 중요한 변화가 있었다. 기존에는 전 세계 바다 이름을 'S-23'이라고도 불린 『해양과 바다의 경계Limits of Oceans and Seas』라는 책자에 표준화된 지명으로 기록했지만, 앞으로는 지명 대신 고유 식별번호를 사용하는 디지털 방식을 도입하기로 결정한 것이다.

이는 위성항법시스템GPS과 전자 해도가 보편화된 디지털 시대에 맞춰 바다 경계를 디지털 좌표로 표시하고 각 해역에 고유번호를 부여하는 방식이다. 디지털 해도 분야 표준화를 선도하는 한국에게 유리한 환경이 조성된 것이다. 이제 새로운 표준인 S-130이 보급되면서, 동해 명칭을 둘러싼 논의는 과거와 다른 차원에서 전개될 것이다.

이러한 동해 명칭 문제는 단순히 바다 이름을 어떻게 부르느냐는 지명 다툼이나 국가 간 자존심 싸움이 아니다. 좁게는 한국인의 정체성에 관한 문제이지만, 넓게는 식민주의와 제국주의가 남긴 잘못된 유산을 바로잡으려는 탈식민주의적 노력과 사회 정의라는 인류 보편적 가치를 실현하는 문제와도 맞닿아 있다. 그래서 '동해를 아는 것이 우리가 사는 세계를 아는 것'이라고 하는 것이다.

왜 국제사회에서 동해가 일본해로 불리게 되었을까?

우리의 주권과 독립의 상징인 독도를 품고 있는 동해, 그리고 제주도 남쪽 바다 일부까지 포함하는 해역이 국제적으로 '일본해'라는 이름으로 통용되기 시작한 것은 1930년대부터다. 1차 세계 대전 이후 국제사회는 해양 지명의 표준화와 안전한 항해를 위한 국제 규범을 마련하는 것이 시급했다. 그로 인해 1919년 런던에서 제1차 국제수로회의를 열었고, 1921년 국제수로국IHB[•]이 창설되었다.

제1차 국제수로회의 참가국들은 안전한 항해를 위해 전 세계 바다의 경계를 정하고 고유한 이름을 붙여 표준화하기로 결의했다. 이에 따라 여러 해 동안 논의를 거쳐 1929년 『해양과 바다의 경계』 초판이 발행된 것이다.

하지만 이 중요한 논의가 이루어지던 시기에 우리나라는 일제 강점 하에 있어 국제회의에 목소리를 낼 수 없었다. 오직 일본 대표만이 회의에 참여하여 자국의 입장을 주장할 수 있었다. 일본은 1923년에 동해의 명칭을 '일본해Japan Sea'로 국제수로국에 등록했다. 당시 제1차 세계대전 이후 강대국으로 부상하던 일본의 주장에 다른 회원국들은 별다른 이의를 제기하지 않았고, 결국 동해 수역의 명칭은 일본해로 결정되어 1929년 『해양과 바다의 경계』에 실리게 되었다.

『해양과 바다의 경계』는 수로 분야의 유일한 국제기구가 전 세계 바다를 66개 구역으로 나누고 표준 명칭을 정한 지침서였다. 각국 수로 기구는 이 지침에 따라 해도를 제작했고, 세계의 지도 제작자들도 IHO가 제시한 바다 이름을 따르게 되었다. 『해양과 바다의 경계』 발간 이후, 세계 각국에서 발행되는 지도에 'Japan Sea', 'Sea of Japan'이라는 표기가 빠르게 확산되었다.

『해양과 바다의 경계』는 1937년에 2판, 1953년에 3판이 발간되었다. 2판 발간 시에도 우리나라는 여전히 일본의 식민 지배 아래 있었고, 현재까지 통용되는 3판이 발간된 1953년에는 6.25 전쟁 중이어

● 국제수로국IHB : 약 50년간 운영되었던 IHB는 1970년 국제수로기구IHO로 명칭이 변경되었다.

서 동해 명칭에 대해 이의를 제기할 여건이 되지 못했다. 우리나라는 1957년에야 IHO 회원국이 되었고, 북한은 1989년에 가입했다. 이처럼 일본해 명칭의 국제적 확산 배경에는 당시 한국의 주권 부재라는 역사적 상황이 결정적인 영향을 미쳤다.

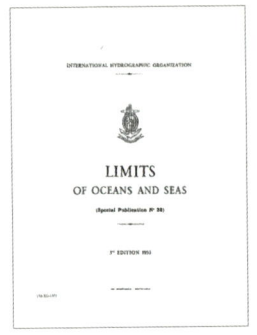

『해양과 바다의 경계』3판 표지
출처: IHO 홈페이지

『해양과 바다의 경계』3판에 실린 세계지도
출처: IHO 홈페이지

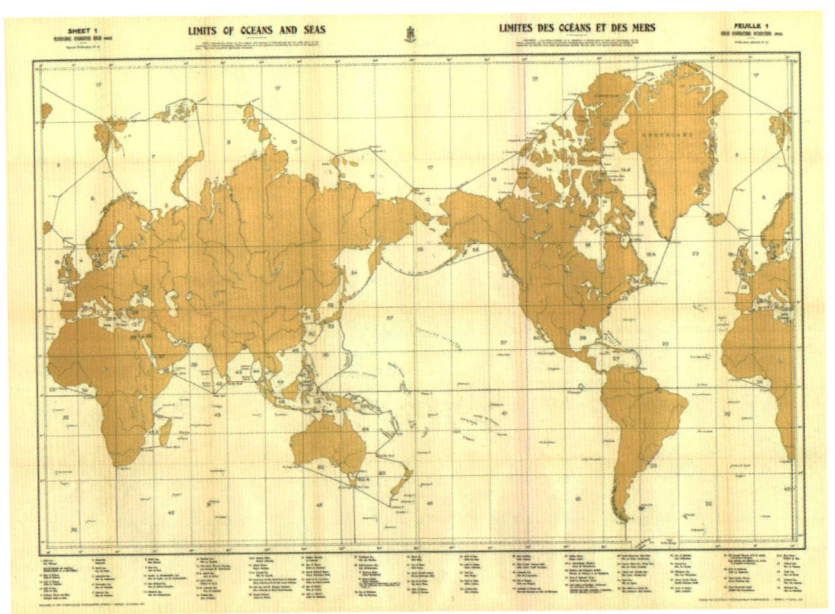

동해 이름을 되찾기 위한 끈질긴 여정

동해의 올바른 명칭을 되찾기 위해 우리는 기나긴 시간을 노력해야만 했다. IHO의 『해양과 바다의 경계』를 개정하고, 새로운 S-130 표준이 채택되기까지의 주요 과정을 연도순으로 살펴보도록 하자.

① 1977년 : IHO 제11차 총회에서 『해양과 바다의 경계』(S-23) 제3판 개정 작업을 시작하기로 결정했다.

② 1986년 : IHO 사무국이 마련한 제4판 개정안(해역별 지도 포함)이 회원국 투표에 부쳐졌으나, 동해 수역 명칭에 대한 한국과 일본의 입장 대립으로 부결되었다.

③ 1991년 9월 : 남·북한이 유엔UN에 동시 가입했다.

④ 1992년 8월 : 제6차 유엔 지명 표준화 회의UNCSGN에서 남·북한이 최초로 공식적으로 동해 명칭 문제를 제기하며 일본해 단독 표기의 부당성을 지적하고 '동해East Sea' 병기를 주장했다.

⑤ 1994년 : 한국 정부가 IHO 사무국에 일본해 단독 표기 시정을 요구했다.

⑥ 1997년 : 제15차 IHO 총회에서 『해양과 바다의 경계』 개

정 작업이 결정된 후 한국 정부는 'Japan Sea' 단독 표기에 이의를 제기하며 최초로 『해양과 바다의 경계』에 'East Sea'를 병기할 것을 공식 요청했다. 이는 1974년 채택된 IHO 기술결의 A.4.2.6에 근거한 것이었다.

⑦ 1990년대 후반 이후 : 한국 정부가 IHO, 유엔 등 국제회의에서 꾸준히 일본해 단독 표기의 부당성을 제기함에 따라, 동해와 일본해 명칭 문제가 국제적으로 주목받는 지명 분쟁 사례로 인식되기 시작했다.

⑧ 2002년 : 약 4년간 준비된 새로운 제4판 개정안 초안이 다시 회원국 투표에 부쳐졌으나, 동해 수역 명칭에 대한 입장 차이로 또다시 부결되었다.

⑨ 2017년 : IHO 총회에서 한국의 제안에 따라 『해양과 바다의 경계』 개정 문제에 관해 IHO 사무국 참여하에 관련국 간 비공식 협의 진행 및 3년 뒤 차기 총회 보고' 결정이 채택되었다.

⑩ 2019년 4월, 10월 : 마티아스 조나스Mathias Jonas IHO 사무총장 주재로 남·북한, 일본, 미국, 영국이 참여하는 비공식 협의를 진행했으나 합의에 실패했다.

⑪ 2019년 : 조나스 사무총장이 위성항법·전자 해도 시대

에 맞춰 지명 대신 바다에 고유 번호를 부여하는 새로운 방식을 제안했다.

⑫ 2019년~2020년 : 한국 정부는 새 제안이 디지털 환경에 더 효과적이라며 원칙적으로 지지를 표명했고, 회원국 대다수가 긍정적 반응을 보이자 일본도 수용했다.

⑬ 2020년 11월 : 제2차 IHO 총회가 화상회의 형식으로 개최되었다.

⑭ 2020년 12월 1일 : 『해양과 바다의 경계』의 미래에 대한 비공식 협의 결과 보고서가 회원국 회람을 거쳐 공식 확정되었다. 해역을 지명 없이 고유번호로 표기하는 디지털 방식의 새 해도 표준 S-130 개발이 결정되었고, 기존 표준 『해양과 바다의 경계』는 아날로그에서 디지털 시대로 넘어가는 역사적 출판물로 남기기로 했다. IHO가 공식적으로 동해 수역 명칭이 더 이상 '일본해'가 유일한 표준이 아님을 확인한 것으로, IHO를 무대로 한 한일 간 명칭 대립이 일단락되었다.

⑮ 2023년 4월 : IHO가 새로운 표준으로 『세계 해역의 다각형 경계 Polygonal Demarcations of Global Sea Areas』(S-130)를 발표했다.

'일본해' 주장은 틀렸다 :
동해, 역사와 국제 규범이 증명한다

일본 정부의 '일본해' 단독 표기 주장에 맞서 우리 정부는 '동해'를 함께 표기할 것을 요구하며 다음과 같은 근거를 제시한다.

① 역사적 정당성

'동해'는 앞서 언급했듯이 한국인이 2000년 이상 사용해 온 고유한 이름이다. 『삼국사기』 동명왕편, 광개토대왕릉비를 비롯해 「팔도총도」, 「아국총도」 등 수많은 역사 자료와 고지도에서 이를 확인할 수 있다. '동해'는 한민족이 오랫동안 사용해 온 고유한 이름이며 역사적 정당성을 지닌다.

② 일본 내 인식의 불확실성

일본은 19세기 서양 고지도에 일본해 사용이 늘었다는 점을 들어 '일본해' 명칭이 19세기에 확립되었다고 주장한다. 하지만 과거 일본인들 스스로도 동해 수역을 '일본해'로 확고히 인식하지 않았다는 사실이 여러 자료를 통해 증명된다. 실제로 당시 일본에서 제작된 「일본변계략도」, 「신제여지전도」 등 다수의 지도에는 동해 수역이 '조선해朝鮮海'로 표기되어 있다. 이는 '일본해'라는 명칭이 당시 일본 내에서조차 보편적으로 확립되지 않았음을 보여준다.

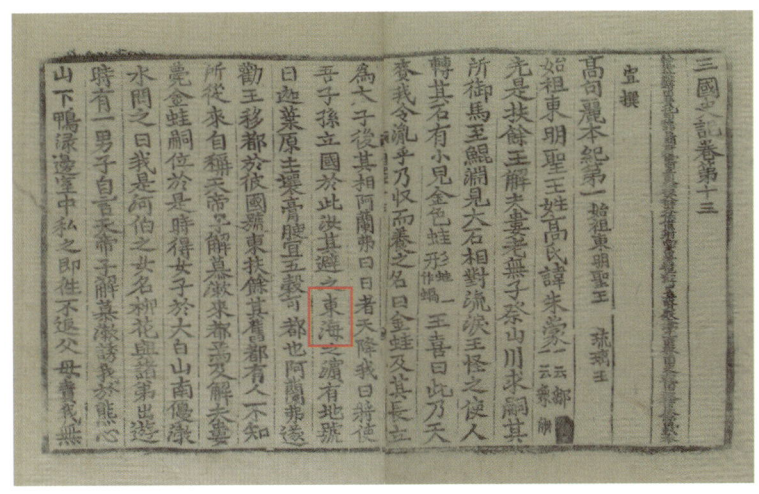

삼국사기 동명왕 기사(기원전 59년)의 동해
출처 : 국사편찬위원회

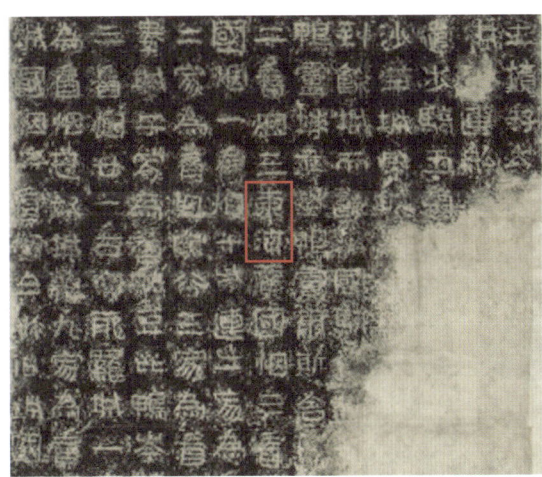

광개토대왕릉비(414년)의 동해
출처 : 서울대학교 박물관

역사와 생명이 흐르는 바다

「아국총도」(18세기)의 동해와 독도
출처 : 동북아역사재단

③ 역사적 특수 상황

1929년 IHO가 『해양과 바다의 경계』 초판을 발간할 당시, 우리나라는 일제 강점 하에 있어 국제사회에 동해 명칭의 정당성을 주장할 기회조차 갖지 못했다. 이 점이 일본해 표기가 국제적으로 확산되는 데 큰 영향을 미쳤다.

④ 국제 규범적 근거

지명 표기에 관한 국제 규범에 비추어 볼 때 일본해 단독 표기는 부당하다. 1974년 채택된 IHO 기술결의 A.4.2.6과 1977년 채택된 유엔 지명 표준화 회의 결의 III/20은 다음과 같은 원칙을 권고하고 있다.

"둘 이상의 국가가 하나의 지형(만이나 해협 등)을 공유하면서 서로 다른 이름을 사용할 경우, 관련국들은 단일 명칭에 합의하기 위해 노력해야 한다. 만약 합의에 이르지 못하면, 각국에서 사용하는 이름을 지도상에 모두 표기해야 한다."

이 원칙에 따라 '동해'는 '일본해'와 함께 표기되어야 한다. 이러한 국제 규범들은 지명 표기에 있어 관련국들의 입장을 균형 있게 반영하는 것이 중요하다는 점을 강조하고 있다.

국제 규범 적용과 유엔 사무국 입장에 대한
한일 간 시각차

일본은 우리의 주장을 받아들이지 않고 '일본해'라는 명칭만을 사용해야 한다고 고집하고 있다. 이에 대한 근거는 다음과 같다.

첫째, '일본해'라는 명칭은 18세기 말부터 19세기 초에 걸쳐 유럽에서 먼저 확립되었으며, 그 후 200여 년간 안정적으로 사용되어 왔다.

둘째, 바다 이름은 그 바다를 둘러싼 주요 지형(섬이나 반도)의 이름을 따르는 경우가 많다. '일본해'라는 명칭 역시 이 바다를 태평양과 분리하는 중요한 지형인 '일본 열도'에서 유래했으며, 이러한 지리적 특징 때문에 널리 받아들여졌다.

셋째, '일본해'라는 명칭은 국제적으로 확립된 유일한 것이며 논쟁의 여지가 없다. 현재 한국과 북한을 제외한 세계 주요국 지도의 97% 이상이 '일본해'라는 명칭만을 사용하며 국제적으로 정착되어 있다.

넷째, 국제사회가 오랫동안 사용해 온 '일본해'라는 명칭을 '동해'로 바꾸려는 시도는 국제 해상 교통의 안전에도 영향을 미칠 수 있는 혼란을 초래하므로 인정할 수 없다.

덧붙여 일본은 '일본 제국주의나 식민 지배의 결과로 일본해 명칭이 퍼졌다'라는 한국의 주장은 근거가 없으며, 한국 측은 '동해'라는 명칭이 2000년간 계속 사용되었다는 것에 대한 명확한 근거도 제시하지 못하고 있다고 반박한다. 또한, "현재 한국 내에서 '동해'라는 명칭이 사용된다 하더라도 이는 어디까지나 한국 국내용 명칭일 뿐이며, 해당 해역에 대해 국제적으로 오랫동안 널리 사용된 것은 일본해뿐"이라고 주장한다.

일본은 한국이 유엔 지명 표준화 회의 결의 III/20 및 IHO 기술결의 A.4.2.6을 근거로 동해 병기를 주장하는 것에 대해서 이 결의들은 '만이나 해협처럼 둘 이상의 국가 주권이 미치는 지형을 대상으로 하며, 일본해와 같은 공해公海에는 적용되지 않는다'라고 반론한다.

이에 대해 한국은 다음과 같이 반박한다. 유엔 지명 표준화 회의 결의는 둘 이상의 국가 사이에 분할되어 있는 지형에도 적용된다고 명시하며 동해는 이에 해당한다. 또한, 현재 동해 수역의 상당 부분은 관련 연안국들의 배타적 경제수역으로 설정되어 있다. 배타적 경제수역은 연안국의 주권적 권리와 관할권이 미치는 해역으로 공해와는 법적 성격이 다르므로, 동해는 이러한 국제 규범의 적용 대상이 될 수 있다.

한편, 일본은 2004년 유엔 사무국에 문의한 결과 "유엔은 '일본해'가 표준 지명이며 유엔 공식 문서에는 표준 지명인 '일본해'를 사용해야 한다는 방침을 공식 회답했다"라고 피력했다. 이를 근거로 "'일본해' 명칭이 192개국이 가입한 가장 보편적이고 중립적인 국제기구인 유엔에서 공인된 것"이라고 강조한다. 또한, 지명 분쟁 시 병기하는 것이 공평하다는 주장에 대해서도 "유엔 사무국은 병기가 오히려 기존 관행을 무시하는 비중립적인 행위이며, 중립과 공평을 위해서는 기존 관행인 '일본해' 단독 표기를 유지해야 한다고 설명했다"라고 말하면서, "유엔의 방침이 다른 국제기구에 구속력을 갖는 것은 아니지만, 국제사회가 유엔의 방침을 존중할 것으로 기대한다"라고 덧붙이고 있다.

하지만 한국의 시각은 다르다. 유엔 사무국은 지명에 관한 결정 권한을 가진 기관이 아니다. 동해 명칭에 관해 유엔 사무국이 밝힌 입장은 '국제적으로 합의된 기준이 없을 경우, 가장 널리 통용되는 명칭을 사용하는 것이 관행'이라는 원론적인 설명이다. 이는 유엔 사무국이 일본해를 유일한 표준 지명으로 확정한 것이 아니라, 동해 명칭 분쟁이 해결될 때까지 유엔 내부 문서에 한해 당시 관행적으로 널리 쓰이던 일본해를 사용하겠다는 임시적인 입장을 밝힌 것에 가깝다.

옛 지도에 숨겨진 진실,
세계는 우리 바다를 어떻게 불렀을까?

일본 정부는 '일본해' 단독 표기 주장의 첫 번째 근거로 '일본해' 명칭이 18세기 말 또는 19세기 초 유럽에서 확립되어 200여 년간 안정적으로 사용되었다고 주장한다. 과연 그럴까? 한국과 일본 외 다른 나라에서는 동해 명칭이 어떻게 알려지고 사용되었는지 옛 기록과 지도를 통해 살펴보자.

16세기 마젤란 함대의 세계 일주 이후 서양 국가들의 대항해가 본격화되었지만, 17세기까지도 동아시아는 서양에 잘 알려지지 않은 미지의 세계였다. 중국, 한국, 일본 등이 쇄국 정책을 편 영향도 컸다. 17세기 이후가 되어서야 동아시아 관련 정보가 서양에 점차 알려지기 시작했다. 서양의 옛 지도를 보면, 동해 수역은 하나의 이름으로 통일되지 않고 시대와 제작자에 따라 다양하게 불렸다. 한국해Sea of Korea, 한국만Gulf of Korea, 동양해Oriental Sea, 동해Eastern Sea, 일본해Sea of Japan, 타타르해Sea of Tartary 등 여러 이름이 사용되었고, 때로는 두 개 이상의 이름이 함께 표기되기도 했다.

일본 정부는 1602년 마테오 리치Matteo Ricci가 제작한 한자 세계지도인 「곤여만국전도坤輿萬國全圖」에 '일본해日本海'가 등장한다고 홍보한다. 이 지도에는 일본 열도 가까이에 '일본해'가, 중국 동쪽 바다에 '대명해大明海', 일본 동쪽 태평양에 '소동양小東洋' 등이 한자로 표

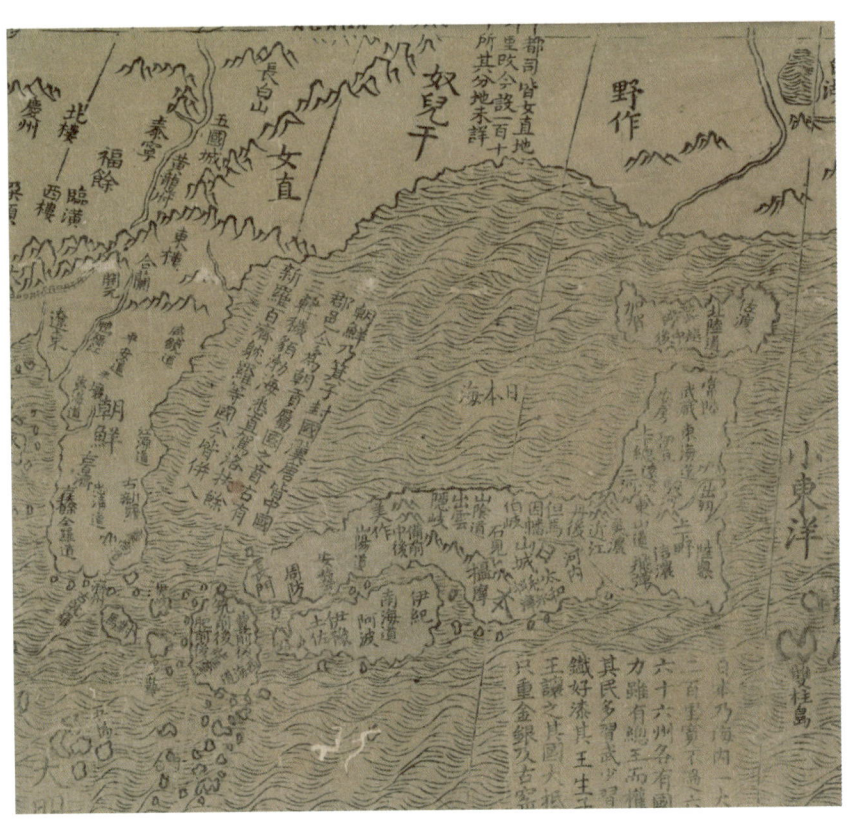

「곤여만국전도」에 그려진 일본해

기되어 있다. 한반도 동쪽에는 바다 이름 대신 조선의 역사가 간략히 적혀 있다. 하지만 이 지도는 한자로 제작되어 당시 서양 사회에서는 해독이 어려웠기 때문에 '일본해' 명칭이 서양에 널리 퍼지는 데 직접적인 영향을 주었다고 보기는 어렵다.

무엇보다 중요한 사실은 우리 바다 동해가 역사 문헌에 처음 기록된 것은 기원전 239년에 편찬된 중국의 백과사전 『여씨춘추呂氏春秋』라는 점이다. 일본이 「곤여만국전도」를 근거로 '일본해'의 역사를 강조하지만, '동해'라는 명칭은 그보다 무려 1,800년 이상 앞서 기록되었다. 그뿐만이 아니다. 서양 고지도에는 다양한 동해 수역 명칭이 적혀 있다. 그 사례는 다음과 같다.

① 한국해(MAR CORIA, COREAN SEA)

현재까지 확인된 바로는 서양 고지도에서 동해 수역을 가리키는 가장 오래된 이름 중 하나는 '한국해'다. 1615년 포르투갈의 마누엘 고디뉴 데 에레디아Manuel Godinho de Erédia가 제작한 「아시아 지도」에는 한반도와 일본 열도 사이 바다가 '한국해MAR CORIA'로 표기되어

「아시아지도」에 그려진 한국해(MAR CORIA)

있다. 더불어 일본 동쪽 바다는 '일본해MAR JAPAN', 중국 동쪽 바다는 '중국해MAR CHINA'로 각각 표기했다. 이 지도는 포르투갈어로 표기되어 있기 때문에 서양 사회에 '일본해'보다는 '한국해'라는 이름이 먼저 알려졌을 확률이 훨씬 높다. 이후 서양 지도들에는 동해 수역을 '한국해Sea of Corea, Sea of Korea, Korean Sea'로 표기한 사례가 많이 발견된다.

18세기 영국을 대표하는 지식인이었던 조너선 스위프트Jonathan Swift가 1726년 출간한 『걸리버 여행기』는 출간 후 한 달도 지나지 않아 1만 부가 판매되었고, 그 후 프랑스어, 독일어, 네덜란드어로 번역 출판되어 유럽에서 선풍적인 인기를 끌었다.

『걸리버 여행기』에 그려진 한국해(Sea of Corea)

걸리버의 환상적인 여행을 담은 이 책의 제3부 '라퓨타, 바니발비, 그럽덥드립, 럭낵, 일본 여행기'에 삽입된 지도에는 동해가 'Sea of Corea'로 표기되어 있다. 이렇듯 18세기 초 영국의 지도 제작자 허만 몰이 제작한 「일본 지도」(1712)와 「중국 제국과 일본 열도 지도」(1728)를 비롯해 당시 유럽에서 제작된 많은 지도가 동해 수역을 'Sea of Corea'로 표기하고 있다.

1747년 에마뉴엘 보엔Emanuel Bowen이 제작한 「신 상세 일본제국도」 역시 동해 수역은 '한국해SEA OF KOREA'로 표기되어 있고, '일본해SEA OF JAPAN'는 일본 열도 남쪽 아래 태평양 쪽에 표기되어 있다. 1776년 기욤 드릴Guillaume Delisle의 「북미와 아시아 지도」에 '한국

「신 상세 일본제국도」(1747)의 한국해(SEA OF KOREA)

「북미와 아시아 지도」(1776)의 한국해(MER DE COREE)

「일본제국도」(1794)의 한국해(COREAN SEA)

해MER DE COREE,' 1794년 영국 로리Robert Laurie와 휘틀James Whittle의 「일본제국도」에 '한국해COREAN SEA'로 명시되어 있듯 18세기에 서양에서 발간된 수많은 지도에 동해 수역은 당시 한반도의 이름을 따라 '한국해'로 표기되어 있다.

② 한국만(Corea Gulf, Gulf of Corea)

18세기~19세기 영국 지도 중에는 동해 수역을 '한국만Corea Gulf, Gulf of Corea'으로 표기한 경우도 있다. 1785년 토마스 보엔Thomas Bowen의 지도, 1827년 제임스 와일드James Wyld의 지도 등이 대표적이다.

「유럽과 아시아 속의 러시아제국」(1785)의 한국만(Corea Gulf)

「아시아지도」(1827)의 한국만(Gulf of Corea)

③ 동양해(Ocean Oriental, Oriental Sea)

17세기 후반~18세기 중반에 제작된 지도 중에는 동해 수역을 '동양해OCEAN ORIENTAL'로 표기한 것도 있다. 1680년 필립 브리에 Philippe Briet의 「일본왕국도」가 대표적이며, 18세기 중반 코벤스 & 모르티에 Covens&Mortier 지도 출판사에서 다수 출간된 세계지도 등에서 '동양해' 표기가 많이 나타난다.

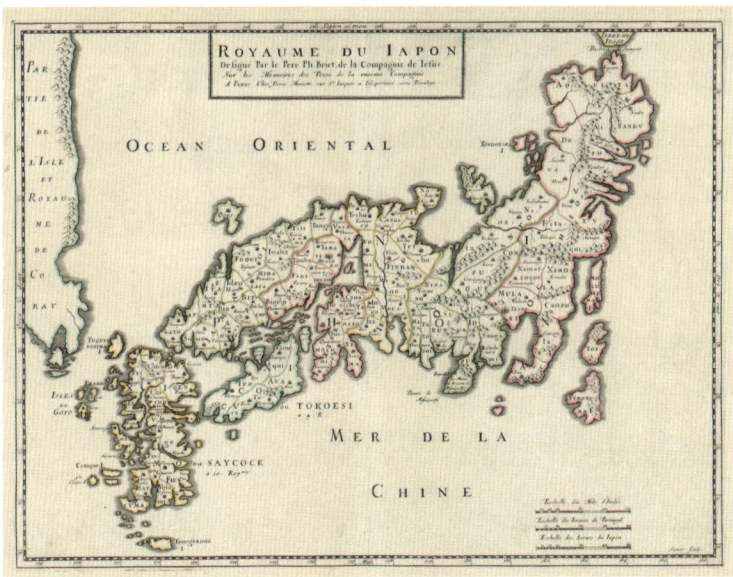

「일본왕국도」(1680)의 동양해(OCEAN OREINTAL)

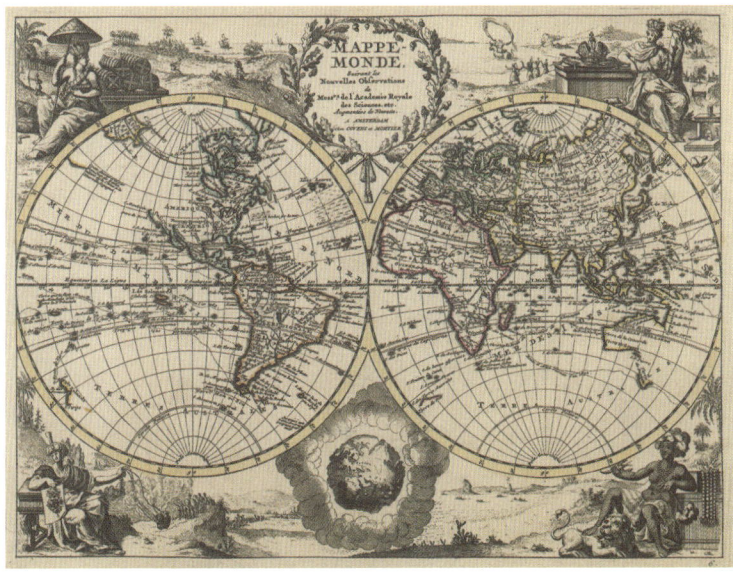

「세계지도」(1730년대)의 동양해(MER Oriental)

역사와 생명이 흐르는 바다

④ 동해(Eastern Sea)

1721년 영국의 존 세넥스John Senex가 제작한 지도에는 동해 수역이 '동해EASTERN SEA'로 표기되어 있다. 이는 당시 서양에서 유라시아 대륙의 동쪽에 있는 바다라는 의미로 '동해'라는 명칭이 사용되었음을 보여준다.

「인도와 중국지도」(1721)의 동해(Eastern Sea)

⑤ 동양해·한국해 병기

　1681년 장 밥티스트 타베르니Jean-Baptiste Tavernier의 독일어판 지도에는 동해 수역 중앙에 '동양해DIE OST SEE', 한반도 동남쪽 부근에 '한국해DAS MEER DER COREER'라고 두 이름이 함께 표기되어 있다. 1692년의 불어판 지도에는 각각 'OCEAN ORIENTAL', 'MER DE COREER'로 표기되어 있다. 또한 1705년 기욤 드릴의 「동인도 및 중국 지도」에는 '동양해 또는 한국해MER ORIENTALE ou MER DE COREE'로 표기되어 있다.

「일본열도지도」(1692) 불어판의 동양해(OCEAN ORIENTAL),
한국해MER DE COREER 병기

「동인도 및 중국지도」(1705)의 동양해 또는 한국해 MER ORIENTALE ou MER DE COREE 병기

⑥ 한국해·일본해 병기

18세기 중후반에는 '한국해'와 '일본해'를 함께 표기한 지도도 나타난다. 1750년 프랑스 보공디 Gilles Robert de Vaugondy가 제작한 지도는 동해 수역의 한국 쪽에 '한국해 Mer de Corée', 일본 쪽에 '일본해 Mer du Japon'를 병기했다.

「일본왕국도」(1750)의 한국해(MER de Corée), 일본해MER du Japon 병기

⑦ 동양해·일본해 병기

니콜라 빗젠Nicolas Witsen의 「신 대타타르지도」(1696년)에는 동해 수역이 '동양해 또는 일본해MER ORIENTALE OU DU JAPON'라고 표기되어 있다. 이 지도는 코벤스 & 모르티에 지도 출판사가 출간했는데 코벤스J.Covens & 모르티에C.Mortier가 18세기 중반 출간한 지도에는 동해 수역을 '동양해'로 단독 표기한 지도가 있는가하면 '동양해 또는 한국해,' '동양해 또는 일본해'로 표기한 지도도 있다.

「신 대타타르지도」(1696)의 동양해 또는 일본해MER ORIENTALE OU DU JAPON 병기

⑧ 일본해

　서양 지도에서 18세기까지는 '한국해' 표기가 비교적 우세했지만, 19세기 초부터 '일본해' 표기가 증가하는 경향을 보인다. 이는 당시 서양 열강의 동아시아 진출이 활발해지면서 특히 일본과의 교류가 늘어난 영향이 크다. 특히 1787년 동해를 실제 탐사한 프랑스의 라 페루즈 탐험대의 기록인 『세계탐험기』 부속 지도첩에 동해 수역이 '일본해'라고 표기된 것이 이후 동해 수역의 표기가 '한국해'에서 '일본해'로 변화하게 되는데 큰 영향을 끼친 것으로 분석된다. 또한 1820년부터 1828년까지 일본 나가사키에 체류하면서 수집한 방대한 자료를 바탕으로 유럽에서 일본 관련 저술과 지도를 출판한 필

립 프란츠 폰 지볼트Philipp Franz von Siebold의 역할도 컸던 것으로 평가된다. 1832년 그의 저서 『일본NIPPON』에 실린 「일본전도」는 원래 일본 학자 다카하시 가게야스가 1809년에 제작한 「일본변계약도」를 번역한 것이었다. 원본 지도에는 동해가 '조선해'로 표기되어 있었으나, 지볼트는 이를 번역하며 일본 열도 쪽에 '일본해Japansche Zee'라고 표기했다. 이것이 유럽에서 '일본해' 표기가 확산되는 데 중요한 계기가 되었다.

그러나 19세기 후반 서양 지도 중 상당수는 여전히 동해 수역에 이름을 표기하지 않거나 다른 이름을 사용하고 있었으므로, 20세기

「일본변계약도」 독일어판(1832)의 일본해(Japansche Zee)

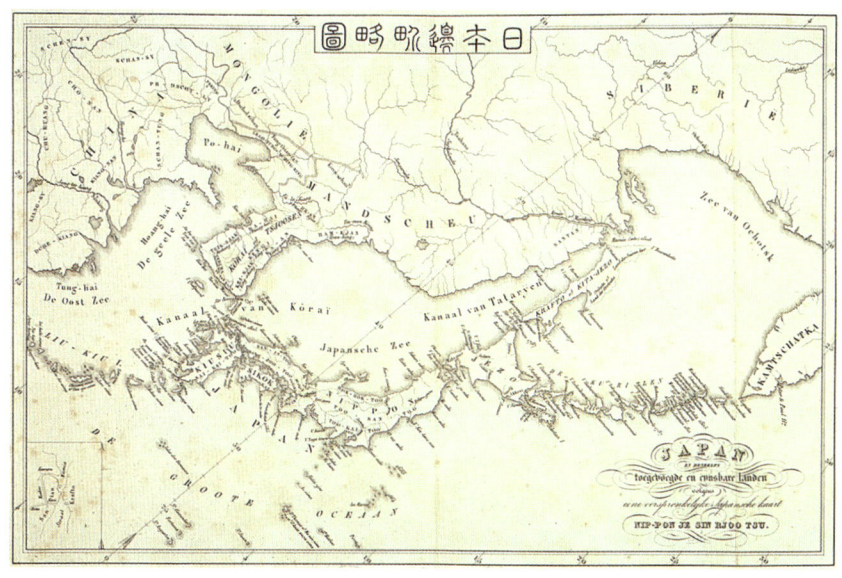

이전에 국제사회에서 일본해가 유일하게 확립된 명칭이라고 보기는 어렵다. 위에서 살펴본 것처럼 동해 수역의 명칭은 시대에 따라 계속 변화해 왔기 때문에, 일본해만이 국제적으로 확립된 명칭이라는 주장은 역사적 사실과 부합하지 않는다.

아직 끝나지 않은 역사 : 동해 병기, 세계 지도가 변하고 있다

동해 명칭 문제는 단순히 바다 이름을 둘러싼 한일 간의 해묵은 갈등을 넘어, 우리 민족의 정체성과 역사적 정당성을 회복하는 과정이자 국제사회의 정의를 실현하려는 노력이다. 우리 정부는 1991년 유엔 가입 직후부터 동해 이름을 되찾기 위한 노력을 시작했다. 그러나 70년 가까이 국제사회에서 통용된 '일본해' 명칭을 단번에 '동해'로 바꾸는 것은 현실적으로 어렵다고 판단하여, '동해 병기'를 우선 목표로 설정했다. 현재 우리 정부가 동해 병기를 주장하는 주요 논거는 다음과 같다.

첫째, IHO와 UN의 관련 결의는 지명 분쟁 시 병기를 권고

한다.

둘째, 지명 분쟁 시 병기는 IHO의 관행이기도 하다.

셋째, 이미 세계 여러 지도, 서적, 언론 등에서 동해와 일본해를 병기하는 사례가 늘고 있다.

넷째, 항해자의 혼란을 막기 위해서도 복수의 이름이 있을 경우 병기하는 것이 타당하다.

다섯째, 단일 이름 합의가 불가능할 때 병기는 가장 합리적인 해결책이다.

그동안 정부, 학계, 시민단체의 꾸준한 노력으로 상당한 성과를 거두었다. 오늘날 많은 나라의 민간 지도 제작사들은 동해와 일본해를 함께 표기하고 있다. 미국의 내셔널 지오그래픽, 랜드 맥널리, 영국의 도링 킨더슬리 등 세계적으로 권위 있는 지도 제작사들이 발행한 지도책에 '동해 East Sea'가 '일본해 Sea of Japan'와 병기되어 있다. 영국의 『이코노미스트』, 프랑스의 『르몽드』 등 주요 언론들도 기사나 지도에 동해를 병기하는 경우가 늘고 있다. 미국의 CNN 방송 화면에서도 'East Sea' 표기를 어렵지 않게 볼 수 있다.

온라인 지도 서비스인 구글 지도에서도 변화가 나타났다. 과거에는 한국에서 접속하면 '동해', 일본에서 접속하면 '일본해', 그 외 지역에서는 'Sea of Japan'으로 표시되었었다. 그러나 현재는 한국과 일본 외 지역에서 접속하면 'Sea of Japan(East Sea)' 또는 'East Sea(Sea of Japan)'과 같이 두 이름이 병기되어 표시되는 경우가 많다. 이는 동해 명칭 문제에 대한 국제적 인식이 변화하고 있음을 보여주는 중요한 사례다.

하지만 여전히 해결해야 할 과제도 많다. 미국, 영국, 프랑스 등 주요국 정부와 유엔 사무국 등 일부 국제기구는 여전히 국제적으로 가장 널리 사용되는 이름이라는 이유로 '일본해' 단독 표기 관행을 유지하고 있다.

대외적으로는 중국의 입장도 고려해야 할 변수다. IHO의 『해양과 바다의 경계』 표준에서 50번 해역인 '동중국해 East China Sea'는 '동해'의 중국어 발음인 'Tung Hai'라는 이름이 병기되어 있다. 중국은 이와 인접한 52번 해역에 한국이 유사한 발음의 '동해' 명칭 사용을 주장하는 것에 대해 달갑지 않게 생각하여 현상 유지를 원한다는 분석도 있다.

무엇보다 중요한 것은 국내의 관심과 공감대 형성이다. 국제사회에 동해 명칭의 정당성을 알리고 병기에 대한 지지를 넓히기 위해서는 먼저 국내에서의 의견 집약과 합의가 필요하다. 하지만 동해 명칭 문제는 다른 외교 현안에 비해 상대적으로 국내 관심도가 낮은 편이다. 또한, 국내 일각에서는 동해의 영어 표기를 'East Sea'가 아닌 'Korean Sea'나 'Sea of Korea'로 해야 한다는 주장, 혹은 '청해 Blue

Sea'와 같은 제3의 이름으로 바꾸자는 의견 등 다양한 주장이 제기되기도 한다. 일본 정부는 이러한 우리 내부의 의견 불일치와 '일본해'를 없애고 '동해'나 '한국해' 단독 표기로 바꾸려 한다고 국제사회에 홍보하며 '일본해' 단독 표기를 고수하는 논리로 활용하고 있다.

따라서 당면 과제인 '동해 병기'를 실현해야 한다는 목표 아래 국내 의견을 하나로 모으는 노력이 중요하다. 동해 이름을 되찾는 여정은 단기간에 끝나지 않을 것이다. 국제사회의 인식을 바꾸고 우리의 정당한 이름을 되찾기 위해서는, S-130 시대를 포함한 변화하는 환경에 능동적으로 대처하면서 '동해' 명칭의 역사적, 규범적 타당성을 꾸준히 알리고, 지지를 넓혀나가야 한다. 이를 위해서는 이 문제에 대한 우리 국민 모두의 지속적인 관심과 지지가 절실하다.

한국 알리미 서경덕의 동해 이야기

아직도 국제사회의 다양한 매체에서는 한국과 일본 사이의 바다 이름이 '동해East Sea'가 아닌 '일본해Sea of Japan'로 많이 표기되고 있습니다.

실제로 지난 2023년 미국 메이저리그MLB 홈페이지에서 월드베이스볼클래식WBC에 참여한 각 국가들의 야구 역사에 관해 소개할 때 '동해'를 '일본해'로, '독도'를 '리앙쿠르 암초Liancourt Rocks'로 표기한 바 있습니다. 리앙쿠르 암초는 1849년 독도를 발견한 프랑스 포경선의 이름인 '리앙쿠르'에서 유래한 것으로, 엄연히 우리의 고유한 토착지명이 있는 독도에 외래지명을 붙이는 것은 한국의 독도 영유권에 대한 의구심을 가져 올 우려가 있었습니다. 문제의 심각성을 느낀 저는 즉각 MLB 측에 항의 메일을 보냈습니다. 특히 독도와 동해에 관한 영어 영상을 함께 첨부하며 '전 세계 야구 팬들이 오해하지 않도록 올바른 표기로 즉각 시정하라'고 강력히 요청했습니다. 그 후 많은 국내 언론 보도가 이어지며 논란이 더 커지자, MLB 공식 홈페이지에서는 '리앙쿠르 암초'와 '일본해' 표기를 삭제했습니다.

지난해 또 하나의 좋은 사례가 있습니다. 넷플릭스 오리지널 시리즈 〈더 에이트 쇼〉에서 '동해'를 '일본해'로 표기해 논란이 된 바 있습니다. 배우 류준열이 애국가를 부르는 장면 중 스페인어 자막에 '일본해'로 잘못 표기한 것입니다.

많은 누리꾼이 제보를 해 줘서 알게 됐고, 세계적인 영향력을 가진 넷플릭스이기에 즉각 항의 메일을 보냈습니다. 이번 항의 메일에서는 '한국과 일본 사이의 바다 이름은 2천 년 전부터 동해로 불려 왔다'고 설명했습니다. 아울러 동해에 관한 영어 영상을 함께 첨부하며 '전 세계 시청자들이 오해하지 않도록 최대한 빠른 시정을 촉구한다'고 덧붙였습니다. 다행히 넷플릭스에서는 빠른 조치를 취해 올바르게 시정할 수 있었습니다.

무엇보다 동해에 관한 글로벌 홍보 캠페인 중에는 세계적인 유력 매체들의 잘못된 표기에 대한 광고 프로젝트를 빼놓을 수 없습니다. 『뉴욕타임스』, 『월스트리트저널』, 『워싱턴포스트』 등 미국의 유력 매체에서는 기사마다 '동해'가 아닌 '일본해'로 표기를 해 왔습니다. 이에 대해 '뉴욕타임스의 오류Error in NYT', '워싱턴포스트의 오류Error in WP' 등의 도발적인 전면 광고를 시리즈로 게재하여 전 세계 독자들을 깜짝 놀라게 했습니다.

또한 10여 년 전에는 중국 공산당 대표 기관지인 '중국 청년보'에 시진핑 중국 국가 주석의 방한에 맞춰 동해 광고를 게재했습니다. 이 광고는 신문 반면

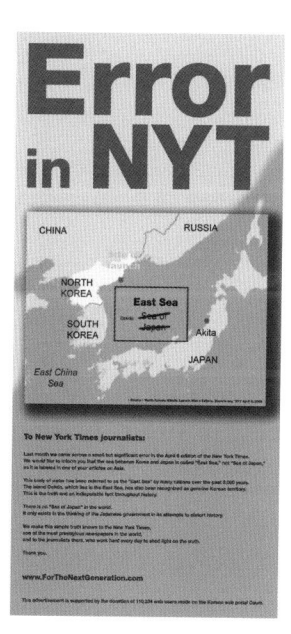

『뉴욕타임스』의 오류 광고

중국 공산당 기관지 '청년보'에 게재한 동해 광고

사이즈의 흑백 광고로 '당신은 알고 있습니까?'라는 큰 제목아래 동해 명칭에 관련한 역사적 사실을 상세히 설명했습니다. 중국의 정부 기관 지도나 주요 박물관과 미술관에도 전부 '일본해'로만 표기가 되어 있어서 중국 내 잘못된 표기를 '동해'로 바꾸고자 광고를 게재하게 된 것입니다.

이에 발맞춰 바로 1년 뒤에는 세계 경제 올림픽이라 불리는 스위스 '다보스 포럼' 메인 거리에 대형 빌보드 광고를 올렸습니다. 세계적인 이목이 쏠리는 곳인 만큼 국내외 언론에 많은 보도가 이뤄져 동해 표기의 정당성을 한번 더 알리는 좋은 계기가 됐습니다.

스위스 다보스 포럼에 동해 광고를 올리고 포즈를 취한 서경덕 교수

　이런 활동들이 꾸준히 벌어진 이후 세계적인 유력 매체에서는 간혹 기사에서 '동해'와 '일본해'를 병기 표기하는 결과를 이끌어 낼 수 있었습니다. 역시 꾸준한 항의와 설득이 세계인들을 움직일 수 있는 가장 큰 힘이 된다는 사실을 또 한 번 깨달을 수 있었습니다.

06

동북공정
한국인의 자부심을 겨누다

동북공정은 2002년 2월 시작되어 2007년 1월 마무리된 중국의 역사 연구 프로젝트다. 20여 년이 흘러 많은 이의 기억 속에서 희미해졌을지 모르지만, 최근까지 이어진 김치와 파오차이, 한복과 한푸를 둘러싼 '원조 논쟁'은 한국과 중국이 여전히 역사와 전통의 '민족적 소유권'을 두고 예민하게 대립하고 있음을 보여준다. 동북공정은 이러한 양국 간 역사 갈등의 시작을 알린 사건이라 할 수 있다.

동북공정의 정식 명칭은 '동북변강역사여현상계열연구공정東北邊疆歷史與現狀系列研究工程'으로, '중국 동북 변경 지역의 역사와 현상에 관한 연구 프로젝트'라는 의미다. 중국사회과학원 산하 변강사지연구중심邊疆史地研究中心이 주도하고 지린성, 랴오닝성, 헤이룽장성 등 동북 3성 사회과학원이 참여했다. 중국사회과학원은 국무원 직속의 중국 최대 사회과학 연구 기관이므로, 동북공정은 국가 차원에서 진행된 역사 연구 프로젝트였다.

5년간 진행된 동북공정은 오늘날 중국 동북 3성 일대의 역사·지리·민족 문제를 집중적으로 다루었다. 이 과정에서 중국 역사학계는 현재 중국 동북 지역, 즉 한국사에서 통상 '만주'라 불리는 공간에서 흥망성쇠를 거듭한 여러 나라와 민족의 역사를 모두 중국사로 간주하는 입장을 분명히 했다.

동북공정은 이 지역의 모든 역사를 중국사 안으로 편입하려는 시

고구려 장군총

도였다. 따라서 고조선, 부여, 고구려, 발해 등 중국 동북 지역을 주된 활동 무대로 삼았던 국가들의 역사 역시 동북공정의 논리에서는 중국사로 편입되어 연구되어야 할 대상이었다. 중국 학계의 동북공정 연구는 이들 역사를 중국사로 귀속시키는 논리를 개발하는 데 집중되었다. 이는 곧 한중 역사 갈등의 서막이라고 할 수 있다.

중국, 고구려에 대한 소유권을 주장하다 : 동북공정

중국에서 동북공정이 시작된 2002년은 한국인들에게 특별한 기억으로 남아 있는 해이기도 하다. 당시 한국 사회는 월드컵과 붉은 악마의 응원 열기로 뜨거웠던 시절이었다. 2002년 한일 월드컵에서 대한민국 축구 국가대표팀은 눈부신 활약으로 4강에 오르는 성과를 거두었다. 이 시기는 1997년 외환위기의 충격에서 점차 벗어나고 있던 때였다. 월드컵의 성공적인 개최와 대표팀의 선전은 크게 위축되었던 한국인의 국가적 자부심을 극적으로 되살렸다.

오랫동안 빨간색을 기피하던 한국인들이 2002년에는 너나없이 붉은색 티셔츠를 입고 '붉은 악마'가 되었다. 당시 붉은 악마 응원단의 복장과 깃발에는 '치우蚩尤' 그림이 상징처럼 사용되었다. '한국인의 저력', '한국인의 위대함'과 같은 구호에 온 국민이 열광했다. 2002년은 한국의 민족주의가 그 어느 때보다 고조되었던 시기였다.

2002년 한일 월드컵 당시 거리를 수놓았던 붉은 악마의 응원

하지만 월드컵이라는 국가적 축제로 기쁨의 순간을 맞이하고 얼마 지나지 않아, 중국 동북공정 소식이 들려왔다. 동북공정은 월드컵을 통해 되찾은 한국인의 '민족적 자부심'을 순식간에 뒤흔들었다. 중국이 주장하는 동북공정의 논리가 언론을 통해 알려지면서 고구려와 발해 역사를 의심 없이 한국사의 일부로 여겨왔던 한국인들은 큰 충격에 빠졌다.

당시 대학의 사학과 강의실은 말로 표현할 수 없는 긴장감에 휩싸여 있었다. 고구려와 발해 역사를 중국에 빼앗길 수 있다는 위기감은 역사학도들 사이에서도 팽배하였다. 강의와 토론, 발표의 중심 주제는 단연 동북공정이었다.

동북공정에 참여한 중국 연구자들은 특히 고구려사 연구에 집중했다. 고구려는 현재 한반도 북부와 중국 동북 지역에 걸쳐 700년 넘게 존속했던 국가로, 이 지역 고대사는 상당 부분 고구려사와 연관된다. 따라서 동북 3성 지역 고대사의 소유권을 주장하려는 중국 입장에서, 그 핵심이라 할 수 있는 '고구려사 가져오기'에 집중했던 것은 당연한 수순이었다.

중국이 고구려사를 자국사로 규정하고 연구한다는 사실에 한국인들의 관심과 분노가 모였다. 고구려 역사는 한국사의 중요한 자부심이었기 때문이다. 자연스럽게 양국의 대립은 주로 고구려사를 둘러싸고 형성되었다.

드라마로 불붙은 역사 전쟁 : 고구려를 사수하라

고구려사 귀속 문제를 두고 한중 간 역사 갈등이 첨예해지던 2004년, 한국에서는 동북공정에 학술적으로 대응하기 위해 고구려연구재단*이 설립되었고, 고구려사 연구에 대한 국가적 재정 지원도 크게

● 고구려연구재단 : 2004년 3월, 중국의 역사 왜곡에 대처하기 위해 정부 차원에서 설립한 연구 기관. 2006년 동북아역사재단으로 통합·재편되었다.

늘었다. 한국 역사학계는 중국 동북공정의 논리를 체계적으로 비판하기 시작했으며, 수많은 관련 논문과 저서가 출간되었다. 또한 역사학자들은 신문 기고, 인터뷰, 역사 다큐멘터리 등을 통해 고구려사가 한국사인 이유를 적극적으로 설명했다.

대중매체에서도 고구려와 발해 역사를 소재로 한 TV 드라마인 〈주몽〉과 〈연개소문〉, 〈대조영〉 등이 연이어 방영되었다. 이 드라마들은 평균 시청률 30~40%를 넘나들며 큰 인기를 얻었다. 특히, 〈주몽〉은 마지막 회 시청률이 49.7%에 달했을 정도로, 당시 고구려사에 대한 한국 사회의 관심은 뜨거웠다.

한편, 이에 대응하여 중국 국영방송 CCTV는 2007년 〈설인귀전기薛仁貴传记〉를 방영했다. 제작자가 한국의 역사 왜곡을 염두에 두었다고 밝힐 만큼 뚜렷한 목적을 가진 드라마였다. 〈설인귀전기〉는 당시 중국 드라마 최고 제작비인 2천만 위안을 투입하고, 바오젠펑保劍鋒, 장톄린張鐵林 등 정상급 배우들을 캐스팅하는 등 준비 단계부터 많은 공을 들였다. 결과적으로 〈설인귀전기〉는 2007년 중국 드라마 중 최고 시청률인 18%를 기록했다. 당시 중국 언론은 이 드라마가 〈대장금〉의 시청률을 넘어섰다고 대대적으로 보도했다.

이처럼 당시 한국과 중국의 고구려사 논쟁은 학술적 차원을 넘어 정치·사회적 갈등으로 확대되었다. 지금도 한국인과 중국인은 각 민족의 역사와 전통을 상징하는 여러 요소를 둘러싸고 논쟁을 계속하고 있다. 2002년 이후 시작된 고구려사 소유권을 둘러싼 한중간의 줄다리기도 서로의 주장만 되풀이하며 학술적·사회적 합의점을 찾지 못한 채 현재까지 이어지고 있다.

이후 한국 학계는 고구려사 연구에 더욱 힘쓰는 한편, 동북공정 과정에서 제시된 중국 학계의 논리를 방어적으로 비판하는 데 집중했다. 반면 중국 학계는 고구려를 넘어 고조선·부여·발해사까지 연구 범위를 넓히며 자국사의 관점에서 논리를 더욱 공고히 구축해 갔다. 동북공정으로 촉발된 양측의 논쟁은 20년이 지난 지금도 현재진행형이다.

양보할 수 없는 민족의 역사 :
한국인의 기원과 예맥족

광활한 만주 벌판을 호령했던 고구려와 발해의 역사는 오늘날 우리에게 깊은 자긍심을 선사한다. 그 드넓은 땅을 누비던 선조들의 발자취를 상상하는 것만으로도, 대한민국 국민은 아득한 고대로 시간 여행을 떠나는 듯한 설렘을 느낀다.

그런데 우리는 언제부터 부여, 고구려, 발해의 역사를 한국사의 일부로 인식하게 되었을까? 우리가 이들의 역사를 당연히 한국사라고 여기는 이유는 무엇일까? 그것이 변치 않는 진실이기 때문일까? 반드시 그렇다고 단정하기는 어렵다. 역사 해석에는 영원불변의 진리

란 존재하기 힘들기 때문이다.

우리가 고구려와 발해의 역사를 한국사로 여기는 데는 교육의 영향이 크다. 초등학교부터 고등학교에 이르기까지, 역사 교육은 늘 우리 민족의 기원을 고조선과 부여에서 찾고, 이어서 고구려와 발해의 역사를 '한국인의 역사'로 가르쳐왔다. 이렇게 반복적인 학습을 통해 형성된 역사 인식은 고구려와 발해를 우리의 역사로 굳게 믿게 했다.

여기서 중요한 건 이러한 역사 인식이 현대에 갑자기 만들어진 것은 아니라는 사실이다. 가깝게는 조선 시대, 멀게는 고려 시대에도 한반도에 살았던 조상들은 고구려와 발해 역사를 '우리의 역사'로 기억해 왔다. 유득공柳得恭의 『발해고渤海考』나 이승휴李承休의 『제왕운

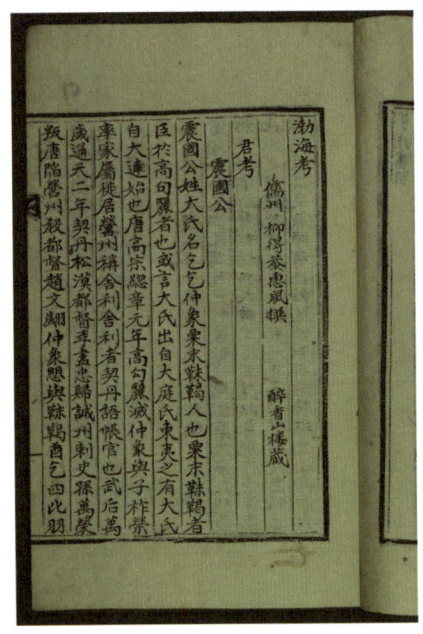

1784년 유득공이 쓴 『발해고』
출처 : 국립중앙박물관

기『帝王韻紀』를 통해 이러한 사실을 알 수 있다. 또한 통일신라 시대에도 신라인들은 고구려를 자신들이 계승해야 할 역사로 인식했음을 여러 자료를 통해 엿볼 수 있다. 하지만 건국 초기부터 '부여·고구려 계승'을 표방했던 발해는 남쪽의 신라와 경쟁 관계에 있었기 때문에 신라인과 발해인이 서로를 같은 계통으로 인식하는 역사 의식이나 민족 의식을 갖기는 어려웠다.

그렇다면 오늘날 우리가 배우는 역사를 서술하는 한국의 역사가들은 왜 고구려나 발해 역사를 한국사로 규정하는 것일까? 단순히 조상 대대로 그렇게 생각해 왔기 때문만은 아니다. 현대 역사학은 '실증'에 기반한 합리적 해석을 요구한다. 따라서 역사 해석에 '당연함'은 없으며, 역사가들의 주장과 역사 서술에는 합리적인 '근거'가 뒷받침되어야 한다. 한국의 역사가들이 부여, 고구려, 발해 역사를 한국사로 규정하는 근거를 살펴볼 필요가 있다.

이제 다소 복잡할 수 있는 '한국인의 기원'에 대한 이야기를 해보자. 오늘날 한국인의 기원이 되는 고대 종족으로는 여러 문헌 기록에 등장하는 예맥족濊貊族과 한족韓族, 이 두 집단이 주로 거론된다.

예맥족은 만주와 한반도 북부에 걸쳐 흩어져 살았던 고대 주민 집단으로, 이들은 훗날 부여·고구려·옥저沃沮·동예東濊 등으로 발전했다. 한반도 남부에는 마한馬韓·진한辰韓·변한弁韓을 구성했던 한족韓族이 자리했다. 이들은 훗날 백제, 신라, 가야를 이루게 된다. 즉, 고대 한국 역사를 주도한 주민 집단은 예맥족과 한족이며, 한국의 역사가들은 이 두 집단이 융합하여 오늘날 한국인이 형성되었다고 설명한다.

　한반도와 지리적으로 멀리 떨어진 곳에 있었던 부여의 역사가 한국 고대사에 포함될 수 있었던 주된 이유는 부여가 예맥족의 나라이기 때문이다. 부여는 오늘날 북류 쑹화강松花江 중류 유역인 지린시吉林市 일대에서 건국하여 발전했다. 남쪽에는 강력한 경쟁자 고구려가 있어 부여는 전성기에도 압록강 이남으로 직접적인 영향력을 행사하기 어려웠다. 하지만 한국 역사가들은 부여를 예맥족의 종주국으로 평가해왔다. 여기에 더해 주몽으로부터 출발한 고구려 왕실이 부여에서 기원했다는 이야기나, 고구려뿐 아니라 백제에서도 부여 계승 의식이 존재했다는 점은 부여 역사를 한국 고대사에서 분리할 수 없게 만드는 중요한 연결고리다.

　부여뿐 아니라 옥저와 동예 역시 고구려와 같이 예맥족이 중심을 이룬 사회로 여겨지며, 이들을 아우르는 예맥족은 '한민족'의 중요한 구성원으로 인정받는다. 그리고 오늘날 한국 역사학계에서 정립된 고대사 체계에서는 이렇게 여러 갈래로 나뉘어 있던 예맥족 사회가 고구려의 발전 과정에서 통합되었다는 민족사적 서술로 이어진다. 즉, '한민족'을 이루는 중요한 구성원 중 하나인 예맥족이 최종적으로 고구려에 의해 통합되었다는 것이다.

　부여의 역사가 현재 대한민국 영토가 아닌 중국 동북 지역에서 전개되었음에도 한국사로 기억될 수 있는 이유는, 그 역사가 우리 민족 형성 과정의 한 부분으로 오랫동안 인식되어 왔기 때문이다. 결국 우

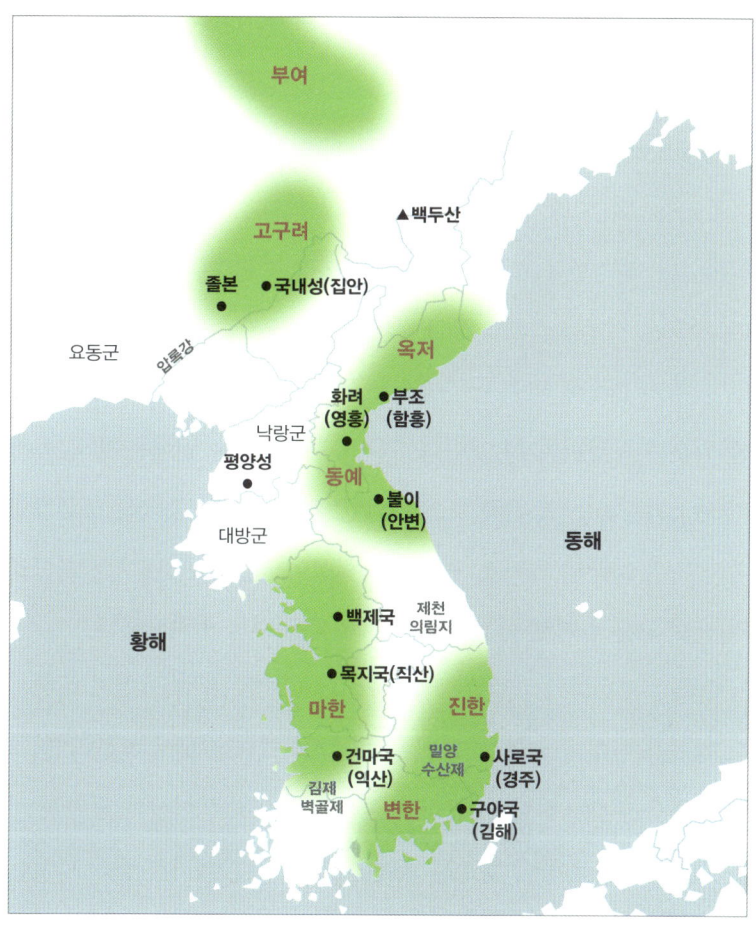

한국의 고대사를 구성한 세력들

리는 이러한 민족사적 관점에서 부여와 고구려, 발해의 역사를 한국의 역사로 기억하고 있는 것이다.

중국은 왜 고구려사를 중국사라고 주장하는가?

원래 중국은 고구려 역사를 자신들의 역사라고 여기지 않았다. 동이족東夷族, 즉 고대 중국 동쪽 이민족의 역사로 인식하는 것이 일반적이었다. 하지만 1949년 중화인민공화국 수립 이후 상황이 달라졌다. 중국은 한족漢族과 55개 소수민족을 아우르는 다민족 국가가 되었다. 과거 한족에 의해 이민족으로 여겨졌던 여러 민족이 이제 국가를 이루는 구성원이 된 것이다. 그 55개 소수민족 안에는 중국 동북 지역에 거주하는 '조선족'도 포함되었다. 이에 따라 중국은 조선족의 역사 또한 자국의 역사로 포용할 필요성이 생겼고, 이때부터 고구려와 발해 역사에 대해 이전과는 다른 해석을 내놓기 시작했다.

중국이 고구려사나 발해사를 자국사로 주장하는 일차적인 이유는 그 역사가 현대 중국의 영토 안에서 전개되었다고 보기 때문이다. 부여의 경우가 대표적이다. 현대 국경을 기준으로 부여사의 공간적 범위는 역사적으로 중국 영토를 벗어난 적이 없다. 따라서 중국 학계는 부여사에 대해 일관되게 자국의 지방사라는 관점을 유지해 왔다. 특히 동북공정 이후 이러한 주장을 강화하여, 부여를 '건국 이래 기원 후 494년 멸망할 때까지 약 600년간 중원 왕조에 예속되었던 지방정권'으로 규정하고 있다.

그렇다면 고구려는 어떨까? 고구려는 압록강 이북에서 건국하여 발전했지만, 427년 평양 천도 이후 후반기 역사는 현재 한반도를 중심으로 전개되었다. 따라서 현대 국가 영역으로 볼 때 고구려의 역사 공간은 중국과 한반도 모두에 걸쳐 있다. 이 때문에 한때 중국 학계에서는 고구려 역사에 대해 일사양용一史兩用, 즉 중국과 한국 두 나라 모두의 역사라는 주장이 나오기도 했다.

그러나 1992년 한중 수교 이후 상황이 바뀌었다. 당시까지 한국 사회에서는 조선족을 뿌리가 같은 동포로 보는 시각이 강했다. 그 이전 북한과 중국 사이에서 정체성의 고민을 안고 있던 조선족은 문화대혁명이라는 격동 속에서 민족 정체성과 국가관에 대한 수정을 강요당했고, 그 과정에서 조선족 사회에는 한민족 정체성보다 중국인으로서의 국가관이 점차 자리를 잡게 되었다.

그런데 1990년대부터 한국 사회와 조선족 간 교류가 활발해지자 중국 정부는 조선족 사회의 동향을 주시하기 시작했다. 약 200만 명에 달하는 조선족은 여전히 중국 동북 3성 지역에서 중요한 사회 집단이다. 이들이 한국 사회와의 접촉 증가로 정체성 혼란을 겪는다면 중국의 사회 안정에 영향을 미칠 수 있다고 판단한 것이다. 더구나 2000년대 초 남북한 간 교류가 진전되면서, 향후 한반도 정세 변화가 조선족 사회에 미칠 영향에 대한 예측도 어려워졌다.

결국, 중국 정부는 역사 공정을 통해 조선족에게 '중국인'으로서의 정체성을 강화할 필요를 느낀 것이다. 동북공정뿐 아니라 티베트를 대상으로 한 서남공정西南工程, 신장 위구르 자치구를 대상으로 한 서북공정西北工程 등, 중국은 역사공정을 통해 소수민족 관리에 나섰

중국 정부의 지역별 역사 공정

다. 중국 경계 지역의 역사와 영토에 대한 전통적 소유권을 주장함으로써 소수민족의 분리 독립 움직임을 차단하고 지역 안정과 통합을 도모하려 한 것이다. 특히 중국 동북 지역에 거주하는 조선족의 경우, 위구르나 티베트와 달리 한국과 북한이라는 모국母國이 존재하므로, 중국으로서는 이들에게 역사적·문화적으로 중국인이라는 점을 강조할 필요가 있었다.

이러한 역사공정을 진행하며 중국이 내세운 핵심 논리는 '통일적 다민족국가론統一的多民族國家論'과 '중화민족中華民族' 개념이다. 통일적 다민족국가론의 논리는 다음과 같다.

현재 중국 영토를 기준으로, 현대 중국을 구성하는 56개 민족과 과거 중국 영토 안에 존재했던 모든 역사상의 민족이 중화민족의 일부이며, 그들의 활동 지역과 건국한 나라의 역사는 모두 중국 역사의 일부다.

이는 현대 중국의 영토라는 현실적 경계에 과거 역사를 투영하는 '영토 중심 사관'이라 할 수 있다. 여기서 내세운 '중화민족' 개념에 주목할 필요가 있다. 인구의 90% 이상을 차지하는 한족과 55개 소수민족을 모두 포괄하는 중화민족이라는 상위 개념 설정은 동북공정 논리의 핵심이다. 이는 역사적으로 존재했던 수많은 민족과 그들의 역사를 '중화민족'이라는 하나의 틀 안에 넣어 단일화하려는 시도와 같다. 이 과정에서 각기 고유한 역사와 정체성을 지녔던 여러 민족의 주체성과 다양성은 희석될 수밖에 없다. 그리고 이들의 주장대로라면 고구려인이나 발해인의 역사 또한 오늘날 중화민족 역사의 일부분이 되어버린다.

동북공정 20년, 아직도 끝나지 않은 역사 전쟁

2002년부터 시작된 중국의 동북공정이 알려지면서 대학에서는 물론 한국 사회 전체에서 큰 논란이 일었다. 학문 영역에서조차 민족사와 민족사의 충돌이 벌어졌고, 강의실에서는 동북공정 문제가 주요하게 다루어졌다.

시간이 흘러 중국에서 동북공정이 종료된 후, 한국고대사를 전공하는 대학원생 중에는 유독 고구려사 연구자가 많았다. 선배 연구자들은 이들을 농담 삼아 '동북공정 키즈'라고 부르기도 했다. 동북공정이 뜨거운 주제였던 시기에 대학에 입학해 동북공정이 종료될 즈음 졸업한 연구자들의 관심이 자연스럽게 고구려사로 모인 것이다. 그전까지 한국 역사학계에서 고구려사로 박사학위를 받은 연구자는 소수였지만, 2000년대 이후 발표된 고구려사 박사학위 논문은 수십 편에 달한다. 또한 최근 20여 년간 발표된 고구려사 관련 논문 수는 그 이전 시기 전체 논문 수를 훨씬 웃돈다.

중국 학계의 상황도 비슷했다. 과거 고구려나 발해 역사를 변방 이민족의 역사로 치부하며 큰 관심을 두지 않았던 중국 학계에서도 동북공정을 계기로 연구자 수가 급격히 늘어났다. 지금도 중국 동북 지역에서는 고구려·발해사를 전공하는 많은 연구자가 활동하고 있다. 뿐만 아니라 동북공정이 공식적으로 종료된 지 20년 가까이 지났음에도, 동북공정에 기초한 중국 학계의 연구 방향과 기조는 여전히 유지되고 있다. 현재 중화인민공화국 영토 위에서 존재했던 모든 역사는 통일적 다민족으로 구성된 '중화민족'의 역사라는 관점에서, 고조선·고구려·발해 등 고대 국가를 중국 중앙 왕조에 속한 지방 정권으로 간주하고 중국사의 일부로 서술하고 있다. 여전히 배타적인 역사관이 그들의 연구를 지배하고 있는 것이다.

이처럼 20여 년간 고구려사를 둘러싼 한중 학계의 줄다리기는 계속되었다. 양측은 상대방의 논리를 비판하며 고구려 역사가 왜 자국사여야 하는지를 주장하는 데 힘썼다. 이러한 논쟁이 한국과 중국 역사학계로 하여금 고구려사를 비롯한 고대 만주 지역 역사에 새롭게 주목하게 한 동력이 되었다는 긍정적인 측면도 있다. 다만, 학술 논쟁 이면에 깔린 정치적 논리이자 민족주의 간 대결과 다름없는 이 소모적인 역사 소유권 분쟁이 언제까지 계속될지는 알 수 없다.

중국의 폭력적인 역사관을 넘어 : 고대사의 진정한 주인을 찾아서

그렇다면 이처럼 긴 논쟁 속에서도, 멀게는 고조선부터 부여·고구려·발해에 이르는 고대인의 역사를 우리가 기억해야 하는 이유는 무엇일까? 이제는 단순히 '우리 역사이기 때문'이라는 답변을 넘어설 필요가 있다. 오히려 오늘날 현대인들이 왜 2천 년 전 역사에 관심을 가지는지부터 질문을 던져야 한다. 이는 아마도 우리가 살아가는 이 사회가 언제 처음 시작되었는지에 대한 근원적인 궁금증과 맞닿아 있을 것이다.

현재 대한민국 사회는 일제강점기를 극복하며 성립했다. 그 이전 시대를 살았던 이들은 조선인이다. 조선이라는 나라는 옛 고려인들이 세웠다. 때문에 '한민족'의 직접적인 뿌리는 고려 시대에 형성되었다고 보는 견해가 많다. 우리가 고대인의 역사를 궁금해하는 이유는 그들이 고려 역사를 처음 일구었던 사람들의 조상이기 때문일 것이다. 고려를 건국한 이들의 뿌리를 거슬러 올라가면 고대인들과 만나게 된다. 고려 사회 안에는 옛 신라인뿐 아니라 백제인, 가야인, 고구려 유민도 존재했다.

또한 북쪽에는 고구려를 계승하며 신라와 경쟁했던 발해가 있었다. 고려 초 거란의 침략으로 멸망한 발해의 유민들이 대거 남하하여 고려 사회에 통합되었다는 것도 기억해야 한다. 결국 고대인에서 고려인으로, 다시 조선인으로 이어지는 역사적 과정을 거쳐 지금의 '한민족' 정체성이 형성되었다면, 이것만으로도 우리가 고대인의 역사를 기억해야 할 이유는 충분하다. 이는 앞서 언급한 민족사적 관점에서 부여와 고구려, 발해의 역사를 한국의 역사로 기억하는 과정과도 연결된다.

그럼에도 불구하고 생각해봐야 할 문제가 하나 있다. 고대인에 대한 기억을 오로지 '한민족'만의 것, 즉 한국인만의 역사라고 주장하는 것이 과연 타당한가 하는 점이다. 우선 '한민족'이란 누구를 말하는가부터 문제가 된다. 그것은 한국인을 지칭하는 것일까? 앞서 말했듯 '민족'이라는 것이 혈연적 연결을 통해 자격을 얻는 것이라면, 현대 한국 사회에서 한국인과 한민족을 동일시하기는 어렵다. 오늘날 한국은 이미 다문화 사회다. 우리 사회에는 같은 한국 국적을 가지면서도 다양한 배경을 가진 사람들이 함께 살고 있다. 그들에게 '민족'이라는 잣대를 들이밀며 한국인이 아닌 '한민족'이 되기를 강요할 수 있을까? 애당초 그들을 '민족'이라는 공동체 안으로 편입하는 것이 가능한 일이긴 할까? 현대 사회에서 '민족'은 이처럼 모호한 개념이 되었다.

이러한 이유로 역사학계에서는 근대에 형성된 민족 개념을 '상상된 공동체' 또는 '발명된 유사 공동체'로 보기도 한다. 실체가 불분명해진 '한민족'을 전제로 민족사의 시각에서 고대 역사의 소유권을 주장하는 것이 합리적인지 되물을 필요가 있다. 오늘날 우리는 부여나 고구려, 발해 역사를 민족사로 기억하고 그 소유권을 주장하지만, 그 '민족'이라는 개념 자체가 현재 한국 사회에서는 더 이상 과거와 같은 의미로 통용되기 어렵게 되었다. 우리가 고대인을 기억하는 데 있어 민족사적 시각의 한계를 인식할 때가 온 것 같다.

이런 점에서 부여·고구려·발해 역사를 오로지 한국의 역사 속에서만 바라보거나, 한국인만이 그 역사적 유산을 독점해야 한다는 배타적 입장을 가질 필요는 없을 것이다. 우리는 민족사적 입장에서 고구려와 발해에 대한 역사적 소유권을 주장해 왔지만, 정작 고구려·발해조차 다양한 종족으로 구성된 일종의 다문화 공동체였다는 점에는 크게 주목하지 않았다.

전성기 고구려 사회 안에는 예맥족 후예 외에도 말갈인, 거란인, 한족漢族 계통의 사람들이 섞여 살았다. 발해 사회에서도 말갈인은 중요한 구성원이었다. 하지만 우리가 거란이나 말갈을 '한민족'의 구성원으로 여긴 적이 있었던가? 이처럼 민족사적 입장에만 기대어 고구려와 발해 역사의 소유권을 주장하는 논리는 그 자체로 한계를 지닌다. 한국 사회에 깊이 뿌리내린 '단일민족 신화'나 '민족국가 계보' 역시 근대 이후 형성된 관념에 가깝다.

중국 동북 지역 쑹화강 중류 유역에서 성립하고 발전한 부여 역사에 중국 학계가 관심을 갖고 연구하는 것 자체를 문제 삼을 필요는 없다. 고구려와 발해 영역의 상당 부분은 오늘날 중국 동북 지역에 해당한다. 이들의 역사를 깊이 연구하려면 현지 고고학 발굴이 필수적이다. 그렇다면 중국에서 고구려·발해사 연구에 투자가 이루어지고 관련 발굴과 연구가 활성화된다면 오히려 반가운 일일 수 있다. 만약 그들이 고구려·발해 역사가 자신들의 역사가 아니라는 이유로 연구에 관심을 보이지 않고 유적 보존을 등한시한다면, 그것이 더 큰 문제일 것이다.

다만 한국 연구자들이 비판하는 지점은 중국 학계 주장에 담긴 역사적 배타성과 폭력성에 있다. 오늘날 중국 학계 연구의 가장 큰 문제점은 부여·고구려·발해 역사를 중원 왕조 중심의 역사 질서 속에 종속시키려는 연구 방법론에 있다. 예를 들어, 고구려 주민 집단의 기원을 무리하게 중원 계통과 연결하거나, 조공·책봉 관계의 의미를 과장하여 고구려나 발해가 중원 국가에 종속된 지방 정권에 불과했다는 식의 연구 경향은 심각한 문제다. 이는 고구려와 발해 역사를 한족漢族 중심 왕조의 위대함을 꾸미는 부속품 정도로 취급하는 것과 다르지 않다. 그리고 이러한 역사 논리는 한국사뿐 아니라 중국 동북 지역 고대사 전체를 왜곡시킨다.

동북공정의 그림자 :
역사 속 주인공은 누구인가?

결국 동북공정의 연구 결과는 현대 중국의 정치적 욕망을 역사에 투영하여 동북 지역의 여러 고대 국가를 중원 국가의 패권 아래 종속된 존재로 서술하는 데 그친다. 이러한 중국 학계의 논조가 유지된다면, 앞으로도 그들의 역사 서술에서 고대인들에 대한 존중을 찾기는 어려울 것이다. 그 대상이 고구려인이든 발해인이든, 역사가는 과거 시대를 살았던 사람들의 삶과 역사 자체를 존중하고 그들을 주인공으로 바라보며 연구해야 한다.

그러나 현재 중국 학계의 연구 경향을 볼 때 그러한 기대를 하기는 어렵다. 동북공정의 영향력 아래 있는 중국 학계의 연구는 이 지역 역사에 변방성과 종속성을 덧씌움으로써 부여, 고구려, 발해 역사의 주체성을 말살하려 하기 때문이다.

그들은 중화민족이 현대 중국을 구성하는 56개 민족과 역사상 존재했던 여러 민족을 아우른다고 하지만 이는 사실과는 다르다. 실제로는 한족漢族 중심의 역사관 아래 다른 민족의 역사를 종속시키는 논리다. 즉, 중국 학계의 고구려사 연구에는 당대 고구려인에 대한 존중이 부족하다. 이것이 바로 동북공정이 가진 가장 큰 문제점이다.

지금까지 살펴본 바와 같이 고구려사 소유권 논쟁의 근본 원인 중 하나는 한국과 중국 학계 모두 고대 만주와 한반도 북부 일대 역사의 대표성을 고구려에 부여하고 있다는 점이다. 즉, 고구려 역사가 누구의 역사인가 하는 문제를 그 지역 고대사 전체의 귀속 문제와 동일시하는 경향이 있다. 하지만 이 지역 고대사의 대표성을 고구려에만 부여한다면, 고구려의 주변부가 되어버린 부여와 옥저, 동예, 말갈인의 역사는 고구려 역사에 종속되거나 배제될 수밖에 없다.

이처럼 고구려를 중심으로 하는 역사 서술 구조 속에서 한중 간 역사 분쟁이 고구려사 위주로 전개된 것은 어쩌면 당연한 결과였다. 결국 한국과 중국 학계가 각자의 논리로 고구려 역사를 자국사 체계 안에 편입시키려 할수록, 고대 동북아시아에서 고유한 역사를 일구었던 부여·옥저·동예·말갈인 등은 역사적 주체성을 상실하고 주변으로 밀려나고 있다. 이제는 역사의 서술 구조 속에서 '주변'으로 밀려나고 '타자'로서 배제된 고대인들을 온전한 역사의 주인공으로 바라보기 위한 노력도 필요한 시점이다.

'우리 역사'를 넘어 '함께하는 역사'로

그렇다면 오늘날 한국 역사학계의 연구 경향은 어떠할까? 다행히 동북공정이 시작된 지 20년이 훌쩍 지난 지금, 한국 역사학계는 과거처럼 민족주의적 서사에만 고대사를 가두려 하지 않는다. 물론 국민국가의 전사前史로서 고조선부터 발해까지의 역사가 자리 잡고 있지만, 현대 국경을 넘어선 동아시아 세계를 무대로 한 역사 서술도 활발해진 것이다. 연구 논문, 역사 대중서, 교과서 등에서 동아시아라는 더 넓은 무대를 배경으로 한 고대사 서술을 쉽게 찾아볼 수 있다. 한국의 연구자들은 국사國史의 틀을 넘어 보다 넓고 역동적인 고대 동아시아 세계를 탐구하기 시작했다.

그럼에도 불구하고 우리 사회 일각에는 여전히 국수주의적 역사 인식이 강하게 남아 있다. 학문적 연구 성과가 유사역사학자들의 왜곡된 민족주의의 잣대에 의해 식민사학으로 매도되기도 한다. 정치적 목적에 따라 반공, 반중, 반일 정서를 이용한 역사 해석 논쟁이 벌어지기도 한다. 국민국가와 민족사의 틀을 넘어서려는 연구자들의 노력이 이어지고 있지만, 동아시아 각국 사회에 뿌리내린 견고한 민족사 통념은 쉽게 바뀌지 않고 있다.

　마지막으로 질문을 던져보자. 고대 로마 역사는 현재 어느 나라의 역사라고 할 수 있을까? 이탈리아의 역사일까? 프랑스, 독일, 이집트 등 로마제국을 구성했던 다른 나라들은 그 역사 소유권을 주장하지 않을까? 고대 로마 역사는 특정 국가의 전유물이 아니라 고대 유럽과 지중해 세계 전체의 역사로 인식된다. 유라시아 대륙을 호령했던 몽골 제국의 역사를 단순히 현대 몽골인만의 역사라고 생각하는 사람도 없을 것이다. 고구려 역사도 마찬가지다. 일차적으로 그것은 고구려인의 역사다. 더 넓게는 한국과 중국을 포함한 고대 동아시아 사회 전체의 역사로 기억해야 한다.

　현대의 민족 인식과 국경에 기대어 고대 역사의 소유권을 주장하는 태도는 이제 지양해야 할 때가 왔다. 고구려를 비롯한 부여, 발해 역사를 한국사로 기억하지 말자는 것이 아니다. 앞서 언급했듯이 그들의 역사는 한국 사회 형성 과정을 이해하는 데 중요한 의미를 지닌다. 지금도 한국의 역사가들은 한국사의 시각에서 이들 역사에 대한 연구를 계속하고 있다. 다만, 그 역사가 온전히 한국인만이 소유해야 할 역사인가에 대해서는 성찰이 필요하다. 고구려를 둘러싼 한중 간 역사 분쟁은 계속되고 있지만, 이제 한국 사회는 고구려인의 역사를 '한국의 역사'이자 동시에 '고대 동아시아의 역사'라는 더 넓은 틀 안에서 바라볼 준비가 되었다고 믿는다.

　우리가 역사를 민족사라는 획일적 잣대로만 보지 않고, 동아시아 여러 민족의 다채로운 역사를 포용하는 시각을 갖는다면, 이것이야 말로 중국의 동북공정을 극복하는 가장 효과적인 방법이 될 수 있다. 이를 위해서는 고구려와 발해를 비롯한 고대 동북아시아 역사를 다양한 시각으로 접근하고, 역사 속에 존재했던 여러 주체들의 관계망 속에서 역사를 재구성하려는 노력이 계속되어야 한다. 민족사를 내세우면서 실제로는 수많은 민족의 고유한 역사를 폭력적으로 지워버리는 중국의 중화민족 담론에 맞서, 우리는 역사적 다양성과 포용성이라는 가치로 대응해야 한다.

한국 알리미 서경덕의 동북공정 이야기

 2024년 3월, 백두산의 중국 부분 '창바이산長白山'이 유네스코 세계지질공원*에 등재되었다는 소식은 여러 우려를 낳고 있습니다. 현재 백두산은 북한이 약 4분의 1, 중국이 약 4분의 3을 차지하며, 천지의 경우 약 54.5%가 북한에 속해 있습니다. 중국은 이미 2023년에 백두산을 '중화 10대 명산'으로 지정하고 '창바이산'이라는 이름으

아름다운 우리의 백두산 천지

● 세계지질공원 : 지질학적 가치를 지닌 명소와 경관을 보호하고 지속 가능한 발전을 추구하는 곳을 지정한다.

로 국제적으로 홍보해 왔습니다. 그런 와중에 유네스코 세계지질공원으로 등재까지 되었으니, '중국만의 산'이라는 인식을 더욱 강화할 것으로 예상됩니다.

앞서 중국은 고구려 유적을 세계유산으로 등재하면서 고구려를 중국 지방 정권으로 규정한 바 있습니다. 백두산 지역을 영토로 삼았던 고구려와 발해의 역사를 왜곡하는 동북공정이 더욱 심화될까 염려스럽습니다. 우리는 세계인들이 백두산을 '창바이산'으로만 기억하지 않도록 '백두산'이라는 명칭 홍보를 강화하고, 동북공정에 맞서 역사를 지키기 위한 철저한 대비가 필요합니다.

한편, 돌솥비빔밥이 중국 성급 문화유산으로 지정된 사실이 뒤늦게 알려져 논란이 일고 있습니다. 더불어 만리장성 왜곡 문제도 심각한 상황입니다. 세계 각지의 한인들이 중국 만리장성의 역사 왜곡에 대한 제보를 보내주셨고, 그 결과 북한 평양까지 이어졌다는 왜곡된 주장을 확인할 수 있었습니다. 특히 위키피디아의 만리장성 지도 정보가 여러 SNS를 통해 확산되고 있는 점이 가장 큰 문제입니다.

만리장성은 북방 유목 민족의 침입을 막기 위해 진시황 때 처음 축조되었으며, 현재 남아 있는 성벽 대부분은 15세기 이후 명나라 때 건설된 것입니다. 총길이 약 6,352km에 달하는 만리장성은 1987년 유네스코 세계문화유산으로 지정되었습니다. 그러나 동북공정 이후 만리장성의 길이를 2009년 8,851km, 2012년에는 고구려와 발해가 쌓은 성까지 포함하여 21,196km로 늘려 왜곡하더니, 현재는 평

중국의 한 프랜차이즈 매장에서 돌솥비빔밥을 '조선족 비물질 문화유산'으로 홍보하고 있다.

양까지 이어진 것으로 나타났습니다. 이에 위키피디아의 잘못된 정보를 바로잡기 위해 지속적으로 항의 메일을 보낼 예정입니다. 중국의 동북공정과 더불어 김치, 한복 등을 자국 문화라고 주장하는 '문화공정'에 맞서, 세계인들에게 올바른 정보를 알리기 위한 다국어 영상 캠페인을 꾸준히 추진해 나가겠습니다.

 2023년 7월, 중국 당국은 옌볜延边자치주 룽징龍井시에 있는 윤동주 생가를 내부 수리 목적으로 갑자기 폐쇄했다가 10월 말에 재개관했습니다. 그러나 여러 방문객들의 제보에 따르면, 공사 전과 크게 달라진 점은 없다고 합니다. 윤동주 시인이 어린 시절 다녔던 명동

교회에는 '위험 주택 접근 금지'라는 큰 표지판이 설치되어 있으며, 건물 내부도 곧 무너질 듯 위험한 상태라고 합니다. 특히 지난 몇 년간 국내외로 꾸준히 문제 제기를 했던 생가 입구 옆 대형 표지석의 '중국조선족애국시인' 문구는 여전히 수정되지 않았습니다. 중국 당국이 폐쇄했던 4개월 동안 무엇을 했는지 묻지 않을 수 없습니다.

또한 중국 최대 포털 사이트인 바이두 백과사전에는 윤동주 시인이 조선족으로 표기되어 있었습니다. 이에 대해 지속적으로 항의하여 다행히도 윤동주 시인을 조선족으로 표기한 민족 항목은 삭제되었지만, 국적은 '중국'으로, 설명에는 여전히 '중국조선족애국시인'

윤동주 생가 앞 표지석

이라고 표기되어 있습니다. 이제는 한국 정부 차원에서 강력하게 항의하고, 윤동주 시인에 대한 왜곡을 바로잡기 위한 노력이 시급합니다.

또한 최근 중국 유학생들의 제보로 바이두 백과사전에서 우리의 부채춤을 중국 민간 전통 무용이라며 왜곡하고 있다는 사실을 확인하였습니다.

"부채춤은 한족, 하니족, 조선족 등의 민족이 오랜 역사를 거치며 각기 다른 특징을 형성한 중국 민간 전통 무용 형식 중 하나다."

바이두에 나온 이 내용은 명백한 문화 침탈 행위입니다. 부채춤은 부채를 주요 소재로 사용하는 한국 고유의 무용이며, 특히 1954년 김백봉이 창작하고 발표한 김백봉류 부채춤은 그 화려함으로 세계적으로도 널리 알려져 있기 때문입니다.

2023년 5월에는 홍콩 고궁박물관 공식 SNS에 한복을 입고 부채춤을 추는 사진을 게재하면서 'Chinese Dance'라고 소개하여 큰 논란을 불러일으켰습니다. 이에 대해 수정을 요구하는 항의 메일을 꾸준히 보냈으나 아직까지 시정되지 않고 있습니다. 한복, 김치, 아리랑, 판소리에 이어 이제는 부채춤까지, 중국의 문화공정은 끊임없이 계속되고 있습니다. 지금까지 바이두의 왜곡에 대해 꾸준히 항의해 온 것처럼, 부채춤의 기원을 바로잡기 위한 노력도 병행할 계획입니다.

  일본의 역사 왜곡뿐만 아니라 중국의 역사 및 문화 왜곡에도 더욱 많은 관심이 필요할 때입니다.

07

김치

김치 종주국 대한민국, 세계에 당당히 서다

　불과 몇 년 전까지만 해도 한국인이 외국인을 만나면 자주 하는 질문은 "Do you know kimchi?"였다. 한국 어디서나 쉽게 접할 수 있는 김치는 상대방이 한국 문화를 얼마나 경험해봤는지 가늠하는 척도였다. 또, 외국인이 김치를 안다고 답하면 왠지 모를 친근함이 느껴지기도 했다.

　하지만 이제 상황이 달라졌다. 외국에서 만난 현지인이 먼저 "I know kimchi!" 혹은 "I like kimchi!"라고 말하는 경우가 많아졌다. 김치가 외국인들이 한국인에게 친근함을 표현하는 하나의 상징이 된 것이다. 이는 김치가 더 이상 한국인만의 음식이 아니라 세계인이 사랑하는 음식이 되었음을 보여준다. '김치의 세계화'를 통해 국가 브랜드 가치를 높이고, 문화적·경제적 이익을 창출하려는 노력이 결실을 보고 있다.

그러나 우려되는 점이 하나 있다. 바로 국내 상황이다. 최근 한국인들은 예전처럼 김치를 직접 담그지 않을 뿐 아니라, 김치를 먹는 횟수도 줄면서 김치 문화의 전승이 점차 약화되고 있다. 이는 산업화와 도시화, 인구 고령화로 인해 각 가정에서 이어지던 김치 담그기 경험과 지식이 빠르게 사라졌기 때문이다. 이로 인해 김치에 대해 외국인에게 자세히 소개할 기회조차 줄어드는 현실이 안타깝다.

게다가 우리는 이미 중국과 일본 등이 김치를 자신들의 문화로 주장하려는 시도를 여러 차례 겪었다. 이러한 상황에 효과적으로 대응하기 위해서는 김치 문화의 계승과 전파가 더 체계적이고 명확하게 이루어져야 한다. 그래야 김치의 기원을 주장하는 일본과 중국에 분명한 근거로 대응할 수 있고, 김치에 관심을 보이는 외국인들에게도 정확한 정보를 제공할 수 있다.

무엇보다 매 끼니 김치를 먹지 않고 집에서 김치 담그는 모습을 본 적 없으며, 마트나 식당의 완제품 김치만 접하는 젊은 세대에게 올바른 김치 문화를 알리는 일이 중요하다. 대한민국 국민 모두가 한국 고유의 김치 정체성을 온전히 이어갈 수 있도록 하는 것이 지금 우리에게 주어진 중요한 과제다.

배추통김치
출처 : 세계김치연구소

김치, 세계인의 식탁을 점령하다

최근 김치는 아마존에서 판매되는 김치 주스나 김치 씨즈닝, 외국 식당의 김치 와플이나 김치 칵테일처럼 다양한 형태로 등장하며 '힙한' 음식으로 자리 잡았다. 김치의 인기가 높아지면서 수출 대상국도 빠르게 늘고 있다. 2015년 66개국이던 김치 수출국은 2019년 84개국, 2023년에는 98개국까지 확대되었다. 실제로 일본, 대만 등 아시아권을 넘어 영국과 북미 지역으로의 수출 증가가 두드러진다. 특히 미국의 경우 2023년 김치 수출액은 3,999만 달러로 2022년보다 37.4% 증가하며 역대 최고의 실적을 기록했다. 이는 약 10년 전과 비교해 10배나 늘어난 수치다.

이러한 세계적 인기 속에서 김치는 2013년 유네스코 인류무형문화유산에 등재되었고, 2020년에는 11월 22일 '김치의 날'이 법정 기념일로 제정되었다. 김치의 날은 미국을 비롯한 세계 15개 지역에서 공식 기념일로 채택되며, 김치의 국제적 위상을 보여주고 있다. 이쯤 되면 가히 '김치 신드롬'이라 할 만하다.

김치의 이러한 인기는 단기간에 이루어진 것이 아니다. 오랜 시간에 걸쳐 여러 요소가 복합적으로 작용하여 지금의 성공을 이끌었다. 그 중심에는 김치의 뛰어난 영양학적 가치가 있다. 김치 발효 과정에

해외 김치의 날 제정 선포 현황

구분	세부 내용
미국(12)	캘리포니아주(21.8.23., 해외 최초 제정), 버지니아주(22.2.9., 제정) 뉴욕주(2.17., 제정), 워싱턴 D.C.(6.28., 제정), 미시간주(10.15., 선포), 조지아주(10.31., 선포), 텍사스주(10.31., 선포), 페어팩스카운티(11.19., 선포), 메릴랜드주(11.21., 선포), 풀러턴시(23.3.8., 선포), 하와이주(4.24., 선포), 뉴저지주(24.1.18., 제정)
브라질(1)	상파울루시(23.6.7.)
아르헨티나(1)	국가기념일(23.7.5., 해외 국가 단위 최초 제정)
영국(1)	런던 킹스턴왕립구(23.7.11., 유럽 최초 제정)

※ 국가, 주·시·구의 관례에 따라 제정 또는 선포 형태로 추진, 4개국(미국, 아르헨티나, 브라질, 영국) 15개 지역

서 생성되는 유익한 성분과 효능은 국제 학술지를 통해 꾸준히 발표되었고, 이로 인해 김치는 건강식품으로서 입지를 다져왔다. 2006년 미국 건강 전문지 『헬스』는 김치를 올리브유, 요구르트, 낫토, 렌틸콩과 함께 세계 5대 건강식품으로 선정했다. 이어, 2017년에는 『파이낸셜 타임스』가 세계적인 의학 저널 『란셋』의 연구 결과를 인용해 한국인의 장수 비결 중 하나로 김치를 꼽기도 했다.

세계적인 셀럽들도 반한 김치의 효능

2013년, 당시 미국 영부인이었던 미셸 오바마Michelle Obama는 자신의 SNS에 글 하나를 올렸다.

"지난주 정원에서 직접 기른 배추를 뽑아 부엌에서 김치를 담갔습니다. 여러분도 집에서 직접 김치를 만들어 보세요!"

평소 건강한 식단과 아동 비만 예방에 앞장서 온 미셸 오바마는 채소를 기반으로 한 발효식품인 김치가 미국 아동들에게 건강한 대안이 될 수 있음을 강조했다. 이로 인해 미국 내에서 김치에 대한 관심이 한층 높아졌다.

김치가 세계적으로 폭발적인 관심을 얻게 된 또 하나의 계기는 코로나19COVID-19 팬데믹이었다. 2003년 사스SARS에 이어 2019년 코로나19가 전 세계를 강타하면서 면역력 강화에 도움이 되는 김치의 효능이 주목받기 시작했다. 실제로 영국 배우 기네스 팰트로Gwyneth Paltrow가 김치를 먹고 코로나19 후유증 극복에 도움을 받았다고 언급하면서 김치에 대한 관심은 더욱 커졌다.

면역력 증진 효과에 이어, 김치의 항비만 효과도 세계적으로 주목받고 있다. 2022년에는 미국의 유명 인플루언서 아프리카 윤Africa Yoon이 김치를 포함한 한식 식단으로 1년 만에 50kg을 감량했다고 SNS에 공개해 화제가 되었다. 이와 함께 김치가 장내 유익 미생물 증식을 유도해 비만과 신경염증 개선에 도움을 줄 수 있다는 연구 결과가 국제 학술지 『푸드 리서치 인터내셔널』에 발표되며, 그녀의 경험에 과학적 근거를 더했다. 2024년에는 세계김치연구소와 부산대 연구팀이 인체적용시험을 통해 김치의 항비만 효과를 최초로 입증했다는 연구 결과가 국제 학술지 『저널 오브 펑셔널 푸즈』 2024년 10월호에 게재되면서 김치의 건강 효능이 과학적으로 입증된 사실을 널리 알린 바 있다.

김치, K-컬처의 맛과 스토리

제 아무리 건강에 좋은 식재료와 음식이라 하더라도 낯선 음식을 직접 맛보는 것은 결코 쉬운 결정이 아니다. 한 번도 경험하지 못한 음식에 도전하려면 단순한 호기심을 넘어서는 특별한 계기나 동기가 필요하다. 최근 건강과 웰빙에 대한 세계인의 관심이 높아지는 가운데, 이미 발효·건강·채식의 상징적 지위를 확보한 김치는 한국의 경제적 위상과 K-컬처의 인기에 힘입어 세계인의 호기심을 자극하기에 충분했다.

방탄소년단을 비롯한 K-팝, 영화 〈기생충〉, 드라마 〈킹덤〉, 〈오징어게임〉 등 한국 콘텐츠가 전 세계적으로 인기를 끌면서 팬들은 자신이 좋아하는 스타나 작품을 통해 간접적으로 접했던 한국 문화를 직접 경험하고 싶어 한다. 이 과정에서 김치가 한국을 대표하는 음식이자 건강식품이라는 점이 부각되면서 실제 구매나 경험으로 이어지는 데 긍정적인 역할을 했다.

채소를 오래 보관하기 위해 만든 음식은 세계 곳곳에 있지만, 김치는 그 독특한 맛과 제조 방식, 그리고 한국인의 식생활에서 차지하는 특별한 위치 덕분에 외국인들에게 더욱 흥미롭게 느껴질 것이다. 김치에 대한 호기심은 자연스럽게 "왜, 언제부터 한국인들은 이렇게 독특한 김치와 김장 문화를 갖게 되었을까?"라는 질문으로 이어진다. 결국, 한국만의 김치 이야기는 세계 시장에서 독보적인 부가가치를 창출하며, K-컬처의 맛과 스토리를 완성하고 있다.

한국만의 독특한 김장 문화

멸시의 대상에서 선망으로, 일본 식탁에 스며든 김치

　김치의 문화적, 경제적, 식품학적 가치가 부각되면서, 일부 국가에서는 김치를 자국의 음식으로 삼으려는 움직임이 나타났다. 그 시작은 일본이었다. 일본에 김치가 처음 전해진 것은 재일 교포들을 통해서였다. 당시 일본인들에게는 익숙하지 않은 젓갈과 강한 마늘 냄새가 나는 '기무치キムチ'는 조선인들이 먹는 음식으로 여겨지며 멸시와 혐오의 대상이 되었다. 1970년대까지만 해도 기무치는 주로 재일 교포나 유학생들만이 먹는 음식이었고, 일본 본토에서는 거의 관심을 받지 못했다.

하지만 1980년대 들어 변화가 시작됐다. 86 아시안 게임과 88 서울 올림픽을 계기로 일본 내에서 한국 문화에 대한 관심이 높아지면서, 김치 수요가 점차 늘어났다. 전통 식품 소비가 줄어들던 일본에서 쓰케모노● 제조업체들은 새로운 시장을 모색하며 김치 제조에 뛰어들었다.

이 과정에서 일본 기업들은 일본 소비자들의 입맛과 기존 쓰케모노 제조 방식을 접목해 현지화된 일본식 김치를 개발했다. 한국 전통 김치가 젖산 발효로 인한 깊은 맛과 신맛이 특징인 반면, 일본식 기무치는 발효보다는 식초와 식품 첨가물을 사용해 더 순하고 일본인의 입맛에 맞게 변형되었다. 이러한 일본식 기무치는 현지 소비자들의 취향과 시장 흐름에 부합했고, 점차 일본 식문화에 자연스럽게 자리 잡았다. 이때부터 기무치는 냄새나는 이방인의 음식이 아니라 일본식 김치를 지칭하는 말로 굳어졌다.

2000년대에 들어서면서 한류 열풍이 일본 사회에 큰 영향을 미치자, 김치의 대중화는 더욱 뚜렷해졌다. 이제 기무치는 일본에서 외식 메뉴를 넘어, 가정에서 직접 만들어 먹는 일상적인 음식이 되었다. 이는 기무치가 일본 식문화 속에 깊이 뿌리내렸음을 보여준다.

● 쓰케모노 : 채소나 과일 등을 소금, 간장, 된장 술지게미 등에 절인 일본 음식

일본식 절임 음식인 쓰케모노

김치의 국제적 주도권을 위한 일본과의 갈등

일본 내에서 기무치 시장이 성장하자 기존 제조업체뿐만 아니라 유통업체까지 적극적으로 시장에 진출했다. 특히 한국에서 수입한 '본토 김치'가 인기를 끌면서, 일본은 한때 한국 김치 수출의 90%를 차지하는 최대 수입국으로 떠올랐다. 원래 일본의 기무치는 재일 한국인 사회에서 시작된 김치 디아스포라Diaspora의 결과였으나, 1980년대 이후 일본 기업들이 본격적으로 김치 시장에 진출하며 '김치 전파자'로 자리매김했다.

김치의 상품성과 시장성이 커지자, 일본 기업들은 국제적 주도권을 확보하기 위해 1994년부터 기무치를 국제식품규격Codex Alimentarius●에 등재하려 시도했다. 일본이 자신들이 만든 기무치를 국제 표준으로 삼으려 하자 한국은 즉각 반발했고, 한일 간 김치 갈등이 본격화되었다. 만약 일본식 김치가 국제 규격으로 인정될 경우, 일본식 제조 방식으로 만든 제품도 '김치'라는 이름으로 유통될 수 있어 한국 김치의 정체성과 수출 경쟁력에 큰 타격이 예상되었다.

　이 갈등은 단순한 식품 규격 문제를 넘어 김치의 정통성과 문화적 주도권을 둘러싼 국가적 자존심이 걸린 문제였다. 한국은 김치가 오랜 전통과 독창적 제조법을 지닌 고유 음식임을 강조하며, 국제사회에 김치의 표준화 필요성을 적극적으로 알렸다. 결국 2001년, 국제식품규격위원회Codex Alimentarius Commission는 김치를 '주원료인 절임배추에 고춧가루, 마늘, 생강, 파, 무 등 여러 가지 양념류를 혼합하여 제품의 보존성과 숙성도를 확보하기 위하여 저온에서 젖산생성을 통해 발효된 제품'으로 정의하는 국제 표준을 채택했다. 이로써 일본식 기무치는 김치의 국제 표준 정의에 부합하지 않게 되었다. 더불어 '기무치'라는 별도의 식품 정의는 국제식품규격에 등재되지 않았다.

　이 과정을 통해 한국산 김치와 일본산 기무치가 발효 방식, 맛, 제

● 국제식품규격Codex Alimentarius : 국제적으로 통용되는 식품 규범으로, 소비자의 건강 보호 및 공정한 식품 교역을 목적으로 함

조법에서 뚜렷한 차이가 있음을 국제적으로 입증했다. 김치의 국제 표준화는 단순히 식품 규격을 정하는 것을 넘어, 한국의 독창적 식문화와 정체성을 세계에 알리는 계기가 되었다. 김치가 단순한 음식이 아닌, 한국의 문화적 자부심과 국가 브랜드를 상징하는 대표적 사례로 자리매김했다.

새로운 이름으로의 확장 : 일본 속 김치의 문화 역전

최근 일본에서는 김치의 개념이 점차 확장되고 있다. 오징어 젓갈이나 낙지 젓갈 등에도 '김치'라는 명칭을 붙여 오징어 김치, 낙지 김치 등으로 부른다. 이러한 명칭은 단순히 소금으로만 간을 한 제품이 아니라, 김치처럼 고춧가루와 마늘 등 다양한 양념을 사용해 조미한 경우에 적용된다. 즉, 색깔과 맛, 냄새가 김치와 비슷하면 '김치'라는 이름을 붙이는 것이다.

그뿐만이 아니다. 죽순, 락교, 오쿠라, 여주, 풋콩, 아스파라거스, 오오바, 연근, 느타리버섯 등 전통적인 쓰케모노 재료에 김치 양념을 버무린 제품도 '김치'로 불린다. 하지만 이들은 대부분 발효 과정을 거치지 않고 김치 양념을 조미액 형태로 사용한 매운맛의 쓰케모노에 가깝다. 일본의 '다시だし' 제조 방식을 김치에 적용해 발효로 인

한 맛보다는 조미액의 맛이 강조되고, 발효 특유의 산미와 탄산미는 부족하다. 과거에는 김치를 '조선 쓰케모노'라 불렀던 일본이 이제는 자신들의 쓰케모노에 '김치'라는 이름을 붙이는 문화 역전 현상은 김치의 높아진 위상과 문화적 영향력을 보여주는 흥미로운 사례라 할 수 있다.

김치 논쟁, 한중 갈등의 실체와 심리 : 경제와 문화의 경계를 넘나들다

한일 김치 갈등이 국제식품규격위원회에서 김치의 정의를 두고 실질적인 승부를 겨뤘던 것과 달리, 한중 김치 갈등은 다른 양상을 띤다. 중국은 주로 자국 언론과 SNS와 같은 소셜미디어를 통해 김치가 중국에서 기원했다는 주장을 펼치고 있다. 이는 명확한 논쟁 대상이나 실체가 없어 대응하기가 더 까다로운 측면이 있다.

논란은 2020년 11월, 중국 쓰촨성의 절임채소 '파오차이泡菜'가 국제표준화기구ISO의 표준 인증을 받은 뒤 시작되었다. 그러자 중국 관영매체『환구시보』가 "파오차이가 김치 국제 표준을 획득했다"며 한국 외교의 무능을 언급한 「김치 종주국의 치욕泡菜宗主國的恥辱」이라는 제목의 기사를 올렸다. 하지만 그들의 주장과 달리 해당 ISO 표준 문서에는 "이 표준은 김치Kimchi에는 적용되지 않는다"고 명시되

중국의 절임채소인 파오차이

어 있다. 그럼에도 중국이 '김치 종주국' 논란을 부추기는 데에는 두 가지 배경이 있는 것으로 분석된다.

첫째, 김치가 가진 경제적 잠재력과 문화적 영향력 확대에 대한 경계심이다. 중국은 이미 대규모 김치 생산 기반을 갖추고 있어, 이를 바탕으로 세계 김치 시장에서 우위를 점하려는 의도가 있는 것으로 풀이된다. 실제로 중국은 저렴한 가격 경쟁력을 앞세워 한국의 저가 김치 시장을 빠르게 잠식해왔다. 2002년 1천 톤 남짓이던 중국산 김치 수입량은 20년 만에 약 30만 톤 수준까지 급증했다. 이는 중국의 김치 생산 기반과 제조업 저변 확대에 크게 기여했다.

둘째, 중국의 주장은 2000년대부터 진행된 동북공정의 연장선상에서 해석할 수 있다. 동북공정은 고구려 등 한반도와 중국 동북부의 역사를 중국사로 편입시키려는 국가 주도의 연구 프로젝트로, 점차

한·중·일 김치 갈등의 발단 배경과 차이 비교

구분	한·일 김치 갈등	한·중 김치 갈등
시기	1990년대	2020년~현재
배경	김치의 세계화 (세계화 주도권 선점)	중국의 역사·문화 공정 (문화자산 침탈)
갈등 지점	[김치의 정의] 기무치는 김치가 아니다	[김치의 종주권] 김치의 기원은 파오차이다
이해 당사자	기업체	한민족 전체(재외동포 포함)
대상 시장	일본 및 일본산 김치 수출국	국내외 김치 시장 전체
잠재적 위협 요인	종결	중국 조선족의 김치 문화

출처 : 세계김치연구소, 2024, 우리 김치 바르게 바르게 2

역사 영역을 넘어 문화 전반으로 영향을 미치고 있다. 최근에는 중국 내 소수민족을 중화민족으로 통합하는 정책과 맞물려, 조선족의 역사와 문화를 포함한 다양한 문화유산까지 중국의 것으로 편입하려는 시도로 이어지고 있다. 실제로 2024년 10월 기준, 중국은 조선족 관련 문화유산이라는 명목으로 한국의 무형유산 101건을 자국의 '국가급' 또는 '성省급' 무형문화유산으로 지정·관리하며 통합 정책을 강화하고 있다. 이처럼 중국의 문화 공정은 현재 진행형이며, 동북공정과 소수민족 정책과 맞물려서 언제든 다시 김치를 둘러싼 논란을 일으킬 수 있는 잠재적 갈등 요인으로 남아 있다.

김치, 세계화의 새로운 지평 :
자생적 김치주의자와 전파적 김치주의자의 등장

최근에는 한국 문화와 특별한 인연이 없는 외국인들이 독학으로 김치 담그는 법을 익혀, 자국에서 김치를 만들어 판매하는 사례가 늘고 있다. 실제로 서울대 국문학부 교수로 재직했던 로버트 파우저 Robert J. Fouser는 자신이 거주하는 미국 로드아일랜드주의 한 팜 마켓에서, 한국과 전혀 인연이 없는 현지 농부가 독학으로 만든 김치와 베트남계 이민 2세 여성이 만든 수제 김치를 발견해 놀라움을 표한 바 있다. 로드아일랜드는 한인 인구가 많지 않고, 한국에 대한 인지도도 낮은 지역이기에 이러한 만남은 더욱 이례적이었다.

이처럼 낯선 지역에서 스스로 김치를 받아들이고, 주변에 알리는 이들을 '자생적 김치주의자'라 부를 수 있다. 이들은 김치를 직접 경험하고, 자신만의 방식으로 만들어 전파하는 역할을 하고 있다. 자생적 김치주의자가 등장할 수 있었던 배경에는 2010년대 이후 미국 등 서구 사회에서 발효음식과 건강식에 대한 관심이 높아진 현상이 크게 작용했다. 김치가 건강식품으로 주목받으면서 자연스럽게 세계 각지에서 김치를 접하고 만들어보려는 시도가 이어진 것이다.

한편, 이주 한인들과의 교류를 통해 김치 제조법을 익히고 판매하는 이들은 '전파적 김치주의자'로 구분할 수 있다. 이들은 한국 문화에 대한 관심이 높고, 한인 사회와의 네트워크를 통해 전통적인 김치 제조법을 체계적으로 습득한 경우가 많다. 자생적 김치주의자가 자신만의 입맛과 환경에 맞게 변형된 김치를 주로 만드는 반면, 전파적 김치주의자는 전통 방식에 가까운 김치를 재현하려는 경향을 보인다.

어느 쪽이든 김치의 세계화 과정에서 현지화는 피할 수 없는 흐름이다. 각국의 문화와 식습관에 맞게 김치를 재해석하고 융합하는 현상은 앞으로 더욱 확산될 전망이다. 이제는 이들을 한국산 김치 시장의 개척자로 활용할지, 혹은 잠재적 경쟁자로 인식하고 전략적으로 대응할지에 대한 깊이 있는 고민이 필요한 시점이다.

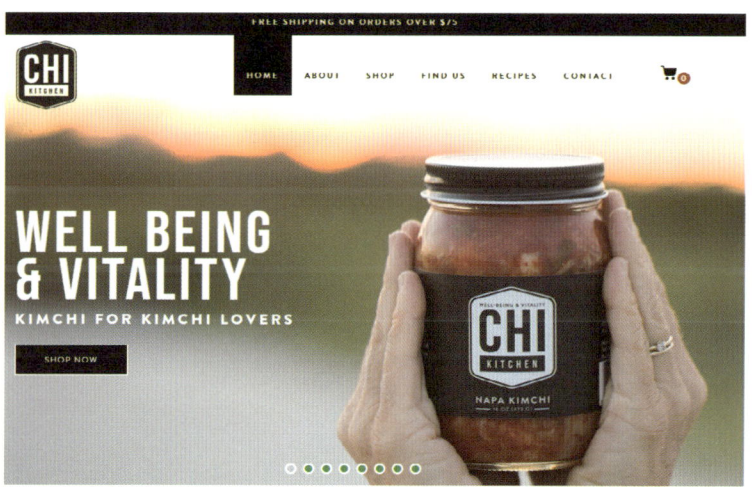

베트남계 이민 2세 부인과 미국인 남편이 운영하는 수제 김치 판매 온라인 몰
출처 : chikitchen.com

절임 채소의 기원과 진화 :
인류 보편에서 발전한 김치의 발효 기술

김치의 뿌리가 소금에 절인 채소에서 시작된 것은 분명하다. 그러나 현대의 김치와 절임 채소를 같은 음식으로 볼 수 없다. 그럼에도 중국에서는 "김치의 기원이 절임 채소이니, 결국 중국의 절임 채소인 파오차이가 김치의 원조!"라는 주장을 내세운다. 하지만 이는 역사적 사실과 다르다. 김치뿐 아니라 절임 채소 자체도 특정 국가가 기원이라고 단정할 수 없기 때문이다.

원시형태 절임 채소들
출처: 세계김치연구소

절임 채소는 인류가 혹한기에 채소를 오래 보관해 먹기 위해 소금을 이용해 부패를 막으면서 등장했다. 소금을 많이 뿌려 저장하는 방식은 특별한 기술이 필요하지 않아, 세계 각지에서 자연스럽게 자생적으로 발전했다는 것이 정설로 받아들여진다. 즉, 절임 채소는 인류 보편의 식문화로, 어느 한 문화권에서 시작된 것이 아니라 각 지역에서 독자적으로 발달했다는 것이다.

이후 인류는 절임 채소에서 나타나는 맛과 향, 질감의 변화를 경험적으로 인식하게 되었고, 소금의 농도, 절이는 시간, 온도, 공기 접촉 여부 등 다양한 요인을 조절하며 발효 과정을 활용하기 시작했다. 비록 미생물의 존재나 원리를 알지는 못했지만, 시행착오를 거치며 부패와 발효를 구분하고, 의도적으로 원하는 변화를 이끌어내는 방법을 터득했다. 이 시점부터 절임 채소는 단순한 저장을 넘어 풍미와 식감을 향상시키기 위한 '발효 절임'의 시대로 접어들었다.

발효 방식의 분화 : 한국과 중국의 차이

각 문화권은 서로 다른 자연환경 속에서 사회·경제적 조건, 민족적 기호에 따라 절임 채소의 발효와 조리 방식을 고유한 방식으로 발전시켰다. 이 과정에서 한국과 중국의 절임 채소 문화도 뚜렷한 차이를 보이게 되었다.

중국의 절임 채소는 주로 채소를 가열하거나 건조한 뒤 소금 외에 식초와 술, 누룩 등을 이용해 절임과 발효를 진행하는 것이 특징이다. 식초와 술 등은 강한 살균 효과로 유익한 미생물까지 제거하게 되고, 제조 과정이 상대적으로 복잡하고 비용도 더 든다. 대신 저장성이 뛰어나 오랫동안 보관할 수 있다는 장점이 있다.

반면, 한국의 김치는 채소를 가열하거나 건조하지 않고, 신선한 상태 그대로 소금에 절여 초기 부패균 증식을 억제한 후 자연 발효를

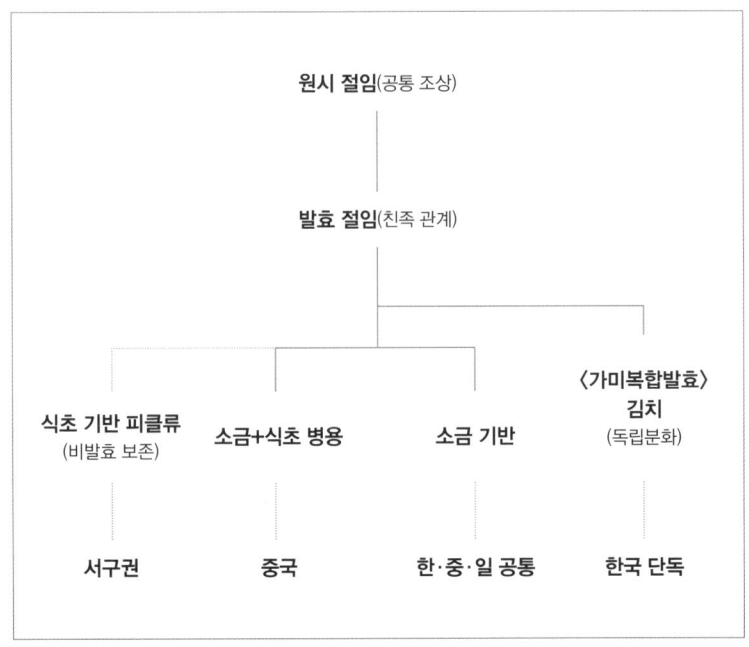

절임 채소의 분류와 계통
출처 : 세계김치연구소, 「우리 김치 바르게 바르게 2」

유도하는 방식이다. 식초나 술을 사용하지 않기 때문에 원재료에서 유래한 여러 가지 유익 미생물이 활발하게 증식하여 발효가 일어난다. 그 결과, 김치는 풍부한 맛과 다양한 영양성분을 갖게 되었지만, 저장 기간은 중국식 절임 채소에 비해 상대적으로 짧다.

이처럼 두 문화권의 발효 절임 방식은 원시 절임 단계에서는 유사했을 수 있으나, 발효를 의도적으로 활용하기 시작한 시점부터는 각기 다른 길을 걷게 되었다. 따라서, 중국의 절임 채소와 한국의 김치는 같은 뿌리를 둔 먼 친척일 수는 있지만, 김치가 중국 절임 채소의 기원이라는 주장은 근거가 부족하다.

김치와 파오차이의 결정적 차이 : 가미 복합 발효의 놀라운 비밀

한국과 중국의 절임 채소가 보이는 결정적인 차이는 발효 이후의 활용 단계에서 나타난다. 한국은 단순 발효 절임을 넘어 '가미 발효 절임', 나아가 '복합 발효 절임'으로 진화하며, 김치라는 독특한 음식을 탄생시켰다. 그 핵심에는 완성된 절임 채소를 어떻게 먹는가의 차이가 있다.

한국에서는 김치와 같은 발효된 절임 채소를 별도의 조리 과정 없이 바로 밥과 함께 반찬으로 먹는다. 따라서 절임 및 발효 단계에서 이미 맛과 향이 완성되어야 한다. 반면, 중국에서는 절임 채소를 그 자체로 먹기보다는 다른 재료와 함께 볶거나 끓이는 등 조리 과정에서 다시 한번 가열하거나 양념을 더해 맛을 보완하는 방식으로 활용하는 경우가 많다. 이 때문에 중국은 발효 절임 기술 자체에 집중하는 경향을 보였다.

한국의 김치는 제조 과정에서 '가미加味', 즉 맛을 내기 위한 다양한 부재료(양념)를 첨가해 함께 발효시키는 과정이 핵심이 되었다. 이로 인해 '가미복합발효절임'이라는, 김치에만 존재하는 독특한 단계가 자연스럽게 자리 잡았다. 특히 감칠맛을 더하기 위해 사용된 동물성 발효 식품인 젓갈은 세계적으로도 유례를 찾기 힘든 김치만의 독창성을 부여했다. 여기에 절인 채소에 다양한 양념을 버무리는 기술적 진보가 더해지면서 오늘날 우리가 아는 김치의 원형을 갖추게 되었다.

김치가 절임 채소에서 한 단계 더 진화한 것은 조선시대에 이르러 더 뚜렷해졌다. 젓갈, 고추, 마늘, 생강, 파, 갓, 미나리 등 다양한 향신 채소와 부재료가 어우러진 복합 양념, 즉 '김치소'가 김치의 기본 요소로 자리 잡으면서 김치의 풍미와 영양, 발효 특성이 한층 강화되었다. 젓갈과 고추의 조합은 어패류의 비린 맛을 효과적으로 잡아주고, 발효의 풍미가 한층 깊어지는 상승 효과를 냈다.

김치의 독특한 제조법은 생채소를 열처리하지 않고 소금에 절인 뒤 역시 열처리하지 않은 신선한 양념 채소와 젓갈, 고춧가루 등이

절임 채소의 발전 계보와 김치의 진화 과정

구분	시기(추정)	특징	비고
원시 절임	기원전	• 잉여 식재료를 저장하기 위해 염장 시작 • 장기 보존 목적의 인류 보편문화 • 고농도의 소금 사용(짠맛 상승)	• 인류의 보편적인 식문화

발효 절임	1~3세기	• 의도적 발효 시작(저염 발효법 확립)
		• 절임 원료 사용 다양화
		  – 중국: 식초, 술지게미, 누룩 등(신맛 상승)
		  – 한국: 장醬과 소금물(저염)
			• 절임 원료 차이 → 한·중 채소절임 분화 시작
			• 중국은 별도로 불에 의한 '조리' 과정에서 가미가 이루어지므로 채소절임 자체는 '발효절임 단계'에 머무름

가미 발효 절임	14~15세기	• 세계 유일 동물성 발효식품(젓갈) 사용 • 짠맛·신맛 외의 '맛있는 맛' 추구	• 김치의 독자성 확보 – 동물성 감칠맛 가미 – 맛과 영양성 획기적 강화

가미 복합 발효 절임	17~18세기	• 가미발효
		  – (동물성) 젓갈, 육수, 해물
		  – (식물성) 해조류, 견과류, 과일, 버섯, 채수
		• 복합발효: 전용 김치 양념 확립
		  – 고추·마늘·생강·파·무 등 다양한 재료 버무림(복합화) → 발효
			• 현대 김치의 원형 완성
			– 별도의 조리 없이 맛의 완결성 확보
			– 형태적·관능적·영양적 특이성 완성

출처: 박채린. 2021. 김치 독자성의 근거와 형성 과정에 대한 고찰. 한국식생활문화학회지, 36(3):256–273. 필자 재정리

들어간 김치소를 넣어 저온에서 발효시키는 방식이다. 이 과정에서 채소 본연의 조직감과 영양소 손실은 최소화하면서, 유산균의 활동은 극대화된다. 삼투압 현상으로 양념이 채소 내부로 침투하고, 채소의 성분이 양념으로 빠져나오면서 맛, 향, 영양, 미생물 등이 상호작용하며 끊임없이 변화한다. 이 덕분에 겉절이부터 잘 익은 김치, 묵

은지까지 발효 단계에 따라 다양한 맛과 식감을 즐길 수 있다.

김치 발효 과정에서 생성되는 다양한 유산균은 숙성 중에 유익한 대사물질을 생성한다. 박테리오신과 같은 천연 항균물질을 비롯해, 피부 개선, 항염증, 항비만, 항노화, 항암, 대사증후군 예방 등에 효과적인 다양한 건강 기능성 물질이 생성되기도 된다. 김치의 복합적인 발효 과정과 미생물 군집의 역동적 변화는 앞으로도 새로운 기능성 물질을 발견할 가능성을 지니고 있다.

발효 과학이 증명하는 김치만의 특별함

중국의 절임 채소 파오차이는 채소를 적당히 건조시키거나 데치는 등 전처리 과정을 거친 후, 소금물이나 장, 식초, 술, 향신료 등을 첨가해 만드는 것이 일반적이다. 이 과정에서 증식하는 유산균의 종류가 제한적일 뿐만 아니라, 그 양도 잘 숙성된 김치에 비해 100분의 1에서 1000분의 1 수준으로 매우 적다. 반면, 김치는 '가미 복합 발효'라는 독자적인 발효 방식을 통해 풍부한 유산균과 다양한 맛, 그리고 건강 기능성을 만들어내며, 파오차이와는 완전히 다른 식품 범주로 분화되어 있다.

일본의 절임 채소 역시 유산균 발효와는 거리가 멀다. 일본에서는 주재료의 수분을 상당히 제거하거나 건조시킨 후 간장, 된장, 술지게

미, 누룩, 쌀겨, 겨자 등으로 만든 절임액에 담그는 방식을 주로 사용한다. 이 방식은 유산균 증식보다는 보존성을 높이는데 초점을 맞춰 미생물 활동을 억제하는 경향이 있다. 중국과 달리 일본은 완성된 절임 채소를 다시 조리하지 않고, 그대로 먹는 경우가 많아 절임액 자체가 조미액 역할을 겸한다. 따라서 절임액이 주재료에 잘 흡수되어 풍미를 높이는 데 기술의 초점이 맞춰져 있다.

일본 기무치의 제조 방식을 보면 김치와의 차이를 쉽게 알 수 있

김치와 파오차이 특성 비교

구분		한국 김치	중국 파오차이
재료	주재료	• 배추·무·고춧가루·생강·파·마늘 등 식물성 원료	• 배추·무·당근·양배추·고추 등 식물성 원료
	부재료	• 젓갈·해산물 등 동물성 원료, • 찹쌀풀 등 곡류, 소금 등 조미료	• 소금·화쟈오(산초)·식초·설탕 등 향신·조미료
절임	목적	• 배추 등 원재료의 저장성 향상 • 양념 버무림 용이(다음 단계 진행 편리)	• 저장성 향상
	과정	• 절임 후 세척	
발효	제조 공정	• 소금에 절인 후 세척(절임 시 사용된 과잉의 소금 제거)하고 양념과 혼합 후 발효시켜 제조 * 非가열(저온 발효)	• 소금물에 화쟈오·생강·마늘·고추 등을 넣고 끓여 식힌 후 주재료 채소에 부어 담금 * 가열(고온살균 과정 포함) * 가정에서 제조 시 가열하지 않음
	양념 사용	• 발효 유도하는 부재료를 절임채소와 버무려 사용(필수사항)	• 발효가 끝난 후 취식 단계에서 조미를 위한 소스 사용(선택사항)
유산균 수		• 발효김치: $10^8 \sim 10^{10}$ CFU/ml	• $10^6 \sim 10^7$ CFU/ml * 발효김치의 약 1/100~1/1,000 수준

출처: 세계김치연구소. 2023. 우리 김치 바르게 바르게 1. 재정리

한국 김치와 일본 기무치의 특성 비교

구분	한국 김치	일본 기무치
발효	자연발효된 젖산발효 음식	자연발효가 아닌 절인 음식
제조 특징	김치양념과 주재료의 맛성분 교환이 일어나며 이때 생성된 유산균 발효에 의해 지속적으로 맛 변화	주재료에 절임액의 맛을 흡수시키는 방식
유산균	$10^8 \sim 10^{10}$ CFU/ml	$10^5 \sim 10^6$ CFU/ml
기능성	부재료 발효를 통해 기능성 성분, 유산균 유래 대사산물 다량 함유	젖산발효 과정이 없어 유산균 및 기능성 성분 함량이 김치보다 적음
맛	젖산의 신맛과 고춧가루, 마늘 등의 조화로운 매운맛	단맛과 화학첨가물에 의한 신맛

자료: 농촌진흥청, 2011, 천년의 맛, 김치를 말하다, RDA Interrobang 41호 참조 재작성

다. 기무치는 주재료에 김치 양념소를 버무리지만, 발효가 거의 이루어지지 않아 김치소는 실질적으로 조미액 역할에 머문다. 기본적으로 기무치는 일본의 '다시'라는 제조 방식을 따르기 때문에 발효 특유의 은은한 신맛이나 시원한 탄산미를 느낄 수 없고, 오직 조미액이 스며든 맛만 남는다. 겉보기에는 김치와 비슷해 보이지만, 실제로는 조미 절임 방식의 전형적인 일본 쓰케모노와 다르지 않다.

이를 뒷받침하듯, 일본에서 판매되는 기무치 제품의 성분표기에는 '김치소'나 '김치 양념'이 아닌 '절임액'이라는 용어를 사용한다. 이는 일본의 절임 식품 제조 공정과 인식에 맞춘 표현으로, 양념발효의 개념이 없는 일본식 김치의 특성을 잘 보여준다.

재료부터 발효까지, 김치의 놀라운 진화 기록

김치는 단순한 절임 채소에서 출발해, 동물성 발효 식품인 젓갈과 고추, 마늘, 생강 등 다양한 재료를 활용한 복합 양념과 결합하며 독자적인 음식으로 진화해 왔다. 조선 초기만 해도 김치의 주재료는 오이, 가지, 동아, 무 등이었고, 소금물이나 간장에 절인 김치류가 주류를 이루었다. 오이장김치, 가지장김치, 오이물김치, 가지물김치, 무동치미, 배추동치미, 나박김치, 산갓김치 등이 대표적이다. 국물이 많은 김치의 경우 염도가 낮아 부패를 막기 위해 마늘, 생강, 산초, 형개, 여뀌 등 향신 채소를 더했다.

여러 해물을 섞어 만든 섞박지
출처 : 세계김치연구소

무로 만든 물김치와 오이장김치
출처 : 세계김치연구소

    가장 오래된 한글 음식 조리서로 추정되는 『주초침저방酒醋沉菹方』에 따르면 조선 중기에는 새우젓을 버무린 오이섞박지 '감동저甘動菹', 동아로 만든 동아섞박지 '동과백하해교침저冬苽白蝦醢交沉菹' 등 젓갈을 활용한 김치가 상류층을 중심으로 등장했다.

    18세기 이후 해산물 유통이 원활해지고, 남미가 원산지인 고추가 조선에 유입되면서 젓갈과 다양한 채소가 들어간 복합 양념이 김치의 기본으로 자리 잡았다. 이 변화로 김치의 맛과 재료가 획기적으로 다양해졌다. 고추가 더해진 김치소는 어패류의 비린 맛을 줄이고, 다양한 젓갈과 해산물을 풍부하게 사용할 수 있게 했다. 이 시기부터 김치에 들어가는 재료의 종류도 크게 늘었다.

    김치의 부재료는 지역의 자연환경, 물류 여건, 경제력에 따라 달라지며, 이는 김치의 형태와 맛에도 영향을 미쳤다. 강원도 해안 지역

콜라비김치와 토마토김치
출처 : 세계김치연구소

에서는 명태와 대구 부산물, 서남 해안에서는 통생선, 이북 지역에서는 돼지고기 등 다양한 부재료가 사용됐다. 쇠고기나 고기 육수를 넣은 김치, 찹쌀풀과 배로 단맛을 더한 김치, 밤과 잣으로 장식한 김치 등 그 종류가 무수히 다양해졌다.

19세기 말, 반결구종인 조선배추가 널리 재배되면서 김치는 또 한 번 혁신을 맞는다. 김치소를 배춧잎 사이사이에 넣은 통배추김치가 김치의 대명사가 되었다. 통배추김치는 절임, 세척, 물기 제거, 김치소 채우기 등 번거로운 과정을 거쳐야 하므로, 많은 양의 김치를 한꺼번에 담그는 대규모 공동 노동인 '김장'이 김치 문화 전승의 중요한 매개체가 되었다.

김치소의 확장성 덕분에, 콩나물, 시금치, 열무, 미나리, 부추, 깻잎, 고구마순, 갓, 콩잎, 호박, 오이, 가지, 동아 등 기존에 나물로 먹던 채소들도 김치로 변신했다. 계절에 따라 쉽게 구할 수 있는 채소 뿐 아니라 연근, 더덕, 우엉 같은 뿌리채소, 파래, 청각 등 해조류도 김치의 재료가 되었다. 심지어 배추의 뿌리, 꽃대까지 김치로 활용하며 외래 작물인 파프리카, 양배추, 콜라비, 토마토, 양파 등도 김치로 재탄생해 김치의 세계화에도 기여하고 있다.

21세기에 들어서며 김치는 시대와 장소를 가리지 않고 끊임없이 변화해왔지만, 지금은 또 다른 전환기를 맞고 있다. 특히, 중국과 일본의 절임 채소가 발효를 최소화하는 방향으로 발전한 것과 달리, 한국 김치는 유산균 발효를 적극적으로 활용한다. 이 과정에서 유산균의 종류와 양이 계속 바뀌기 때문에 전통적으로 각 가정과 지역마다 고유한 김치 맛이 만들어질 수 있었으나, 산업화된 대량생산에서는 일정한 맛과 품질을 유지하는 데 어려움이 따른다. 최근에는 김치를 구매해 먹는 소비자가 늘면서 유통기한 내내 맛이 일정하게 유지되기를 바라는 요구가 커졌다. 그러나 자연 발효 김치는 재료 상태와 보관 환경에 따라 맛이 쉽게 달라질 수 있어 이러한 소비자 요구를 충족하기가 쉽지 않았다.

이 문제의 해결책으로 주목받는 것이 바로 '종균김치'다. 종균김치는 김치에서 선별한 특정 유산균을 넣어 발효 과정을 안정적으로 제어함으로써, 원하는 맛과 품질을 일정하게 유지할 수 있도록 한 김치다. 종균을 사용하면 발효 과정이 안정화되어 김치의 맛과 품질이 균일해질 뿐만 아니라, 유통기한도 연장된다. 또한, 식중독균의 증식

억제와 위생 안전성도 높아진다. 최근에는 건강에 유익한 기능성 물질을 생산하는 김치 유산균 개발도 활발히 이루어지고 있다.

김치의 미래 : 맛과 이야기를 이어가는 K-푸드

　김치는 전 세계 채소 절임 중에서도 가장 독특하고 복합적인 맛을 지닌 음식이다. 별도의 조리 없이 밥과 함께 먹는 반찬으로서 완성된 맛을 갖추는 데 집중하며 발전해 왔다. 하지만 현대인의 식생활이 변하면서 김치의 역할과 김장 문화도 변화하고 있다. 서구식 식단, 간편식, 가공식품의 비중이 높아짐에 따라 김치는 더 이상 밥상 위의 필수 반찬이 아니게 되었고, 오히려 다른 요리와의 조화나 나트륨 함량 등이 새로운 고려 사항으로 부각되었다.

　다행히 최근에는 복잡한 반찬 대신 원팬one-pan 요리가 인기를 끌고, 김치가 다양한 요리의 재료로 활용되면서 김치 소비의 새로운 길이 열리고 있다. 김치만두, 김치볶음밥, 김치우동 등 김치를 활용한 요리는 어린이와 젊은 세대에게도 인기를 얻고 있다. 다만, 김치의 유산균 발효로 인한 맛의 변화는 요리 재료로 사용할 때 최종 음식의 품질 예측을 어렵게 만들 수 있어, 용도에 맞게 발효를 조절하거나 제어할 수 있는 기술 개발이 필요하다.

　최근에는 배추김치 외에도 파김치, 갓김치, 묵은지 등 다양한 김

다양한 재료로 만든 김치들
출처 : 세계김치연구소

치가 각종 요리와의 페어링으로 주목받고 있다. 김치가 요리 재료나 곁들임 음식으로 활용될 때는 기존 반찬용 김치와는 다른 염도, 산도, 숙성도 등의 기준이 요구된다. 따라서 앞으로 김치의 영양학적, 기능성, 미생물학적 연구뿐만 아니라, 산업 경쟁력 강화를 위한 기술 개발과 상품화, 국제 경쟁력 확보를 위한 장기적 투자와 지원이 절실하다.

또한, 산업화와 도시화로 인해 가족 단위의 김장 문화가 점차 사라지면서 김치에 얽힌 기억과 정서적 유대감, 지역별, 가정별 김치의 다양성 등 무형의 '김치 이야기'가 단절될 수 있다는 우려가 커지고 있다. 김치의 고유성을 지키고, 한국만의 문화자산으로 발전시키기 위해서는 전통 레시피의 기록과 보존 노력, 김장문화를 현대적으로 계승할 수 있는 사회적 공동체 활성화, 그리고 국민 모두가 김치의 역사와 다양성, 창의성을 존중하고 계승하는 주체라는 자긍심을 갖는 것이 무엇보다 중요하다.

김치의 미래는 과학 기술, 산업 경쟁력, 문화적 가치가 균형 있게 발전할 때 더욱 밝아질 것이다. 종균김치와 기능성 발효 기술은 김치 산업의 새로운 성장 동력이 될 것이며, 전통과 혁신이 공존하는 김치 문화는 앞으로도 우리 삶 속에서 끊임없이 진화해 나갈 것이다.

한국 알리미 서경덕의 김치 이야기

　최근 몇 년 사이 중국의 이른바 '김치 공정工程'이라 불리는 움직임이 점점 더 노골화되고 있어 많은 분들이 우려하고 계십니다. 일부 중국 누리꾼들이 한국의 대표 음식인 김치를 마치 자신들의 고유 음식인 양 온라인상에서 홍보하는 활동을 벌이고 있기 때문입니다. 저도 최근 한국 누리꾼들의 제보를 통해 확인해보니, 중국의 여러 SNS 플랫폼에 '#김치', '#중국음식'과 같은 해시태그를 달고 김치 담그는 영상 등이 다수 올라와 있는 것을 발견했습니다. 더욱이 이러한 영상들은 중국 내 SNS뿐만 아니라 유튜브, 인스타그램, 틱톡 등 전 세계적으로 사용되는 플랫폼으로까지 확산되고 있어 문제의 심각성을 더하고 있습니다.

　이러한 논란은 2021년, 당시 약 2천만 명의 구독자를 보유했던 중국의 유명 유튜버 리쯔치李子柒가 김치 담그는 영상을 올리면서 '#ChineseFood'라는 해시태그를 사용했을 때 크게 불거졌습니다. 이 일로 한국 누리꾼들의 큰 공분을 사기도 했지요. 또한, 중국 최대 포털 사이트인 바이두 백과사전에서는 '한국 김치는 중국에서 유래했다'며, 사실과는 다른 주장을 펼쳐 논란을 빚기도 했습니다. 여기에 더해, 중국의 관영 매체인 『환구시보』나 『글로벌타임스』 등이 자국 내 여론을 유리하게 이끌려는 듯한 김치 관련 기사를 내보내는 등, 소위 '김치 공정'이라 할 만한 움직임은 안타깝게도 계속되고 있습니다.

  중국이 이런 행동을 하는 배경에는, 중국 내 조선족의 한민족 문화를 중국 문화의 일부로 보려는 시각이 있는 것 같습니다. 하지만 문화는 상호 존중을 바탕으로 교류하고 발전해야 합니다. 다른 나라의 고유한 문화를 자국의 문화로 편입하려는 시도는 지양되어야 할 것입니다.

『뉴욕타임스』에 실린 김치 광고

저희는 이러한 중국의 일방적인 주장을 그저 지켜보고만 있지는 않았습니다. 많은 누리꾼들과 힘을 합쳐 적극적으로 대응하는 활동을 펼쳐왔습니다. 대표적인 예로, 전 세계인이 많이 사용하는 구글 번역기에서 '김치용 배추'를 영어로 번역했을 때 'Chinese cabbage for Kimchi'라고 잘못 표기되는 문제가 있었습니다. 이는 배추의 한 종류를 지칭하는 'Chinese cabbage'와는 별개로, 김치 자체가 중국과 연관된 듯한 오해를 불러일으킬 수 있었죠. 그래서 많은 누리꾼들과 함께 구글 측에 꾸준히 문제를 제기하고 항의하여, 결국 'Chinese'라는 단어를 빼고 'cabbage to make kimchi'로 수정하는 성과를 거두기도 했습니다.

뉴욕 타임스스퀘어에 등장한 김치 광고

그뿐만 아니라, 뜻있는 기업과 손잡고 세계적인 유력지인 『뉴욕타임스』 지면에 김치 광고를 싣기도 했고, 뉴욕 타임스스퀘어의 대형 전광판에는 김치를 주제로 한 영상 광고를 상영하기도 했습니다. 이렇게 제작된 광고 이미지와 영상은 유튜브를 비롯한 각종 SNS를 통해 공유하며, 김치가 한국의 고유한 음식문화임을 전 세계인들에게 알리는 데 힘썼습니다.

또한, 최근 K-콘텐츠의 세계적인 인기와 함께 중요한 문제로 떠오른 것이 바로 번역 오류였습니다. 특히 전 세계 수많은 구독자를 보유한 넷플릭스에서 제공하는 다수의 한국 콘텐츠 영상에서 김치를 중국의 절임 채소인 '파오차이泡菜'로 잘못 번역한 사례가 많았습니다. 이에 저희는 넷플릭스 측에 공식적으로 시정을 촉구하는 항의 메일을 보내기도 했습니다.

당시 보낸 항의 메일에서는 "한국의 김치와 중국의 파오차이는 재료, 제조 방법, 발효 과정 등에서 뚜렷한 차이가 있는 엄연히 다른 음식이다. 전 세계 시청자들이 두 음식을 혼동하거나 김치에 대해 오해하지 않도록, 잘못된 '파오차이' 표기를 전부 '김치'로 시정해달라!"고 강력히 요구했습니다. 이어서 "한국 정부에서는 '공공 용어의 외국어 번역 및 표기 지침' 개정을 통해 김치의 올바른 중국어 표기를 '신치辛奇'로 정하여 사용하고 있다"는 점도 함께 설명했습니다.

또한, 당시 제가 글로벌 홍보대사로 활동하고 있던 세계김치연구소와 공동으로 제작한 김치와 파오차이의 차이점을 명확하게 알려주

'김치의 과학'에 대한 다국어 영상을 함께 제작한
배우 박하선

는 다국어 영상 자료를 메일에 첨부하여 이해를 돕고자 했습니다. 한국의 드라마, 영화, 예능 프로그램들이 OTT 서비스를 통해 전 세계적인 사랑을 받는 만큼, 그 안에서 사용되는 김치의 외국어 표기 또한 정확하게 바로잡는 것이 매우 중요하다고 생각했기 때문입니다.

다행히 이러한 노력 덕분에, 현재 넷플릭스 내 많은 콘텐츠에서 김치의 중국어 표기가 '파오차이'에서 올바르게 수정된 것을 확인할 수 있습니다. 하지만 여기서 멈추지 않겠습니다. 앞으로도 중국의 김치 공정에 단호히 맞서, 대한민국 김치의 역사와 우수성을 전 세계에 올바로 알리기 위한 글로벌 홍보 캠페인을 더욱 활발히 펼쳐나가겠습니다.

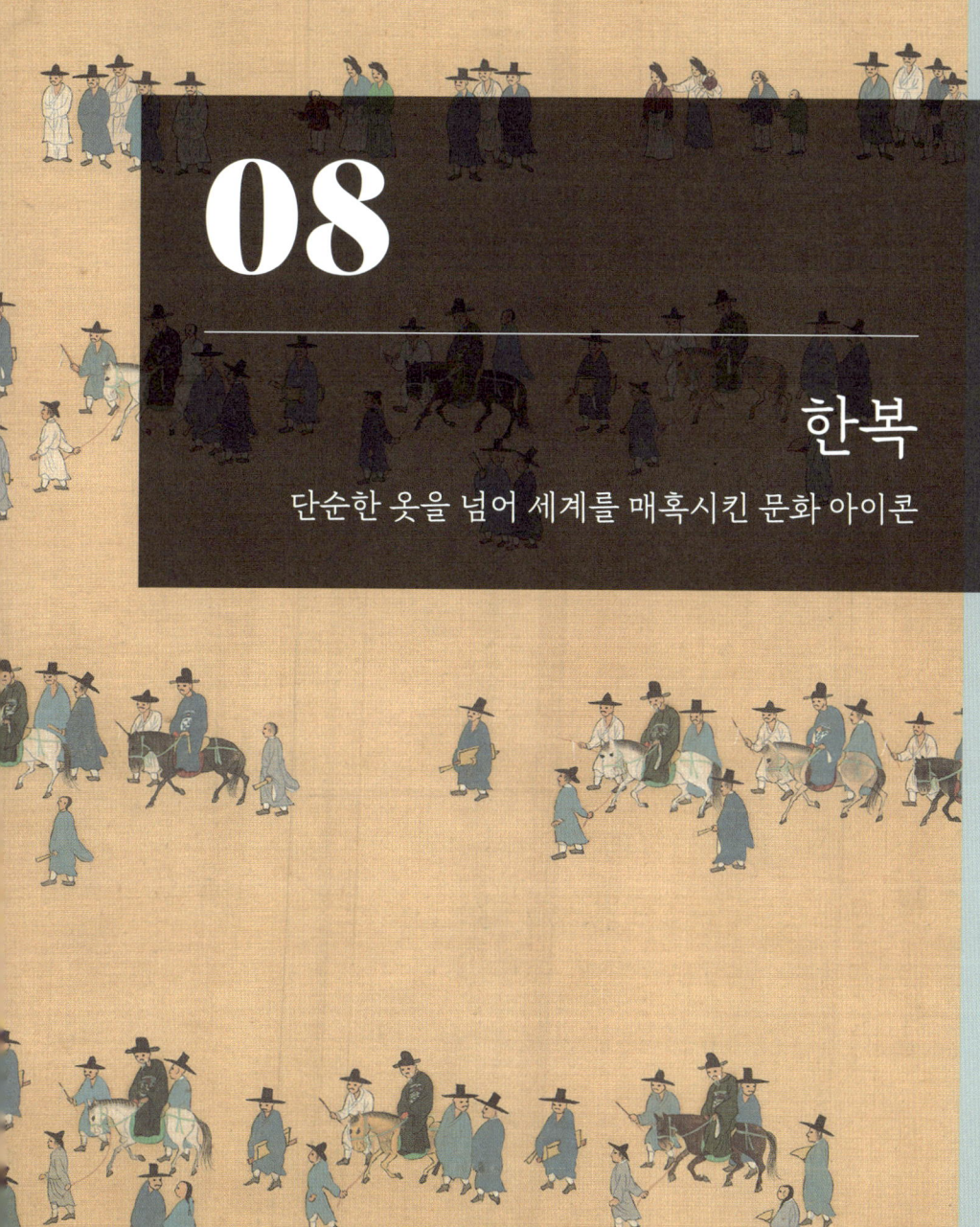

08

한복

단순한 옷을 넘어 세계를 매혹시킨 문화 아이콘

　한복은 단순한 옷이 아니다. 한국인의 철학과 역사, 그리고 삶이 담긴 살아있는 문화유산이다. 하지만 오늘날 우리에게 한복은 어떤 의미일까? 한복을 입어본 기억을 떠올려 보면 설이나 추석 같은 명절, 혹은 결혼식 같은 특별한 날에 국한되는 경우가 많다. 불과 100여 년 전까지만 해도 일상복이었던 한복은 이제 특별한 날에만 입는 옷으로 여겨지게 되었다. 우리가 아는 한복에 관한 지식 역시 저고리, 치마, 바지, 도포 등 기본적인 구성 요소에 머무르는 경우가 많다.
　하지만 우리는 일상생활 속에서 한복과 관련된 표현을 여전히 자주 사용한다. 이러한 표현들은 한복이 우리 문화에 얼마나 깊이 스며들어 있는지를 보여준다. 예를 들어, 타인에게 지나치게 간섭하는 것을 비유한 '오지랖이 넓다'라는 말은 저고리나 두루마기 같은 겉옷의 앞자락을 뜻하는 '오지랖'에서 유래했다. 또 성품이나 태도가 바르고 곧다는 뜻의 '올곧다'는 베를 짤 때 실의 올이 곧게 나아가는 모습에서 비롯되었다. 경건한 마음으로 옷매무새를 바로잡는다는 의미의 '옷깃을 여민다'는 표현에서 '옷깃'은 저고리나 두루마기 목둘레에 덧대어 앞에서 여밀 수 있도록 한 부분을 가리킨다.

이처럼 우리 언어 곳곳에 스며들어 있는 한복 관련 표현들은 한복이 단순한 의복을 넘어, 우리 민족의 삶과 정신이 깃들어 깊은 문화적 가치를 지니고 있음을 분명히 보여준다. 따라서 우리는 우리 고유의 옷인 한복을 제대로 이해하고, 그 가치를 소중히 여기며, 미래 세대까지 이어갈 수 있도록 노력해야 할 것이다.

한복의 변신은 무죄 : 한복의 역사와 변천

한복의 역사는 우리나라의 역사와 같이 한다. 고구려 고분벽화를 보면, 한복의 기본적인 구성인 저고리와 바지, 치마 등의 형태가 이미 그 시대부터 자리 잡고 있는 것을 확인할 수 있다. 무용총의 〈무용도〉, 각저총의 〈씨름도〉, 수산리 고분의 〈행렬도〉 등에서 오늘날 한복의 원형을 찾아볼 수 있다.

많은 사람이 한복을 변하지 않는 전통 의복이라고 생각하지만, 한복은 시대의 변화와 함께 끊임없이 새로운 모습으로 진화해왔다. 지금 우리가 '전통 한복'이라고 부르는 모습 역시 수백 년에 걸친 변화의 결과물이다.

조선시대만 살펴보더라도 한국 복식 변화의 폭은 실로 놀라울 정도다. 조선 전기의 저고리는 허리를 덮을 정도로 길었고 품도 넉넉했다. 그러나 임진왜란 이후 저고리 길이는 점차 짧아지고 품도 좁아졌다. 『영조실록』을 찾아보면 조선 후기에 저고리가 매우 짧아져 배꼽이 보일 정도였다고 기록되어 있다. 소매통이 너무 좁아 저고리를 벗기 힘들 정도였다고 하니, 당시로써는 상당히 파격적인 변화였음을 짐작할 수 있다.

조선 후기의 이러한 과감한 변화는 사회적 논란을 낳기도 했지만, 동시에 한복이 시대에 따라 변화할 수 있음을 보여주는 사례가 되었다. 개화기에 접어들면서 한복은 또 한 번 큰 변화를 맞이했다. 서양 문물 교류로 현재의 벨벳인 '비로드'와 같은 새로운 옷감이 들어오면서 한복의 소재와 색감도 다양해졌다. 광택이 나는 비로드로 만든 저고리는 당시 여성들 사이에서 크게 유행했다. 옷감의 변화와 새로운 문명의 도입, 근대 교육의 시작은 자연스럽게 한복의 실루엣과 디자인 변화로 이어졌다.

이 시기 한복 변화의 핵심은 실용성 추구였다. 1910년, 치마허리 부분에 조끼 형태를 덧댄 새로운 한복의 형태가 나타났다. 팔을 끼울 수 있도록 만든 조끼허리는 치마가 흘러내리지 않도록 고정하는 역할을 했다. 이는 여성들의 활동성을 고려한 실용적인 개선이었다. 여학생 교육이 시작되고 여성의 사회 활동이 늘어나면서, 한복 역시 이러한 시대적 요구를 자연스럽게 반영한 것이다.

이처럼 한복은 시대가 요구하는 변화를 수용하며 꾸준히 진화해 왔다. 상고 시대부터 이어져 온 기본 형태를 유지하면서도, 시대의 필요에 따라 실용성과 심미성을 조화롭게 발전시켜 온 것이다. 전통을 지키면서도 새로움을 받아들이는 한복의 유연성은 오늘날까지 이어지고 있다. 한복은 단순히 과거의 유물이 아니라, 시대와 호흡하며 끊임없이 변화하고 발전해 온 살아있는 문화유산이다.

한복에 담긴 지혜와 아름다움

한복의 구조 속에는 선조들의 과학적 지혜가 담겨 있다. 한복은 기본적으로 상의인 저고리와 하의인 치마 또는 바지로 구성된다. 또한, 우리 한복은 여러 겹의 옷을 겹쳐 입는 것이 특징이다. 이러한 착장 방식은 한복의 아름다움을 더할 뿐 아니라 보온성과 같은 기능적인 효과를 더한다. 속저고리, 겉저고리, 포 등을 겹쳐 입을 때 옷과 옷 사이에 형성되는 공기층이 외부 온도 변화로부터 체온을 효과적으로 보호해주기 때문이다. 이는 현대 등산복이나 방한복에서 사용하는 공기층 단열 원리와 유사하다.

조선 세조대의 회장저고리
출처 : 한국학중앙연구원

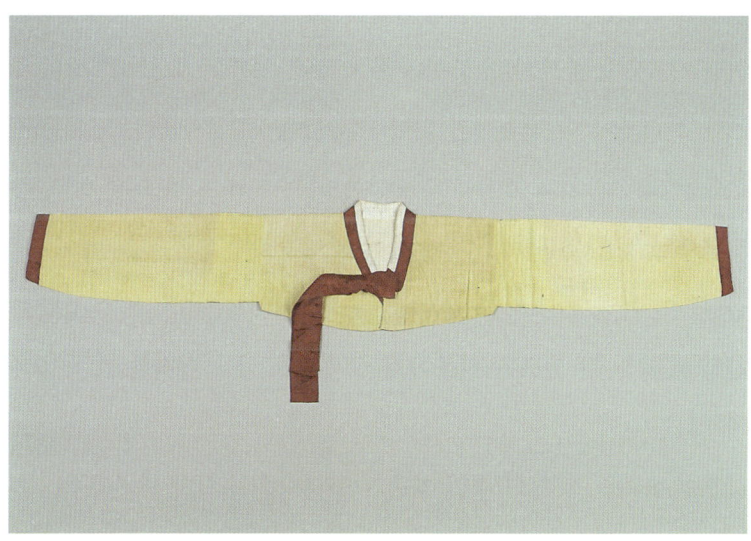

조선 말기 한복 저고리
출처 : 국립민속박물관

단순한 옷을 넘어 세계를 매혹시킨 문화 아이콘 317

남자 한복의 구성

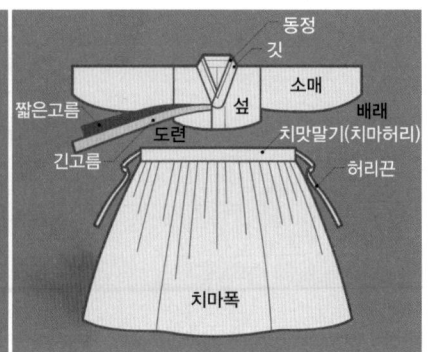
여자 한복의 구성

계절에 맞는 소재와 바느질 방법, 구성법은 한복이 과학적으로 뛰어난 의복임을 증명한다. 모시나 삼베 같은 여름 소재는 통기성이 뛰어나고 피부에 잘 달라붙지 않아 시원함을 유지해 준다. 또한 옷에 주름을 잡아 공기의 흐름을 원활하게 하는 지혜도 엿볼 수 있다. 옷고름으로 품을 조절하고, 치마 길이를 조절하여 체형을 보완하는 등 실용적인 측면도 고려되었다. 특히 몸의 변화가 큰 임신한 여성도 편안하게 입을 수 있도록 만들어져 실용성과 미적 감각을 모두 갖춘 의복이었다.

뿐만 아니라, 한복의 평면 재단과 구성법은 옷감의 낭비를 최소화하여 오늘날 패션 산업계가 매우 중요한 가치로 여겨지는 '친환경성'과 그 맥락을 같이 한다. 최근 세계적으로 지속가능한 패션에 대한 관심이 높아지면서 그 가치가 새롭게 조명 받고 있다. 한복 저고리와 서양식 원피스의 재단법을 비교하면 한복 재단 시 원단 손실량이 현저히 적다는 것을 알 수 있는데, 이는 오늘날 중요하게 여기는 '제로 웨이스트zero-waste' 패션 가치와 맞닿아 있다. 또한, 한복은 주로 자연 소재를 활용하고 옷감을 최대한 아껴 쓰면서도, 입는 사람의 자세나 체형에 따라 자연스럽게 몸에 맞춰지는 유연성을 지녔다. 이러한 특징들은 현대의 지속가능한 패션 흐름과 잘 어우러져, 미래 패션 시장에서 한복만의 독특한 경쟁력이 될 것으로 기대된다.

저고리를 구성하는 깃, 섶, 고름, 동정 등은 각각 과학적이면서 미적인 의미와 가치가 있다. 깃은 목둘레를 감싸며 단정한 멋을 더하고, 섶은 저고리 앞부분을 여미는 역할을 하며 몸에 맞게 조절되는 구조다. 고름은 옷을 여미는 기능 외에도 점차 장식적인 역할이 강조되었다. 속고름에 저고리나 치마와 다른 배색을 사용하여 멋을 더하기도 했다. 동정은 저고리 깃 위에 덧대는 흰 천으로, 쉽게 떼어내 세탁할 수 있어 위생적이고 실용적이다. 직선과 곡선의 조화, 각 부분에 담긴 실용성과 과학적 지혜는 한복을 세계에 자랑할 만한 우리 고유의 문화유산으로 만든다.

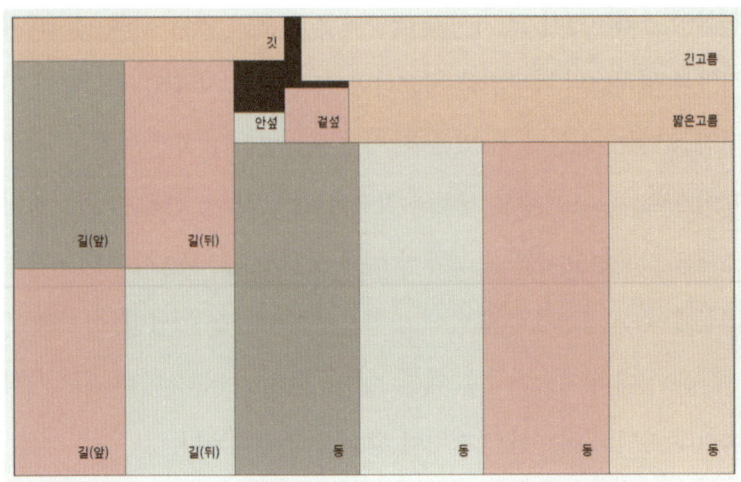

한복의 평면 재단법
출처 : 단하

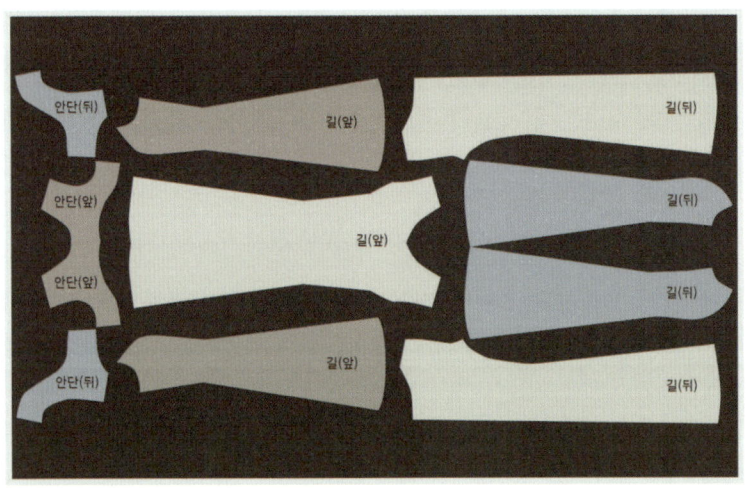

양복 원피스의 재단법
출처 : 단하

역사 속 패셔니스타 :
조선시대 멋쟁이들의 옷 이야기

우리 선조들의 패션 감각은 예로부터 남달랐다. 특히 조선시대 궁중과 양반가의 복식에는 당대의 미의식과 철학이 잘 드러난다. 단원 김홍도의 풍속화나 혜원 신윤복의 〈미인도美人圖〉에 나타난 한복의 모습은 당시 의복 문화의 세련됨을 생생하게 보여준다. 비단 저고리와 금박 치마, 화려한 자수를 놓은 당의 등은 단순한 옷을 넘어 예술작품에 가까웠다.

18세기 조선의 패션은 특히 화려하고 대담했다.『영조실록』에는 사치스러운 복식을 경계하는 내용이 여러 차례 등장할 만큼 당시 사람들은 옷차림에 많은 공을 들였다. 흔히 여성들의 옷차림이 더 화려했을 것이라 생각하기 쉽지만, 놀랍게도 남성들의 옷차림 역시 매우 화려했다. 조선 중기 무신 이응해 장군의 무덤에서 출토된 복식을 보면, 당시 남성들이 얼마나 세련된 옷감과 화려한 문양을 선호했는지 알 수 있다. 공적인 자리에서 입는 포袍나 단령團領은 섬세하게 직조된 비단에 정교한 문양을 더해 오늘날의 명품에 비견될 만큼 화려했다.

이러한 남성 복식의 화려함은 당시 그림에서도 확인할 수 있다. 1719년 숙종의 기로소 입소를 기념하여 제작된 〈기해기사계첩己亥耆社契帖〉에는 당대 최고위 관료들의 화려한 관복이 섬세하게 묘사되어 있다. 붉은 관대와 푸른 단령, 금빛 품대, 옷감의 정교한 문양 등이 어우러져 마치 한 폭의 그림 같다. 이처럼 조선시대 남성들의 옷차림은 단순한 의복을 넘어, 그들의 품격과 지위, 그리고 시대의 미의식을 보여주는 문화적 표현이었다.

남성들의 화려한 복식 문화 못지않게 여성들의 속옷 문화 역시 정교함과 아름다움이 돋보인다. 보이지 않는 속옷까지 정성껏 갖춰 입는 문화에는 겉과 속이 다르지 않아야 한다는 선조들의 미의식이 반영되어 있다. 속속곳, 단속곳, 고쟁이, 속바지, 무지기 치마, 대슘치마 등 다양한 속옷을 겹겹이 입어 멋을 냈다. 정교한 바느질로 만든 여러 겹의 속옷은 풍성한 실루엣을 만들어 한복의 아름다움을 완성했다.

숙종의 기로소 입소를 기념하여 제작된 〈기해기사계첩己亥耆社契帖〉
출처 : 국립중앙박물관

이러한 속옷 문화의 진수는 덕혜옹주의 유품에서도 찾아볼 수 있다. 19세기 초 왕실 여성의 속옷 유물은 당시 속옷의 화려함과 정교함을 생생히 보여준다. 특히 치마의 풍성한 실루엣을 만들어주는 무지기와 단속곳은 한복만의 독특한 미의식을 드러낸다. 신윤복의 그림 〈청루소일靑樓消日〉에서도 이러한 속옷 차림새를 엿볼 수 있는데, 속적삼과 속바지의 섬세한 묘사는 당시 여성들의 옷차림이 얼마나 정교하게 발달하였는지를 가늠할 수 있게 한다.

또한, 조선의 독특한 쓰개 문화는 외국인들의 시선을 사로잡았다. 1888년 조선을 방문했던 프랑스 인류학자 샤를 바라Charles Varat는 그의 저서 『조선여행기Pauvre et Douce Coree』에서 조선을 '모자의 왕국'이라 칭했을 정도다.

"한국 사람들은 머리에 모자를 세 개씩 쓰고 있었다. 망건 위에 탕건을 얹고 다시 그 위에 갓을 쓴다."

조선의 쓰개는 단순한 장식이 아닌 하나의 문화였다. 양반들은 상황과 장소에 따라 적절한 쓰개를 골라 썼다. 집안에서는 망건이나 정자관을 쓰다가도 외출할 때는 말총으로 정교하게 짠 갓을 착용했다. 갓의 양태 너비와 총모자 높이만 봐도 그 사람의 신분과 격식을 짐작할 수 있었다.

여성들의 쓰개 문화는 또 다른 특징을 보여준다. 조선 중기 이후

덕혜옹주의 우이중 단속곳
출처 : 국립고궁박물관

여성들은 외출 시 장옷이나 너울로 얼굴을 가렸는데, 이는 점차 하나의 예법으로 자리 잡았다. 김홍도의 풍속화나 신윤복의 그림에서 볼 수 있는 장옷 쓴 여인들의 모습은 당시 여성들의 품위 있는 차림새를 보여준다.

이러한 독특한 쓰개 문화는 최근 넷플릭스 드라마 〈킹덤〉을 통해 세계인의 관심을 받았다. 〈킹덤〉에서는 갓, 정자관, 사방관 등 다양한 쓰개가 등장하면서 조선시대 복식 문화의 우수성을 다시 한번 확인시켜 주었다. 의복과 쓰개로 자신만의 개성과 멋을 표현했던 우리 선조들은 그야말로 역사 속의 진정한 패셔니스타였다.

전통에서 트렌드로 : K-컬처와 함께 세계를 홀리다

　K-컬처의 성장과 함께 한복의 국제적인 위상도 높아졌다. 2020년 6월, 세계적인 K-팝 그룹 블랙핑크가 〈How You Like That〉 뮤직비디오에서 선보인 한복 의상은 전 세계적으로 큰 반향을 일으켰다. 전통 한복의 요소를 현대적인 감각으로 재해석한 의상은 세계인의 시선을 사로잡았다. 제니가 착용한 조선시대 문관의 겉옷인 도포를 변형한 의상이나 로제가 입은 속옷을 모티브로 한 크롭탑과 조선시대 무관복인 철릭을 재해석한 의상 등은 한복의 새로운 가능성을 보여주었다. 이 뮤직비디오 공개 후 'Hanbok'이라는 키워드가 전 세계 SNS에서 급부상했다. 실제로 구글 트렌드 데이터에 따르면 블랙핑크 뮤직비디오 공개 시점에 'Hanbok' 검색량이 급증했다. 2020년 9월에는 글로벌 패션 검색어 5위를 기록하기도 했다.

　방탄소년단이 한복을 입고 〈Dynamite〉 무대를 선보인 것을 비롯해 오마이걸, 엔믹스 등 수많은 K-팝 아티스트들이 무대, 뮤직비디오, 화보 등을 통해 한복의 매력을 세계에 알렸다. 드라마 〈정년이〉에서 배우 김태리가 선보인 1950년대 스타일의 한복 역시 현대적 감각과 어우러져 시청자들의 호응을 얻었다. 넷플릭스 드라마 〈킹덤〉

블랙핑크〈How You Like That〉뮤직비디오에서
제니가 착용한 도포
출처 : 단하

은 전통 한복의 품격과 아름다움을 세계에 알렸고, 드라마 속 의상은 여러 국제 시상식에서도 주목받았다. 이러한 세계적 관심은 실제 산업적 성과로도 이어지고 있다. 한복은 이제 단순한 전통 의상을 넘어 세계적인 패션 트렌드의 하나로 손꼽히고 있는 것이다.

한복의 예술적 가치는 세계 유수의 박물관에서도 인정받고 있다. 영국 빅토리아 앤 앨버트 박물관의 '한류! 코리안 웨이브Hallyu! The Korean Wave'(2022) 전시와 미국 조지워싱턴대학교 텍스타일박물관의 '한국의 패션: 궁중에서 런웨이까지Korean Fashion: From Royal Court to Runway'(2022) 전시는 한복의 다채로운 디자인과 깊은 역사, 뛰어난 예술성을 세계에 알렸다. 샌프란시스코 아시아 미술관의 '한국의 꾸뛰르Couture Korea' 전시는 전통과 현대를 아우르는 한복의 모습을 선보였고, 프랑스 기메 동양박물관에 전시된 故 이영희 디자이너의 작품들은 한복의 예술적 가치를 국제적으로 인정받는 계기가 되었다.

젊은 디자이너들이 이끄는 글로벌 패션 혁명

2020년, 문화체육관광부와 한국공예·디자인문화진흥원의 주관하에 시작된 '한복 웨이브 프로젝트'는 한복의 세계화를 더욱 가속하고 있다. 이 프로젝트는 뉴욕 타임스스퀘어, 파리 도심 등 주요 도시의 대형 전광판을 통해 한복 디자이너들과 협력하여 제작한 한복 콘텐츠를 선보이며 그 매력을 전 세계에 알리고 있다. 또한 여러 한복 브랜드 및 디자이너와 한류 문화예술인의 협업을 통해 한복의 글로벌 영향력을 확대하고 있다. 한복진흥센터는 신진 한복 디자이너 공모전을 통해 새로운 인재를 발굴하고 지원하며 한복을 세계에 알릴 기회를 만들고 있다.

한복의 세계화는 다양한 행사를 통해서도 활발히 이루어진다. 한 예로, 2018년부터 프랑스 파리와 태국에서 열린 '글로벌 한복모델 선발대회'에는 많은 참가자가 몰려 한복에 대한 세계인의 높은 관심을 보여준다.

한복의 세계화를 이끄는 또 다른 주역은 젊은 디자이너들이다. 대표적으로 故 김리을 디자이너는 방탄소년단의 〈IDOL〉 무대 의상을 디자인하여 세계적인 주목을 받았으며, 맥라렌, 대한항공 등 글로벌 기업과의 협업을 통해 한복의 현대적 재해석을 선보였다. 김단하 디자이너는 블랙핑크 의상을 통해 전통 요소를 살리면서 현대적 감각을 더한 디자인으로 호평받았다. 김예진 디자이너의 브랜드 리우앤비우Lihue &Viu는 전통 복식에서 영감을 받아 '코리안 토Korean Toe'라는 독자적인 디자인을 창조하며 한국적 패션의 새로운 방향을 제시했다. 『뉴욕타임스』는 2020년 10월 19일 자 기사 〈A Centuries-Old Korean Style Gets an Update〉에서 현대적으로 재해석된 한복을 조명한 바 있다. 이처럼 젊은 한복 디자이너들의 혁신적인 도전은 세계의 주목을 받고 있다.

고정관념을 깨고 진화하는 K-패션, 한복

이처럼 전 세계적으로 영향력을 넓혀가고 있는 21세기 한복은 전통에 대한 고정관념을 과감히 깨며 변화를 시도하고 있다. 한복은 격식을 갖춰 입어야 하고, 전통 소재만 사용해야 하며, 단아해야 한다는 기존의 인식에서 벗어나 다양한 실험이 이루어지고 있다. 이러한 흐름에 따라 버려진 청바지로 만든 저고리, 현수막과 웨딩드레스를 재활용한 한복 등 업사이클링Upcycling 한복과 같이 지속가능한 소재를 활용한 제작에도 관심이 모아지고 있다. 폐페트병을 재활용한 원단으로 한복을 만드는 등 환경을 생각하는 움직임도 활발하다. 이러한 실험적이고 창의적인 시도로 만들어진 한복 작품들은 전시회 등을 통해 대중과 만나며, 한복이 단순한 의복을 넘어 현대 예술의 한 장르로서도 충분한 가치가 있음을 보여주고 있다.

21세기 한복의 또 다른 특징은 소재와 문양의 혁신적인 변화다. 전통 소재인 모시, 삼베, 명주뿐만 아니라 데님, 니트 등 현대적인 소재를 과감하게 사용하기도 한다. 특히 전통 문양의 현대적 재해석은 한복 트렌드의 새로운 지평을 열었다. 디지털 프린팅 기술을 활용해 전통 유물이나 건축물, 문양 등을 현대적 감각으로 표현하는 시도가

업사이클링 한복
출처 : 단하

활발하며, 이는 한복 디자인의 새로운 흐름으로 자리 잡았다.

소재와 문양의 다양화는 한복의 스타일링 방식도 획기적으로 변화시켰다. 청바지에 저고리를 걸치거나 한복 치마에 운동화를 신는 등 일상복과의 자유로운 조합이 가능해졌다. 한복 저고리는 때로는 격식 있는 재킷처럼, 때로는 편안한 크롭탑처럼 다양하게 연출된다. 치마 역시 길이와 실루엣에 변화를 주어 다채로운 스타일로 활용되고 있다. 이처럼 21세기 한복은 고정관념에서 벗어나 착용자의 개성과 취향에 따라 얼마든지 새로운 모습으로 재탄생할 수 있는 유연성을 갖게 되었다.

이처럼 전통과 현대를 넘나드는 21세기 한복은 K-컬처의 성장과 함께 세계 패션계에서 주목받는 아이콘이 되었다. 국내외 전시를 통해 예술성을 인정받고 있으며, 고정관념을 깨는 혁신적인 시도와 스타일링을 통해 그 영역을 넓혀가고 있다.

기술을 만나 날아오르는 한복

전통 한복을 현대적으로 해석하려는 다양한 시도는 한복이 지닌 무한한 확장 가능성을 보여준다. 디지털 플랫폼에서의 활약, 글로벌 브랜드와의 협업, 새로운 라이프스타일과의 결합은 한복의 산업적 잠재력을 증명한다. 국내 최대 크라우드펀딩 플랫폼 와디즈에서

궁중도배지 한복
출처 : 단하

는 2020년부터 2022년까지 400건 이상의 한복 관련 프로젝트가 진행되었고, 누적 펀딩액은 100억 원을 돌파했다. 특히 2021년에는 약 200건의 프로젝트에 6만 명 이상이 참여하며 50억 원의 펀딩액을 기록했다. 이러한 혁신적인 시도 속에서 한복 산업의 미래를 이끌 새로운 움직임도 활발하다.

한복은 이제 전통의 영역을 넘어 첨단 기술과 만나 미래 산업의 새로운 가능성을 보여주고 있다. 2023년 세계 최대 IT·가전 전시회 CES에서는 한복과 실시간 모션 트래킹 기술이 접목된 아바타와 가상 피팅 기술이 주목받았다. 일부 한복 브랜드는 가상 피팅 기술을 도입해 소비자들이 온라인에서 한복을 가상으로 입어볼 수 있는 서비스를 제공하고 있다.

특히 메타버스와 NFT등 디지털 패션 시장에서 한복의 활약이 두드러진다. 네이버 '제페토'는 한복진흥원과 협력해 다양한 한복 아이템을 선보였다. 메타버스 플랫폼 메타조선과 브랜드 단하의 협업으로 탄생한 3D 가상 인플루언서 '소미'의 한복 패션 NFT는 전통과 첨단의 만남이라는 새로운 가능성을 제시했다. 카카오의 '그라운드X'와 단하가 발행한 궁중 보자기 문양 NFT는 공개 30초 만에 매진되기도 했다. 한복 브랜드 '리슬' 역시 전통 문양을 활용한 NFT를 발행하며 디지털 전환에 동참했다. 또한 이선영 한복 명장과 함께 세계 최초로 시도된 가상 인간 한복 패션쇼는 한복의 디지털 전환이 가져올 무한한 가능성을 보여주었다.

한복 브랜드들의 다양한 협업은 한복의 확장성과 시장성을 증명하는 지표가 되고 있다. 게임 업계와의 협업도 활발하다. 넥슨 〈트라하〉의 한복 스킨, 라이엇 게임즈 〈리그 오브 레전드〉의 한복 테마 캐릭터 아리 등은 게임 속에서 한복의 아름다움을 전 세계 이용자들에게 알리고 있다. 글로벌 브랜드와의 만남도 이어지고 있다. H&M과 협업한 전통 문양 모티프 상품 및 매장 연출VMD, 더바디샵, 뎀비 등 글로벌 브랜드와의 협업으로 탄생한 컬렉션들은 한복과 전통 문양의 새로운 변신을 보여준다.

특히 주목할 만한 점은 한복이 일상 속으로 자연스럽게 스며들고 있다는 사실이다. 패턴·패션 디자인 스타트업 오우르가 독일 비타민 브랜드 비타바움과 협업하여 선보인 한국적 패턴 디자인, 단하의 궁중보자기 문양과 국민 볼펜 모나미의 만남, 소주 브랜드 새로와 협업하여 선보인 캐릭터 한복 의상 등은 한복이 현대인의 생활 방식 전반에 녹아들 수 있음을 보여준다.

전통문화와 현대 산업의 만남이 만들어낸 한복의 혁신적인 변화는 세계 패션 시장의 새로운 장을 열어가고 있다. 한복이 가진 전통의 아름다움과 현대적 감각의 조화, 첨단 기술과의 융합, 그리고 지속 가능한 가치는 글로벌 패션 산업에 새로운 영감을 주고 있다. 한복은 이제 단순한 전통 의상을 넘어, 세계가 주목하는 미래 패션의 아이콘으로 자리매김하고 있다.

모나미 콜라보 제품
출처 : 모나미, 단하

한복을 부러워하는 사람들

한복은 다른 나라의 전통 복식과 비교할 때 어떤 특징을 지니고 있을까? 동아시아의 대표적인 전통 복식인 한국의 한복, 중국의 한푸漢服, 일본의 기모노着物는 각기 다른 역사적 배경과 문화적 특성을 반영하며 독자적인 아름다움을 지닌다. 한복은 여유로운 품과 자연스럽게 흐르는 곡선, 옷고름으로 여미는 방식, 그리고 목 부분의 동정이라는 독특한 요소가 특징이다. 반면 한푸는 넓은 소매와 비교적 직선적인 실루엣, 다양한 장식과 자수가 두드러진다. 기모노는 T자형의 직선적인 형태와 오비하라는 넓은 허리띠로 몸을 감싸 고정하는 방식이 특징적이다.

이러한 차이점들은 각 나라의 기후, 생활 방식, 미적 가치관 등이 오랜 시간에 걸쳐 복식에 반영된 결과이다. 한복은 자연 소재를 주로 활용하여 은은하고 자연스러운 색감을 표현하며, 계절에 맞는 소재를 적극적으로 사용했다. 여름에는 통기성이 좋은 삼베나 모시를, 겨울에는 두툼한 면에 솜을 넣어 누빈 방한복을 만들어 입었다. 또한 꽃, 구름, 나무 등 자연을 모티브로 한 문양을 사용하여 아름다움을 더했다. 이처럼 한복은 오랜 역사 속에서 한국인의 삶과 철학을 담아 발전해 온 독자적인 문화유산이다.

그런데 최근 몇 년 사이, 한복에 대한 세계적인 관심이 높아지면서 한편으로는 한복의 역사와 정체성을 왜곡하거나 논란을 일으키는 사례들이 발생하고 있다. 대표적인 사례로 2020년 중국 모바일 게임 〈샤이닝니키〉에서 한복을 중국 전통 의상으로 소개한 사건이 있다. 또한 2022년 베이징 동계올림픽 개막식에서는 한복을 입은 출연자를 중국 내 소수민족 중 하나인 조선족의 대표로 등장시켜 국제적인 논란을 일으키기도 했다.

여기서 끝이 아니다. 일부 중국 네티즌들은 온라인상에서 한복이 중국의 한푸에서 유래했다는 근거 없는 주장을 펼치고 있다. 이는 고구려 시대 고분 벽화에서도 그 기원을 찾아볼 수 있는 유구한 역사를 지닌 한복의 독자성과 고유성을 부정하는 행위이며, 한국 문화의 정체성을 훼손할 수 있는 심각한 문제다.

이러한 문화 왜곡에 대한 대응도 다각도로 이루어지고 있다. 정부 차원에서는 외교부가 공식적인 항의를 통해 "한복이 한국과 한민족 고유의 전통문화라는 명백한 사실은 변함이 없다"는 입장을 분명히 했다. 문화재청과 한복진흥센터는 한복의 역사성과 예술성을 입증하는 자료를 지속해서 연구·발굴하여 국제사회에 알리고 있다.

민간에서도 다양한 노력이 이어진다. 퓨전국악그룹 '비단'은 한복을 포함한 우리 문화유산을 다국어 다큐멘터리로 제작해 세계에 알리고 있으며, 패션 브랜드 '라카이코리아'는 뉴욕 타임스스퀘어에 한복 광고를 게재하는 등 우리 문화를 지키기 위해 노력하고 있다. 그 외에도 젊은 디자이너들과 인플루언서들이 SNS를 통해 한복의 아름다움과 가치를 알리는 데 앞장서고 있다. 학계에서도 고고학적 발굴 성과와 문헌 연구를 통해 한복의 독자적인 발전 과정을 체계적으로 정리하고, 이를 국제 학술지와 콘퍼런스 등을 통해 발표하며 학술적 근거를 마련하고 있다.

한복, 세계 패션의 중심에 서다

21세기, 한복은 K-팝을 비롯한 한류의 확산과 함께 세계적인 패션 아이콘으로 새롭게 주목받고 있다. 『뉴욕타임스』 등 유수의 해외 언론에서 한복의 아름다움과 현대적인 재해석을 조명했으며, 세계적인 스타들이 한복을 착용하는 모습도 더 이상 낯설지 않다. 이제 한복은 단순한 전통 의상을 넘어, 한국의 아름다움과 독창적인 문화를 세계에 알리는 중요한 매개체가 되었다.

옷은 그 나라의 역사와 문화를 담고 있는 상징이다. 오랜 세월 동안 인접한 국가들은 서로 영향을 주고받으며 복식 문화를 발전시켜 왔다. 동아시아의 한국, 중국, 일본뿐만 아니라 유럽의 여러 나라에서도 지리적 인접성과 역사적 교류를 통해 유사한 복식 문화 요소를 찾아볼 수 있다. 특히 실크로드를 통한 교류는 동서양 복식 문화 발전에 큰 영향을 미쳤다. 새로운 직물, 염색 기술, 문양 등이 전파되면서 각국의 전통 의상이 더욱 풍성해졌다. 그러나 이러한 교류 속에서도 각 나라는 고유한 미의식과 생활 양식에 맞춰 자신만의 독특한 전통 복식을 발전시켜왔다. 한복 또한 이러한 과정 속에서 한국적인 정체성을 확립하며 독자적인 복식 문화로 자리 잡았다.

오늘날 한복은 세계 무대에서 그 아름다움과 가치를 인정받고 있지만, 동시에 그 독자성과 역사성을 왜곡하려는 시도에 직면해 있기도 하다. 우리는 이러한 도전에 맞서 한복의 진정한 가치를 세계에 알려야 한다. 한복에 대한 올바른 지식을 바탕으로 그 아름다움과 역사성을 국제사회에 적극적으로 알리고, 잘못된 정보에 대해서는 논리적이고 단호하게 대응해야 한다.

또한 우리 문화의 우수성을 알리는 것과 더불어 이웃 나라들이 가진 고유한 전통과 가치를 존중하며 서로의 문화를 인정하고 배려하는 태도 역시 중요하다. 이러한 균형 잡힌 시각이야말로 문화의 진정한 발전을 이루는 길이며, 우리 문화를 아끼고 발전시켜 나가는 데 필요한 중요한 자세다.

한국 알리미 서경덕의 한복 이야기

　2022년 2월 베이징 동계올림픽 개막식 직후 주한 중국대사관에서 대변인 명의로 '베이징 동계올림픽 개막식에서의 중국 조선족 의상 관련 문제에 대한 입장 표명'이라는 제목의 글을 발표한 일이 있었습니다. 당시 한국 언론에 배포된 이 입장문에는 다음과 같은 내용이 담겨 있었습니다.

　"전통 문화(한복)는 한반도의 것이며 또한 중국 조선족의 것으로, 이른바 '문화 공정', '문화 약탈'이라는 말은 전혀 성립될 수 없다. 중국 측은 한국의 역사·문화 전통을 존중하며, 한국 측도 조선족을 포함한 중국 각 민족 인민들의 감정을 존중해주기를 바란다."

　그 당시 이 입장문의 내용을 여러 번 읽으면서 중국대사관 측에서 한 가지 크게 오해하고 있는 부분이 있다는 생각이 들었습니다. 그것은 바로 한국인들이 단지 베이징 동계올림픽 개막식에 등장한 한복 문제만으로 크게 분노한 것이 아니라는 점입니다. 그 이전에 이미 중국 측에서 '한복 공정工程'이라고 불릴 만한 시도를 너무 많이 해왔기 때문입니다.

　예를 들어, 중국 최대 포털 사이트인 바이두 백과사전에서는 '한복은 한푸漢服에서 기원했다'고 왜곡된 정보를 싣고 있으며, 중국의 유명 전자제품 기업 샤오미의 스마트폰 배경화면 스토어에서는 한복을 중국 문화China Culture로 소개해 큰 논란이 되기도 했습니다. 또한, 〈샤이닝니키〉와 같은 중국 게임에서도 한복과 관련된 논란이 끊이지 않았습니다. 이처럼 중국 사회 여러 분야에서 한복 공정 시도들이 꾸준히 이어져 왔다는 사실을 중국대사관 측은 결코 가볍게 여겨서는 안 될 것입니다.

저는 이러한 전반적인 상황과 제 생각을 정리하여 SNS에 글을 올렸습니다. 다행히 많은 언론 매체에서 관심을 가지고 이 문제를 기사로 다루었습니다. 이를 통해 문제에 대한 공론화를 이어가고 중국 측에 우리의 입장을 다시 한번 전달하는 계기가 되었다고 생각합니다.

그런 와중에 호주 캔버라에 있는 '호주 전쟁기념관Australian War Memorial'에서 안타까운 일이 발생했습니다. 그곳에 전시된 중국풍 의상을 '한국 전통 의상'이라며 잘못 소개한 것입니다. 기념관 내 한국전쟁 관련 전시실에는 당시 어린이들의 옷이 태극기와 함께 전시되어 있었는데, 그중 중국풍으로 보이는 옷에 '한국 어린이 전통 의상'이라는 설명이 붙어있었던 것입니다.

이 사실을 알게 된 많은 누리꾼들께서 제게 제보를 해 주셨고, 저는 즉시 기념관 측에 오류를 지적하고 수정을 요청하는 항의 메일을 보냈습니다. 호주 전쟁기념관은 호주를 대표하는 중요한 국가 기념 시설이자 수많은 해외 관광객이 찾는 곳이기에 이러한 오류를 그대로 두어서는 안 된다고 판단했기 때문입니다. 항의 메일에서는 "현재 전시된 옷은 깃과 소매의 형태, 색의 조합, 자수 문양 등을 살펴볼 때 한국의 전통 방식과는 다른 중국풍 의상으로 보인다"고 구체적으로 설명했습니다. 덧붙여, "한국의 전통 의상은 '한복Hanbok'이며, 호주 현지 관람객들과 해외 방문객들이 잘못된 정보로 오해하는 일이 없도록 빠른 시일 안에 설명을 바로잡아 주시기를 정중히 요청한다"고 촉구했습니다.

다행히 메일을 보낸 후, 많은 호주 한인 분들께서도 함께 목소리를 내주신 덕분에 기념관 측에서 해당 설명을 수정하는 긍정적인 결

수많은 누리꾼의 항의로 호주 전쟁기념관 내 태극기 앞 중국 옷을 철거했다.

과를 얻을 수 있었습니다. 이처럼 중국이 한복을 자국의 문화라고 주장하는 상황이 계속되고 있습니다. 이처럼 해외에서 발견되는 한복 관련 오류 정보를 신속하게 바로잡는 노력이 더욱 중요해지고 있습니다.

이러한 노력 속에서 반가운 소식도 있었습니다. 세계적인 권위를 자랑하는 영국 옥스퍼드 영어사전에 한복hanbok 등 한국어 단어 26개가 새롭게 등재되었다는 사실이 알려지면서 큰 화제가 되었습니다. 이에 대해 영국 BBC 방송은 방탄소년단의 음악과 넷플릭스 드라마 〈오징어 게임〉의 세계적인 흥행 등 한류 열풍에 힘입은 결과라고 분석했습니다. 또한, 미국 CNN 방송은 아시아를 넘어 이제 전

영국 옥스퍼드 영어사전에 등록되어 있는 한복

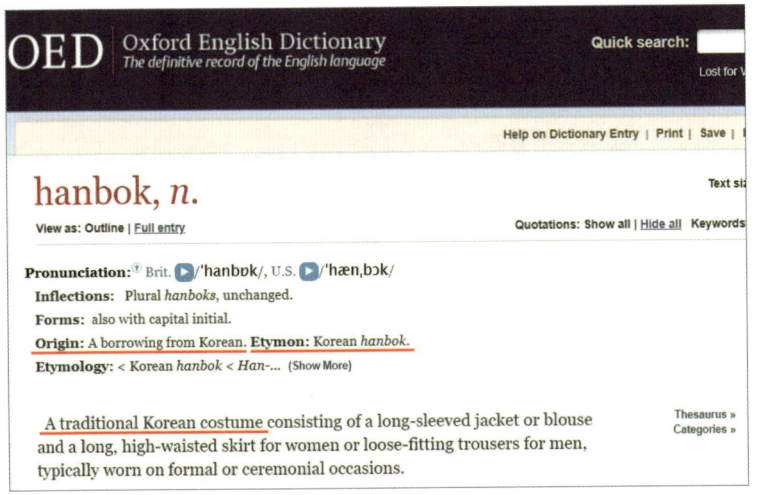

세계를 사로잡고 있는 한국의 엔터테인먼트 유행을 설명하는 '한류 Hallyu'라는 단어가 이제 옥스퍼드 영어사전에 등재되었다고 비중 있게 보도했습니다.

이처럼 전 세계적인 한류의 영향력이 커지면서 우리 문화와 관련된 다양한 단어들이 권위 있는 영어사전에 새롭게 이름을 올리게 된 것은 매우 고무적인 일입니다. 특히, 중국이 한복을 자국의 문화라고 주장하는 상황 속에서 한복 hanbok이 한국 고유의 의상으로 당당히 사전에 등재된 것은 더욱 의미가 깊다고 할 수 있습니다. 참고로, 옥스퍼드 영어사전에 등재된 '한복 hanbok'은 '한국의 전통 의상 a traditional Korean costume'으로 명확하게 정의되어 있습니다.

이러한 긍정적인 흐름을 이어, 이제는 더욱 적극적인 방법으로 한복이 한국의 아름다운 전통 의상임을 전 세계인들에게 널리 알리는 활동을 펼치고 있습니다. 최근에는 정부 기관과 힘을 모아, 세계인들의 시선이 집중되는 뉴욕 타임스스퀘어의 대형 전광판에 한복의 아름다움을 알리는 광고를 선보였습니다. '문화유산 방문 캠페인'의 하나로 제작된 이 30초 분량의 광고는 가로 45미터, 세로 20미터 크기의 초대형 전광판을 통해 4주 동안 총 1,000회 상영되었습니다.

특히 광고 영상에는 세계적으로 주목받는 한복 디자이너 차이킴 Tchai Kim 선생님이 디자인한 현대적인 감각의 한복이 등장합니다. 이를 대한민국의 아름다운 궁궐을 배경으로 촬영하여 전통과 현대가 어우러진 한복의 멋을 효과적으로 표현했습니다. 다양한 국적의 모

뉴욕의 초대형 전광판을 통해 상영된 한복 광고

델들이 참여한 이 광고를 통해, 대한민국 전통 의상인 한복의 다채로운 아름다움을 전 세계에 널리 알리고자 했습니다.

또한, 이 한복 광고 영상은 유튜브, 페이스북, 인스타그램 등 각종 SNS를 통해서도 꾸준히 공유하며 온라인 홍보를 병행했습니다. 이를 통해 더 많은 세계인에게 한복이 한국의 고유한 전통 의상임을 알리고자 노력했습니다. 뉴욕 타임스스퀘어 광고를 시작으로, 영국 런던, 태국 방콕, 일본 도쿄 등 세계 주요 도시에서도 한글, 한식, 한옥 등 한국의 다채로운 전통문화를 알리는 광고 캠페인을 꾸준히 진행하며 세계인들과 소통하고 있습니다.

마지막으로, 이러한 외부적인 노력과 더불어 이제는 우리 스스로 일상에서 한복을 좀 더 가까이하려는 노력이 필요하지 않을까 생각합니다. 예를 들어 설날이나 추석 같은 명절에라도 우리 국민들이 다 함께 한복을 즐겨 입는다면 이는 우리 전통문화를 아끼고 계승하는 데 큰 힘이 될 것입니다.

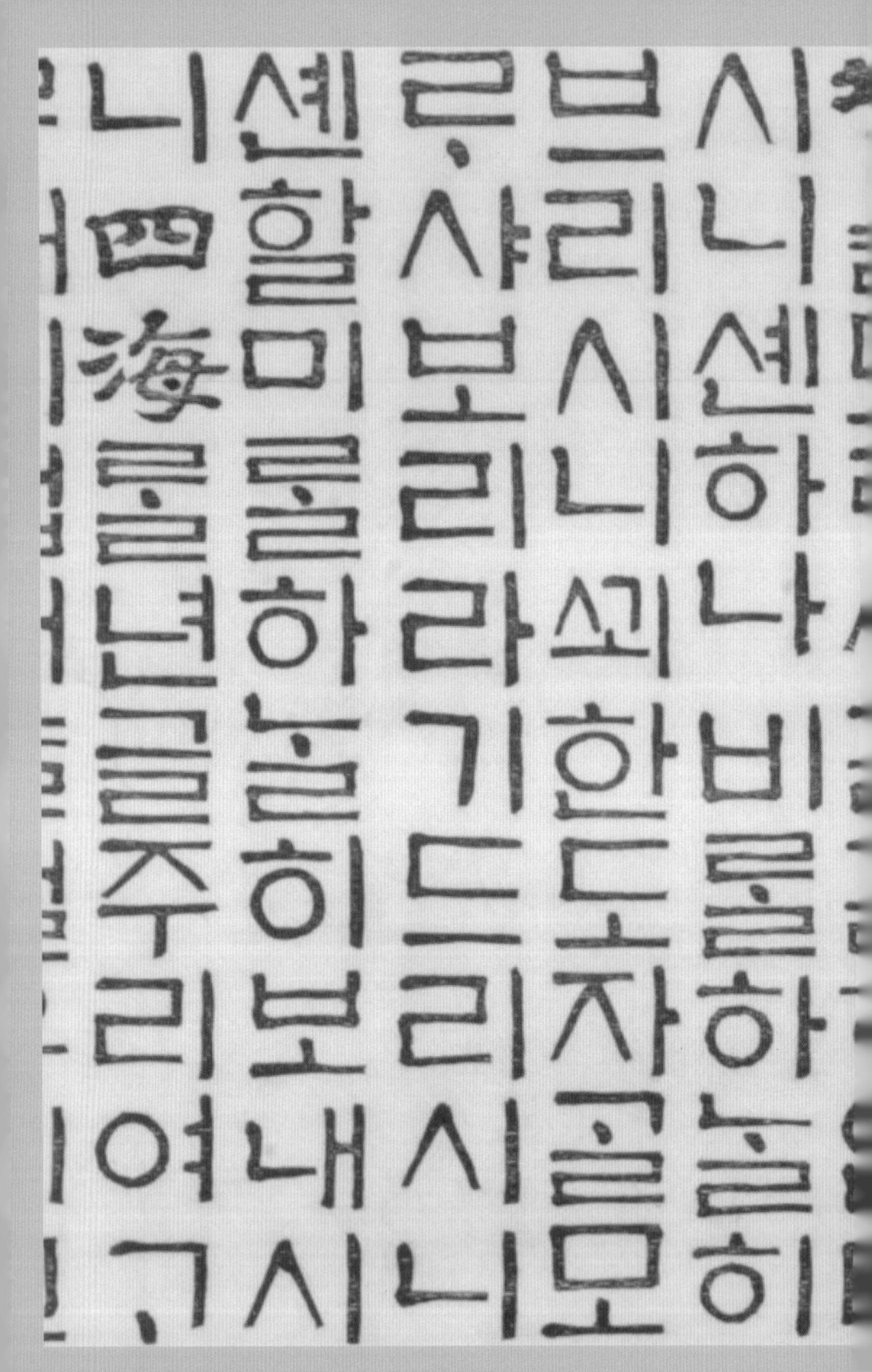

09

한글과 한국어

세계로 향한 우리말, K-컬처의 심장이 되다

지금 우리는 전 세계가 한국 문화에 뜨겁게 반응하는 경이로운 시대를 살고 있다. K-팝의 심장을 뛰게 하는 가사, K-드라마의 감동적인 대사, K-영화의 깊은 울림까지, 이 모든 한류의 중심에는 바로 우리의 자랑스러운 '한국어'와 그를 담아내는 '한글'이 자리하고 있다.

한글은 그 어떤 문자보다도 과학적이고 독창적인 원리로 설계되었다. 한국어의 다양한 소리를 정확하고 효율적으로 표현하는 뛰어난 문자 체계다. 발음 기관의 모양을 본뜬 자음과 천지인의 조화로 만들어진 모음은 한글을 세계에서 유일무이한 '자질 문자'로 만들며, 인류 역사상 가장 합리적이고 아름다운 문자 중 하나로 평가받게 한다. 이러한 한글의 우수성은 한국이 높은 문해율을 달성하고, 급변하는 디지털 시대에도 빠르게 적응하며 정보 강국으로 발돋움할 수 있는 강력한 원동력이 되었다.

한국어 역시 단순한 의사소통 수단을 넘어 한국인의 생각과 감정, 그리고 관계를 담아내는 그릇으로서 독특한 매력을 지닌다. 특히 상대방에 대한 존중과 배려를 언어적으로 표현하는 정교한 높임법은 한국 사회의 관계 중심 문화를 반영하며, 풍부하고 섬세한 표현을 가능하게 한다. 어근에 다양한 조사가 붙고 어미가 활용되는 교착어적 특성은 문법적 의미를 명확히 하면서도 문장 구성의 유연성을 더한다.

이처럼 한글과 한국어는 단순한 도구를 넘어, 수백 년의 역사와 한국인의 정신이 깃든 살아 숨 쉬는 문화유산이다. 오늘날 전 세계인이 한국 문화에 매료되며 자연스럽게 한국어와 한글에 관심을 갖는 것은, 이들이 지닌 본연의 가치와 힘을 증명하는 현상이다. 이제 우리가 스스로 우리의 언어와 문자가 가진 위대한 잠재력과 가치를 명확히 인지하고, 뜨거운 자긍심을 가슴에 품을 때다.

한글 vs 한국어 :
당신이 몰랐던 우리말의 섬세한 차이

각양각색의 한국 문화가 국경을 넘어 사랑받는 요즘, 우리 말은 그 어느 때보다도 전 세계인의 관심을 한 몸에 받고 있다. 하지만 정작 한국어를 모국어로 사용하는 한국인들은 자기가 사용하는 단어들에 대해 자세히 모르는 경우가 많다. 특히, '한글'과 '한국어'라는 두 단어의 섬세한 의미 차이를 제대로 인지하지 못하고 혼용할 때도 더러 있다.

  사전 정의에 따르면 한글은 우리의 글자, 즉 문자이고 한국어는 우리가 사용하는 언어, 즉 말이다. 하지만, 우리는 일상에서 한글과 한국어를 제대로 구분하지 못하고 잘못 사용하기도 한다. 예를 들어 보자.

    가. 세종대왕이 한국어를 창제하셨다.
    나. 최근 한글을 가르치는 해외 교육 기관들이 점차 늘어
       나고 있습니다.

  위 문장 '가'에서는 '한국어'가 아니라 '한글'이 되어야 하고, '나'에서는 '한글'이 아니라 '한국어'가 되어야 올바른 표현이다. 물론 한국어 교육의 첫 단계가 한글 교육이므로 후자의 문장이 완전히 틀렸다고 할 수는 없다. 하지만 언어 교육은 문자 교육에만 국한되지 않는다는 점에서 '한국어를 가르치는' 교육 기관으로 표현하는 것이 더 적절하다.

한글과 한국어의 개념 구분은 때로 중요한 사회적 이슈로 이어지기도 한다. 인도네시아 찌아찌아족 사례가 대표적이다. 찌아찌아족은 고유 언어인 '찌아찌아어'는 있지만 이를 표기할 문자가 없어 교육에 어려움을 겪었다. 그들은 자신들의 말을 기록할 문자로 한글을 선택했다. 2009년부터 한국 언어학자들의 도움으로 한글을 도입하여 자신들의 언어를 표기하고 있다. 이 상황이 위대한 한글 수출인지, 아니면 문화적 침략인지에 대해 여전히 의견이 분분하지만, 2024년 『뉴욕타임스』는 이를 민족 정체성 보전의 성공 사례로 조명한 바 있다.

중요한 점은 찌아찌아족이 자신들의 언어를 표기하는 수단으로

인도네시아 술라웨시 부톤섬 바우바우시의 '까르야 바루 시장' 간판
출처 : 입질의 추억

한국어가 아닌, 한글을 도입했다는 사실이다. 그들이 지키고자 하는 것은 자신들의 역사와 문화다. 따라서 찌아찌아족에게 한글 도입을 지원했다고 해서 그들의 한국어 사용을 당연시하는 것은 한글과 한국어의 개념 차이를 이해하지 못한 부적절한 행위다.

이처럼 한글과 한국어를 제대로 구분하는 것은 문화적 오해를 막고 서로의 다름을 존중하기 위한 첫 번째 단계라 하겠다. 혹시라도 평소에 이 두 단어를 별다른 구분 없이 사용해 왔다면, 이 기회를 통해 그 명확한 의미의 차이를 알고 정확하게 사용하게 되기를 바란다. 우리 모두 정확한 개념 정립을 시작으로, 우리의 아름다운 언어와 문자에 대한 깊이 있는 이해를 다져나가도록 하자.

백성을 사랑한 마음, 한글을 낳다

우리 민족은 오랜 세월 동안 삶 속에서 자연스럽게 사용해 온 소중한 우리말, 한국어를 온전히 담을 글자가 없어 다른 문자를 빌려 써야 했다. 백성들은 배우기 어려운 글자 때문에 읽고 쓰지 못해 억울함을 호소하지 못하고, 삶의 지혜를 기록하지 못한 채 살아왔다. 그러다 조선 시대에 이르러 세종대왕께서 백성을 사랑하고 아끼는 마음으로 처음 '한글'이라는 독창적인 글자를 창제하셨다. 그 후에야 우리는 비로소 우리의 말을 우리의 고유한 글자로 온전히 기록하고 표현할 수 있게 된 것이다.

한글은 'ㄱ, ㄴ, ㅁ, ㅅ, ㅇ' 다섯 기본 자음에 소리의 세기에 따라 획을 더해 나머지 자음을 만들고, 하늘·땅·사람의 모양을 본뜬 세 기본 모음을 합성하여 새로운 모음을 만들었다. 이처럼 과학적인 원리로 만들어진 스물여덟 개의 한글이 세상에 나타났을 때, 비로소 우리말은 자신에게 맞는 옷을 입고 날개를 달았다.

'슬기로운 사람은 아침나절에 깨우치고 어리석은 사람이라도 열

훈민정음 해례본(영인본, 1946)
출처 : 국립한글박물관

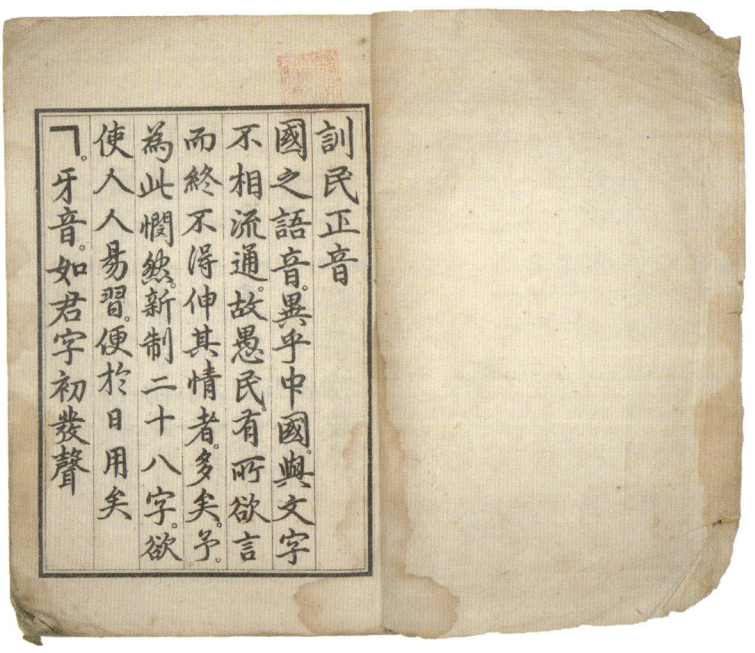

흘이면 배울 수 있다'는 『훈민정음 해례본』의 기록이 결코 과장이 아니었다. 쉽고 과학적인 원리 덕분에 오늘날 전 세계 외국인 학습자들이 비교적 짧은 시간 안에 한글을 익힐 수 있어, 여러 교육 현장에서 한국어 학습의 첫걸음을 쉽게 떼는 모습을 자주 볼 수 있다.

한글, 생각을 담는 도구에서 마음을 움직이는 예술로

한글은 그 자체로 하나의 예술이기도 하다. 최근 한류의 영향으로 한국어를 배우는 전 세계 외국인 학습자 수가 늘어나며 한글의 아름다움이 주목받고 있다. 단순한 문자 기능을 넘어 글자 모양으로서의 심미적 가치가 인정받고 있는 것이다.

2020년 세종학당재단이 한글날 574돌을 기념해 전 세계 세종학당 학습자들을 대상으로 '가장 좋아하는 한글 단어 꾸미기' 행사를 진행했다. 학습자들은 '사랑', '힘내', '괜찮아', '파이팅', '봄', '꽃', '하늘' 등 아름다운 의미를 담은 단어들을 예쁜 손글씨로 적어 보내며 한글에 대한 애정을 표현했다.

또한, 교보문고가 2015년부터 매년 주최하고 있는 '교보손글씨대회'는 디지털 시대에 손글씨의 가치를 알리는 동시에 참가자들이 한글이 가진 문자로서의 아름다움을 개성 있게 표현하는 기회를 제공하고 있다. 2024년에 진행된 대회에서 외국인 부문 으뜸상을 받은

세종학당의 학습자들이 선택한 자신이 가장 좋아하는 한글 단어
출처: 세종학당재단

이집트 출신 모하메드 호세이파 군은 안중근 의사의 유언 '동포에게 고함'을 적어 수상했다. "교보손글씨대회 덕분에 저의 개성 있는 글씨를 찾게 되어 기쁘며, 더 많은 외국인이 한글의 우수성과 아름다움을 느꼈으면 좋겠다"라는 그의 소감은 우리에게 깊은 울림을 주었다.

이 대회 심사위원으로 참여한 강병인 서예가는 다음과 같이 조언했다.

"한글은 기본적으로 천인지天人地, 즉 하늘과 땅 그리고 사람으로 체계를 삼은 글자이며 이에 따라 초성과 중성 그리고 종성으로 나뉠 수 있다. 이러한 한글의 창제 원리를 생각하면서 손글씨를 쓰면 좋을 것 같다."

이처럼 한글은 생각을 기록하는 도구일 뿐 아니라, 아름다운 디자인으로 인식되며 고부가가치를 창출하는 산업 자원으로도 기능하고 있다.

K-컬처가 쏘아 올린 작은 공 : 문화어로서의 한국어

이제 한국어는 이 매력적인 한글을 타고 전 세계로 뻗어 나가고 있다. 실제로 K-팝 가수의 노랫말을 직접 이해하고 싶어서 혹은 K-

드라마 속 주인공의 감정에 더 깊이 빠져들고 싶어서 한국어를 배우는 외국인들이 눈에 띄게 늘고 있다. 이는 한국어가 단순히 특정 민족의 언어를 넘어, '세계 문화어'로서 글로벌 무대에서 존재감과 영향력을 키워나가고 있음을 분명히 보여주는 현상이다.

그렇다면 이러한 문화적 흐름 속에서 객관적인 통계자료가 보여주는 한국어의 위상은 어떨까? 전 세계 언어의 사용자 수를 집계하는 '에스놀로그Ethnologue : Languages of the World' 자료를 통해 알아보도록 하자.

에스놀로그 웹사이트에 따르면 2025년 4월 기준 전 세계 언어는 7,159개이다. 그중 가장 많이 사용되는 언어를 꼽자면, 모국어 화자 수 기준으로는 중국어가, 모국어와 비모국어 화자를 모두 포함하면 영어가 가장 많이 사용되는 언어로 나타났다. 제2언어 사용자 수를 포함하면 영어는 약 15억 2,800만 명, 중국어는 약 11억 8,400만 명이다. 중국어 사용자는 중국 본토에 집중된 반면, 영어 사용자는 188개국에 걸쳐 분포하여 세계어로서의 위상과 영향력에서 차이를 보인다는 것을 알 수 있다.

그렇다면 한국어 사용자 수는 얼마나 될까? 에스놀로그는 매년 가장 많이 사용되는 언어 200개를 조사하여 'The Ethnologue 200'이라는 결과 순위를 발표한다. 2025년 4월 기준 한국어 사용자 수는 8,160만 명으로 28위를 기록했다. 이 순위는 한국어가 세계적으로 많이 사용하는 주요 언어 중 하나임을 보여주는 지표다. 물론, 8,160만 명이라는 사용자 수는 남북한 인구와 해외 동포 수를 합한 것으

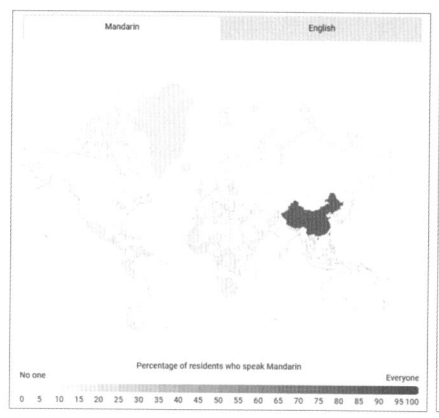
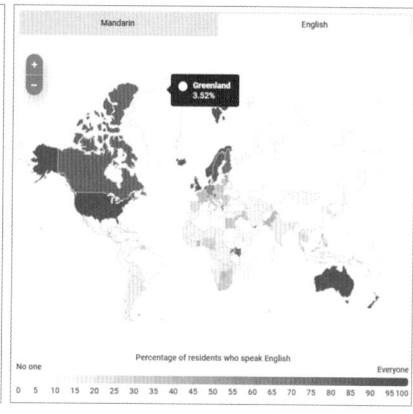

중국어 사용 인구 비율
출처: 에스놀로그

영어 사용 인구 비율
출처: 에스놀로그

로, 지리적으로는 대부분 한반도에 집중되어 있다. 이러한 지점에서 한국어는 영어처럼 타 국가에서 공용어나 제2언어로 사용되는 '세계어'로서의 위상을 차지하고 있지는 않다. 그럼에도 한국어가 오랜 역사 속에서 우리말로서의 명맥을 이어오며 28위의 높은 순위를 지키고 있다는 것은 한국어가 가진 고유한 힘과 문화적 영향력을 보여주는 것이다.

다만 이러한 인구 기반의 통계 순위만으로 한국어의 현재 위상과 미래를 온전히 평가하기는 어렵다. 한류의 영향으로 한국어와 한국 문화를 배우려는 한류 팬의 규모가 지속적으로 증가하는 것은 에스놀로그 통계에 나타나는 숫자 이상의, 세계 문화어로서의 한국어가 지닌 잠재력과 위상을 보여주고 있기 때문이다. 따라서 단순히 사용자 수 순위를 넘어, 한국어가 전 세계적으로 어떻게 인식되고 확산되며 어떤 의미를 지니는지를 구체적으로 살펴볼 필요가 있다.

한국어 교육 현장에서는 학습자 유형을 세 가지로 구분한다. 제2언어로서의 한국어KSL: Korean as a Second Language, 외국어로서의 한국어KFL: Korean as a Foreign Language, 그리고 계승어로서의 한국어KHL: Korean as a Heritage Language가 바로 그것이다. 예를 들어보자. 외국인 근로자 가정에서 태어나 집에서는 부모님과 그들의 모국어로 대화하다가, 유치원이나 학교에 들어가면서 한국어를 배우고 사용하는 학습자에게 한국어는 제2 언어가 된다. 반면, 해외 중·고등학교에서 자신의 모국어 외에 한국어를 선택하여 교과목으로 배우는 중·고등학생에게 한국어는 외국어가 된다. 마지막으로 한국을 떠나 일본이나 미국으로 이민 간 동포의 자녀가 그 국가의 언어 외에 부모, 나아가 조부모와 소통하기 위해 한국어를 배우는 경우 한국어는 계승어가 된다. 이처럼 동일한 한국어라도 어떤 환경에서 어떤 목적으로 배우느냐에 따라 KSL, KFL, KHL 등 다양한 이름으로 불릴 수 있다.

그런데 최근 한류의 확산과 함께 네 번째 유형으로 문화어로서의 한국어KCL: Korean as a Cultural Language가 새롭게 등장했다. 여기서 문화어는 북한의 표준어를 나타내는 표현이 아니라, '특정 민족의 문화를 향유하기 위해 필요한 언어'로서의 의미를 가진다. 특히, K-컬처의 성장과 함께 한국어가 바로 이러한 글로벌 문화어로 자리매김하고 있다. 취업이나 유학 등 도구적 동기 외에도 자국에서 다양한 한국 문화 콘텐츠를 즐기기 위해 한국어를 배우는 외국인이 눈에 띄게 늘고 있는 것이다. 이어서 한국 문화를 향유하기 위해 문화어로 한국어를 학습하는 새로운 현상에 대해 살펴보겠다.

K-콘텐츠가 이끈 한국어 학습 열풍 : 아미 한국어와 아민정음

K-팝, K-드라마, K-영화 등이 세계적으로 인기를 끌면서 한국어로 만들어진 콘텐츠를 원어로 즐기려는 외국인이 급증하고 있다. 방탄소년단, 블랙핑크 같은 그룹의 인기와 〈기생충〉, 〈오징어 게임〉 같은 작품의 성공으로 한국어 학습 수요가 폭발적으로 늘어난 것이다.

이러한 관심을 보여주는 대표적인 예가 '아미 한국어Army Korean'와 '아민정음'이라는 흥미로운 현상이다. 아미 한국어는 BTS 팬덤 '아미'가 BTS 콘텐츠를 이해하고 소통하기 위해 자발적으로 학습하고 사용하는 독특한 한국어 양식이다. 마치 서로 다른 언어를 쓰는 사람들이 소통을 위해 공통어를 정하듯, 서로 다른 언어를 사용하는 팬들이 소통을 위해 일종의 '생활 한국어'를 만들어 공유하고 있다. 아미 한국어로 나눌 수 있는 짧은 대화를 한번 살펴보자.

팬 : 보고 싶어요! 오늘도 대박이에요!

BTS 멤버 : 고마워요! 보라해요!

팬 : 파이팅! 사랑해요!

여기서 나온 '보라해요!'라는 말은 2016년 BTS 멤버 뷔가 만든 신조어다. '무지개의 마지막 색인 보라색처럼 끝까지 사랑하고 함께 하자'는 의미를 담고 있으며, 팬들과의 강한 유대감을 상징한다. 이는 "I purple you."라는 영어 표현으로 번역되어 사용되기도 한다.

아민정음은 아미들이 사용하는 문자 표기 방식으로, 한국어 발음을 로마자로 옮겨 적어 그대로 읽고 쓰는 것이다. 예를 들어, '연습생'을 영어 'trainee' 대신 'yeonseupsaeng'이라고 써서 한국어 발음을 그대로 유지한다. '오빠'를 'older brother' 대신 'oppa'로, '언니'를 'older sister' 대신 'unni'로, '사랑해'를 'I love you' 대신 'Saranghae'로 표기한다. 이러한 표현을 모은 K-팝 사전도 등장했다.

이는 K-팝 콘텐츠를 더 깊이 이해하려는 팬들의 자발적인 언어 창조 현상으로, 한글 창제 정신과도 맥이 닿는다는 긍정적 평가를 얻고 있다. 더불어 K-컬처가 단순 소비를 넘어 언어적 소통과 몰입을 유도하며, 한국어가 세계인의 감정과 문화를 잇는 소통 언어로 진화하고 있음을 보여준다.

한국어로 작성한 응원 슬로건을 들고 있는 K-팝 팬
출처 : Bonnielou2013, Wikimedia Commons, CC BY-SA 4.0

한국어 단어, 옥스퍼드 사전에 오르다

한국 고유의 정서나 문화를 담은 어휘들은 번역하기 어려워 한국어 발음 그대로 사용되는 경우가 많다. '치맥', '먹방', '달고나', '떡볶이' 등이 그 예다. 이러한 어휘들이 옥스퍼드 영어사전OED에 등재된 것은 주목할 만하다. OED 등재는 해당 어휘의 사용 빈도와 영향력을 기준으로 하는데, 한국어 단어들이 K-콘텐츠의 인기로 영어권에서도 널리 사용되면서 인지도를 확보했음을 의미한다.

옥스퍼드 영어사전에 1933년 'Korean'이 처음 등재된 이후 80여 년간 총 23개의 한국어 관련 단어가 실렸다. 1976년 '한글', '김치' 등 6개, 1982년 '태권도', '양반' 등 7개, 그리고 2003년부터 2019년까지 '비빔밥', '소주', 'K-팝', '고추장', '재벌' 등 9개의 단어가 등재되었다. 그런데 2021년 9월, 무려 26개의 새로운 한국어 단어가 한꺼번에 등재되는 역사적인 사건이 발생했다. BBC는 옥스퍼드 영어사전 측의 말을 인용해 "우리는 모두 한류의 절정에 올라타고 있다"고 보도하며 이 현상을 조명했다. 이를 기념하여 2024년 6월 주영한국문화원에서는 '세계 속 우리말26, Your Korean Words' 전시회를 열기도 했다. 그 전시회에서 26개의 등재 단어를 4가지 유형으로 분류하여 전시하였는데 그 결과는 아래와 같다.

옥스퍼드 영어사전 등재 어휘 분류

	유형	특징	단어
1	음식	K-콘텐츠 중 특히 드라마에 많은 영향을 받음	반찬, 불고기, 치맥, 동치미, 갈비, 잡채, 김밥, 삼겹살
2	호칭	영어권 문화에서 발견할 수 없는 호칭인 동시에 최근 K-pop 아이돌 덕질 문화에서 자주 확인할 수 있는 용어	누나, 오빠, 언니
3	언어변형	한류 문화전파에 따라 만들어진 파생어 또는 영어의 형태를 띠고 있으나 번역 시 새로운 의미를 가지는 신조어	K-복합어, K-드라마, 콩글리시, 파이팅, 스킨십
4	고유문화	한국이 가진 고유문화에 관한 용어	한류, 한복, 만화, PC방, 트로트, 당수도, 대박, 먹방

출처 : 문학뉴스

이 중 '호칭' 유형은 아민정음 현상과도 연결된다. 한국어 호칭은 부르는 사람과 불리는 사람의 성별, 나이, 관계 등을 모두 고려해야 한다. 이러한 미묘한 차이는 영어의 'older brother'나 'older sister'로는 쉽게 번역할 수 없다. 바로 이 때문에 한국의 정서와 문화를 고스란히 담아낸 'oppa'와 'unni'라는 새로운 단어가 OED에 등재될 수 있었을 것이다.

흥미롭게도 OED에 등재된 '오빠oppa'의 정의에는 한국 표준국어대사전의 정의 외에, 한류 맥락에서 쓰이는 '매력적인 한국 남성, 특히 유명 배우나 가수'라는 의미가 추가되었다. 이는 한국어 단어가 한국 문화의 확산에 따라 새로운 의미를 얻고 한국 문화를 향유하는 학습자들 사이에서 영어 단어로 자리 잡으며 한국어의 지평을 넓힌 의미 있는 사례라고 하겠다.

'오빠'의 사전적 정의 비교

표준국어대사전	Oxford English Dictionary
1. 같은 부모에게서 태어난 사이이거나 일가친척 가운데 항렬이 같은 손위 남자 형제를 여동생이 이르거나 부르는 말. 2. 남남끼리에서 나이 어린 여자가 손위 남자를 정답게 이르거나 부르는 말.	1. In Korean-speaking contexts: a girl's or woman's elder brother. Also as a respectful form of address or term of endearment, and in extended use with reference to an older male friend or boyfriend. 2. An attractive South Korean man, esp. a famous or popular actor or singer.

언어의 장벽을 넘어
세계인의 마음을 사로잡은 한국 문학

━━━━━━━

이처럼 한국어의 지평이 넓어지는 또 다른 사례로 세계에 진출하는 한국 문학의 성과를 들 수 있다. 2020년 한국을 빛낸 10대 한류 소식에서 '세계로 향하는 한국 문학'이 6위에 오르며 확실한 자리매김을 할 정도로 한국 문학도 한류 발전의 주요 분야로 성장하고 있다.

해외문화홍보원에 따르면 2022년 기준 150개국에서 27개 이상의 언어로 한국 도서가 번역, 출판되었다. 특히, 조남주 작가의 『82년생 김지영』은 2018년 일본어판 출간 이후 2022년 기준 10개 언어권에서 30만 부 이상 판매되었고, 미국 『타임지』에서 선정한 '2020년 꼭 읽을 책 100선'에 포함되기도 했다. 이후 『82년생 김지영』은 2025년 기준 무려 19개 언어로 번역되어 전 세계 독자들과 만나고 있다. 이처럼 우리나라 문학이 큰 성장세를 이룰 수 있던 배경에는 한국문학번역원, 한국출판문화산업진흥원 등의 지원과 '케이북K-Book'이라는 출판물 수출 온라인 플랫폼 구축 노력이 있었다.

소설이 현지 언어로 번역 출판될 때, 원작과 다른 현지 정서를 반영한 표지로 재탄생하는 점도 흥미롭다. 한국의 『82년생 김지영』은 일본의 『キム ジヨン』으로, 미국의 『Kim Jiyoung』으로, 혹은 체코의 『Kim Čijong』이라는 이름으로 등장했다. 흑백 컬러 속 어두운 그림자를 길게 드리운 한국 지영이의 힘없던 모습은 얼굴의 일부가 없거나,

얼굴이 일그러졌거나 혹은 등을 보인 채 서 있는 지영이의 모습으로 새롭게 표현되었다. 한국인 독자가 공감했던 김지영의 슬픔이 여러 나라의 언어와 문화 속에서 새로운 방식으로 표현되고 공유되는 것이다.

 한국 문학과 다양한 K-콘텐츠가 전 세계 한류 팬들에게 온전히 전달되기 위해서는 번역의 힘이 무엇보다 중요하다. 실제로 2016년 한강 작가의 『채식주의자』가 맨부커상을 받은 데에는 번역가 데보라 스미스Deborah Smith의 뛰어난 번역이 결정적인 역할을 했다. 그는 한국어의 높임말이나 호칭처럼 영어에 없는 문화적 요소를 번역하는 어려움에 대해, 모든 것을 직역하기보다 현지 독자의 이해를 돕는 방향으로 번역해야 한다고 언급했다.

 또한, 2020년 봉준호 감독의 〈기생충〉이 아카데미 4관왕을 차지했을 때, 그의 한국어 수상 소감을 재치 있게 통역한 샤론 최 역시 주목받았다. 그는 영화에 대한 깊은 이해를 바탕으로 봉 감독의 메시지를 영어권 청중에게 효과적으로 전달했다. 번역가 달시 파켓Darcy Paquet이 세계인에게 익숙한 'ramen'과 'udon'을 합친 'ram-don'으로 짜파구리를 번역한 것도 원작의 맛을 살린 훌륭한 창작 사례로 꼽힌다.

 이렇게 해외 관객들의 눈높이에 맞게 'ram-don'으로 소개되었던 짜파구리는 영화 〈기생충〉의 아카데미 수상 이후 뜨거운 관심을 받으면서 세계 시장으로 뻗어나갔다. 해당 제조사는 11개의 언어로 짜파구리를 만들어 먹는 방법을 알려주는 영상을 유튜브에 소개하기도 하였다. 잘 만든 콘텐츠가 어떻게 국경을 넘어 세계인의 사랑을 받게 되는지, 그 전달의 과정에서 서로의 문화에 대한 이해가 얼마나 필요한지 잘 알 수 있는 대목이다.

이처럼 한글과 한국어가 세계인의 사랑을 받기 위해서는 깊이 있는 이해와 애정을 갖춘 번역의 힘이 중요하다. 훈민정음으로 기록된 최초의 서사시로 알려진 〈용비어천가〉의 번역 사례를 대표적인 예로 들 수 있다. 〈용비어천가〉에 대해 학문적 관심을 가지게 된 엘레나 콘트라지에바Elena Kontrazhieva 교수는 이를 러시아어로 모두 번역하며 "고전문학에 대한 한국 학자들의 기존 연구물은 한국인의 시각에서 쓴 것이라서 외국인의 궁금증을 다 채워주지 못한다"고 말했다. 그녀의 이야기는 두 국가의 언어와 문화를 균형 있게 이해하고 한국어에 대한 애정에 비례하는 높은 수준의 한국어를 구사할 수 있는 전문가 양성에 힘써야 한다는 점을 일깨워준다.

〈용비어천가〉 인출본
출처 : 국립민속박물관

한국어, 단순한 유행이 아니다 :
취업시장까지 뒤흔든 K-컬처

한국어 학습 수요 증가는 두 가지 시험의 응시자 수를 통해 확연하게 드러난다. 첫째, 한국어능력시험Test of Proficiency in Korean, TOPIK은 교육부 국립국제교육원이 주관하는 시험으로, 한국어 학습자의 한국어 사용 능력을 객관적으로 평가한다. 1997년 2,274명에서 시작해 2024년에는 약 49만 3000명이 응시했다. 이는 한국어 능력을 인정받아 각자 원하는 학교 입학이나 회사 취직에 활용하려는 도구적 동기의 학습자가 증가했다는 뜻이며, 이는 한국어의 실질적인 위상이 높아졌다는 가장 확실한 증거다.

국내 대학 외국인 유학생 수는 TOPIK 응시자 수와 밀접한 관련이 있다. 2016년 약 10만 명이었던 유학생 수는 2023년 18만 명으로 늘었고, 2024년에는 처음으로 20만 명을 돌파했다. 교육부는 2027년까지 외국인 유학생 30만 명 유치를 목표로 하는 '300K 정책'을 발표했다. 다만, 2022년 기준 한국의 유학생 규모는 전 세계 유학생의 2%로, 미국 15%, 영국 9%, 일본 3%에 비해 아직 낮은 수준이다. 하지만 이는 한국어 학습 잠재력이 크다는 의미이기도 하다.

둘째, 한국 취업을 희망하는 외국인 근로자들이 응시해야 하는 EPSEmployment Permit System-TOPIK 시험이다. 이 시험은 외국인 근로자 고용허가제의 일환으로 외국인 구직자에 대한 한국어 구사 능력을 평가하며, 한국산업인력공단이 고용허가제 송출 국가를 대상으로 시행하고 있다. 이미 2024년 기준 EPS-TOPIK에 응시한 외국인 구직자 수는 총 57만 5,266명으로, 앞서 살펴본 유학 목적의 TOPIK 응시자 수를 훨씬 뛰어넘는 엄청난 숫자다. 이는 한국에서 일하고 싶어 하는 외국인들의 열망이 얼마나 뜨거운지를 보여준다.

EPS-TOPIK 응시자 수는 국내 외국인 근로자 수와 관련이 깊다. 행정안전부에 따르면 2023년 11월 기준 국내 장기 거주 외국인은 총 246만 명으로 역대 최다를 기록했다. 이 중 외국인 근로자는 16.6%로 유학생 8.9%의 약 두 배다. 법무부 출입국 통계에 따르면 2024년 인구 대비 체류 외국인 비율은 5.2%로, OECD의 다문화·다인종 국가 분류 기준 5% 이상을 넘어섰다. 대한민국도 본격적인 다문화 사회로 진입했으며, 이에 대한 사회적 인식의 변화가 필요하다.

순수한 사랑으로 꽃피우는 한국어 : 세종학당 이야기

순수하게 한국어와 한국 문화 자체를 사랑하며 배우는 이들도 많은데, 이들을 통합적 동기를 지닌 학습자라고 한다. 이들을 가장 쉽게 만날 수 있는 곳이 바로 세종학당이다. 매년 세종학당 학습자 대상 만족도 조사에서 한국어 학습 목적에 대해 묻는데, 한국 문화에 대한 관심이 학문 목적이나 취업 목적보다 항상 높은 비율로 나타나는 것이 이를 증명한다.

세종학당은 문화체육관광부가 지원하는 해외 한국어·한국 문화 보급 기관으로, 2012년 국어기본법 제19조의2에 근거하여 출범한 세종학당재단이 운영을 지원하고 있다. 2024년 6월 기준 전 세계 88개국 256개소의 세종학당이 운영 중이며, 2023년 12월 기준 오프라인 학습자 12만 7,894명, 온라인 학습자 8만 8,332명 등 총 20만 명이 넘는 학생이 한국어와 한국문화를 배우고 있다.

세종학당재단은 학습자들이 한국어를 통해 이룬 꿈의 기록을 『세종학당 학습자 사례집』의 형태로 발간하여 소개한다. 콜롬비아 태권도 국가대표 선수, 인도 머신러닝 개발자, 미얀마 라디오 DJ 등 다양한 학습자들의 다음과 같은 이야기가 담겨 있다.

"태권도라는 연결고리로 한국에서 해외 선수와 한국어로 소통하는 경험은 새롭고 놀라웠어요."

"한국 사람들과 소통하다 보니 어느새 저도 한국 사회의 구성원이 된 것 같아요."

이들은 자기 나라에서 각자의 일을 열심히 하면서도 한국어와 한국 문화를 배우는 경험을 통해 한국 사람들과 더욱 가까워지고 자신의 꿈을 이뤄 나가고 있음을 알 수 있다.

전 세계 세종학당 현황
출처 : 세종학당재단 『세종학당 학습자 사례집』 vol.2

문화의 힘으로 마음을 잇는 한국어 공동체

우리는 우리말과 글을 빼앗겼던 아픈 역사를 가지고 있다. 말을 잃는다는 것은 단순히 의사소통 수단을 잃는 것이 아니라, 정체성과 혼, 민족의 숨결을 잃는 것이었다. 말과 글은 우리 민족이 슬픔을 견디고, 기쁨을 나누며, 공동체의 마음을 이어온 삶의 방식이었다.

광복 이후 한글날을 제정하여 한글의 우수성과 독창성을 기념해 왔으나, 1991년 공휴일에서 제외되는 안타까운 일을 겪기도 했다. 이는 한글의 가치를 우리가 스스로 소홀히 여긴 결과이기도 하다. 그러나 많은 이들의 꾸준한 노력으로 2013년 한글날은 다시 공휴일로 지정되었고, 우리는 다시금 말과 글의 소중함을 되새기게 되었다.

역사적으로 특정 언어가 세계적 영향력을 행사한 사례는 대부분 군사력이나 경제력을 바탕으로 한 하드 파워에 기인했다. 그러나 이러한 힘은 제국을 건설할 수는 있어도, 그 권위를 오래 유지하지는 못했다. 진심과 공감, 문화와 감성으로 이어지는 힘, 곧 소프트 파워야말로 지속 가능한 세계적 언어 공동체를 만드는 바탕이 된다.

전 세계를 대상으로 한국어 공동체를 만들겠다는 꿈은 하드 파워가 아닌, 한국 문화가 지닌 따뜻한 감성과 정서, 그리고 삶을 바라보는 섬세한 시선에서 비롯된다. '정情'이라는 단어처럼 한국어에는 단순히 의미를 전달하는 것을 뛰어넘어, 마음과 마음을 이어주는 깊은 정서가 스며있다. 자발적으로 한국어를 배우고 한국 문화에 호감을 느끼는 이들과 함께 만들어가는 한국어 공동체는 바로 이러한 정서를 중심으로 형성되어야 한다.

우리가 어렵게 지켜온 말과 글을 바탕으로, 국경을 넘어선 사랑과 관심 속에서 한국어는 '세계 문화어'로 꽃피울 잠재력을 품고 있다. 전 세계 한류 팬, 세종학당 학습자, 국내 거주 외국인과 함께 한국어를 세계인의 언어로 키워나가야 한다. 말과 글은 문화를 담는 그릇이며, 문화를 사랑하는 사람들은 자연스럽게 그 언어를 삶 속으로 끌어안는다. 우리가 아끼고 사용하는 한글 한 자, 한국어 한마디가 바로 세계인의 마음을 사로잡고, 모두가 함께 꽃피울 한국어 공동체를 만드는 힘이 되어 줄 것이다.

한국 알리미 서경덕의 한글과 한국어 이야기

   지금까지 한글 및 한국어 세계화를 위해서도 많은 노력을 기울여 왔습니다. 지난 2년 전에는 미국 로스앤젤레스 카운티 뮤지엄 LACMA, 라크마에 한국어 안내서를 또 기증하게 됐습니다.

   라크마는 고대부터 현재까지 약 14만 9천 점에 달하는 미술품을 소장하고 있는 미국 서부 최대 규모의 미술관입니다. 이번 한국어 안내서에는 미술관에 관한 전반적인 소개, 지도, 관람객 주의사항 등을 상세하게 소개하고 있으며 한국인 관람객에게 무료로 제공하고 있습니다. 또한 미술관 홈페이지에서는 온라인 파일로 확인하실 수 있습니다.

한국인들이 라크마에서 이용한 한국어 안내서

오래전 이 일을 시작하게 된 이유는 세계적인 미술관과 박물관에 영어, 스페인어, 중국어, 일본어 등은 제공이 되는데 한국어 서비스가 잘 제공되지 않아 자존심이 많이 상했기 때문입니다. 한국어 위상을 세계인들에게 널리 알리고, 또한 한국인 관광객들에게는 미술관 관람에 도움을 주고자 한국어 안내서 기증 캠페인을 시작하게 된 것입니다.

제가 2006년 뉴욕 메트로폴리탄미술관에 처음으로 한국어 음성 서비스를 유치해 큰 화제가 됐었습니다. 왜냐하면 민간인이 유치한 최초의 사례이기 때문입니다. 그 이후 송혜교 씨와 의기투합하여 지금까지 꾸준히 기증 캠페인을 함께 펼쳐오게 됐습니다.

'서경덕 기획-송혜교 후원' 협업 활동으로 뉴욕 현대미술관 MoMA, 미국 자연사 박물관, 토론토 로열 온타리오 뮤지엄 ROM, 뉴욕 브루클린미술관 등에 한국어 안내서를 기증해 왔습니다. 특히 미국 보스턴미술관에는 한국실 내 전시 설명에 관한 터치 스크린 박스를 기증하기도 했습니다.

요즘 K-팝과 K-드라마가 전 세계적으로 인기를 끌면서, 한국어를 배우려는 외국인들이 크게 늘고 있습니다. 이에 배우 김남길 씨와 뜻을 모아 '세종대왕 나신 날'을 기념해 헝가리 '부다페스트 한글배움터'에 한글 및 한국어 교육에 필요한 다양한 물품을 기증했습니다. 지난해 미국 뉴욕 '그루터기 한글 학교'에 첫 기증을 시작으로, 캐나다 밴쿠버 '캔남사당 한글문화학교'에 이은 세 번째 기증입니다.

'전 세계 한국어 교육 지원 캠페인'은 세계 곳곳에서 한글 교육을 위해 애쓰는 주말학교, 한국어를 배우기 위해 스터디 모임을 운영하는 외국인 등을 대상으로 교육 물품을 기증하는 일입니다. 스마트TV, 노트북 등 다양한 교구재와 초등 교과서, 다수의 학용품 등을 제가 현지에 직접 방문하여 기증하고 있는데 향후 전 세계 100곳에 기증을 할 예정입니다.

또한 몇 년 전에는 한류스타 몬스타엑스, 뉴이스트와 함께 '쉬운 우리말, 바른 한국어'를 주제로 캠페인 영상을 공개했습니다. 각종 대중 매체 및 공문서에서 어려운 한자어나 외국어가 자주 등장하는데, 이해하기 어려운 용어들을 쉬운 우리말로 바꿔 나가자는 취지에

한글날을 맞아 뉴이스트와 함께 전 세계 팬들을 위한 한국어 토크 콘서트를 진행

한국어 알리기에 힘써주고 있는 배우 김남길 씨

서 영상을 제작해 국내외에 공개를 한 것입니다. 당시 몬스타엑스와 뉴이스트는 해외 팬들도 많이 보유하고 있어서 자연스럽게 아름다운 한국어를 세계인들에게 널리 전파할 수 있었습니다.

이처럼 다양한 활동을 통해 전 세계 한글 및 한국어 전파를 할 수 있도록 더 힘을 쏟아 보겠습니다.

10

한류

한국 대중문화, 세계를 사로잡다

발표하는 앨범마다 빌보드 차트 1위를 기록하며 '21세기 비틀즈'라고 불리는 방탄소년단, 아카데미 4관왕을 수상한 봉준호 감독의 영화 〈기생충〉, 전 세계인이 한국의 놀이 문화를 체험하는 진풍경을 만들어 낸 〈오징어 게임〉 신드롬까지. 이제 한국 대중문화는 전 세계가 공감하는 'K-콘텐츠'로 확실히 자리매김했다. 여기서 끝이 아니다. 대중문화와 더불어 한식, 패션, 뷰티 등 한국 문화 전반에 대한 세계적 관심도 급증했다. 1990년대부터 해외에서 주목한 '한류Korean Wave, Hallyu'는 이제 아시아를 넘어 세계가 주목하는 문화 현상으로 성장했다.

한류가 중요한 이유는 21세기 소프트파워 시대에 문화의 파급력이 중요하기 때문이다. 방탄소년단의 성공은 단순한 음악적 성과를 넘어 국가 위상을 높이고 천문학적인 경제적 파급 효과를 창출한다. 〈오징어 게임〉 신드롬은 한국 문화에 대한 자긍심을 높이는 동시에 관련 산업의 성장을 이끈다. 특히 전 세계가 네트워크로 연결되어 유기적으로 상호작용 하는 현대 사회에서 한류와 같은 문화적 공감대가 갖는 힘은 매우 크다. 한류가 불러일으키는 한국 문화의 매력은 더 많은 세계인이 한국을 방문하고 싶어 하고, 나아가 한국과 함께 일하고 싶어 하는 중요한 동기가 된다.

한류가 세계로 뻗어 나가면서 우리의 삶 역시 영향을 받는다. 한류가 특정 국가 안에 머무는 문화가 아니라 글로벌 문화로 자리 잡으면서, 우리 사회도 보편적인 국제 기준을 스스로 요구하게 되었기 때문이다. 경제 성장과 더불어 공정하고 다양한 가치를 존중하는 사회에 대한 요구가 커지는 것은 한류를 통해 형성된 세계와의 접점과 관련이 깊다. 한류가 촉발한 보편적 가치는 한국 문화의 성숙에도 기여했다.

"나는 우리나라가 세계에서 가장 '아름다운 나라'가 되기를 원하지, 가장 '강한 나라'가 되기를 원하지 않는다."

백범 김구 선생이 '문화의 힘'을 강조하며 남긴 말처럼, 한류가 지향하는 것이 바로 그 '아름다운 나라'일 것이다. 그 매력으로 우리 스스로 행복하고, 나아가 세계인에게도 긍정적인 영향을 주는 나라, 다르다는 이유로 차별과 갈등이 끊이지 않는 현실 세계에 아름다운 비전을 제시할 힘을 가진 나라를 우리는 꿈꾼다. 어려운 여건 속에서도 이질적인 요소들을 융합해 새로운 흐름을 만들어 온 한류의 역사를 주목해야 하는 이유다. 동아시아 작은 나라에서 시작된 문화 흐름이지만, 이 속에서 현재의 세계적 위기를 극복하고 더 나은 미래로 나아갈 실마리를 발견할 수도 있기 때문이다.

멈추지 않는 문화의 물결, 한류의 시작을 찾아서

한류가 어떻게 시작되었는지에 대한 의견은 분분하다. 1997년 중국에 수출된 MBC 주말 연속극 〈사랑이 뭐길래〉를 출발점으로 보는 견해도 있고, 1992년 한중 수교 이후 활발해진 대중문화 교류 속에서 1993년 중국 하얼빈TV에 수출된 한국 최초의 트렌디 드라마 〈질투〉를 기원으로 봐야 한다는 견해도 있다. 시기를 더 거슬러 올라가 해방 후 미8군으로 상징되는 미국 문화 유입에서 찾는 시각도 있다. 당시 미군 클럽 무대에서 활동하다 미국에 진출해 1960년대 최고 버라이어티 쇼였던 CBS 〈에드 설리번 쇼〉에 25회나 출연했던 김시스터즈 등이 그 시작이라는 시각이다.

이러한 의견 차이는 한류를 어떻게 정의하고 그 범주를 어디까지로 보는지에 대한 관점이 서로 달라서 비롯되는 현상이다. 여전히 다양한 해석이 존재하지만, 이 책에서는 한류를 '한국 문화의 흐름'이라는 관점에서 이야기를 풀어가려 한다.

한류가 '한국 문화의 흐름'이라는 관점의 기원을 따라가면 백제와 당시 '왜'라고 불리던 일본이 활발하게 교류했던 삼국 시대까지 거슬러 올라갈 수 있다. 더 나아가 2300년 전 고조선과 삼한 시대 사람들이 일본 규슈 지역으로 집단 이주해 청동기 문명과 벼농사 기술, 문화를 전파했던 고대사까지 확장할 수도 있다.

하지만 이렇게 범주를 넓히면 현재의 세계적 현상으로서 한류의 본질이 흐려질 수 있다. 반대로 1990년대에 등장한 몇몇 대중문화 콘텐츠만을 기원으로 삼는 것은 한류가 갑자기 등장한 우연의 산물로 여겨질 수 있다. 따라서 한국 문화의 오랜 흐름이라는 거시적 관점은 잠시 접어두고, 구체적 현상이 나타난 90년대를 기점으로 삼되, 그것을 가능하게 한 해방 이후 근대화 과정에서 축적된 문화적 역량에서 한류의 태동기를 살펴보는 것이 균형 잡힌 시각을 제공할 것이다.

우선 전제할 점은 한류가 일방적인 문화 전파가 아니라는 것이다. 문화의 흐름은 결코 한 방향으로만 흐르지 않는다. 이 흐름은 여러 지역 문화라는 작은 지류들이 흘러나와 서로 섞이며 큰 바다로 나아가는 과정과 같다. 서로 섞이는 과정을 통해 영향을 주고받는다. 물론 그 교류가 일방적이거나 강압적일 때 해당 지역 문화가 스스로를 보호하기 위해 민족주의적 성향을 보이는 것은 자연스러운 현상이다. 하지만 약소 문화의 이러한 방어적 민족주의와 강대국의 문화 제국주의적 경향은 동일선상에서 볼 수 없다. 예를 들어 일제강점기 무력으로 우리 문화를 말살하려 했던 일본의 행태는 비판받아야 하지만, 이에 맞선 우리의 민족주의는 정당한 저항이었다. 이처럼 문화 교류에서 일방적인 강요는 저항에 부딪히기 마련이며, 상호작용을 통해 각 사회가 수용할 수 있는 범위 내에서 영향을 주고받는 방향으로 나아간다.

한류는 우리 문화 자체의 저력에서 비롯된 성과이면서 동시에 세계적인 변화의 흐름과 상호작용 한 결과라는 점을 간과해서는 안 된다. 즉, 한류라는 흐름이 큰 물결로 이어질 수 있었던 데에는 세계사적 변화와의 상호작용이 중요하게 작용했다. 이 상호작용 과정을 제대로 이해하려면 한국 내부의 동력과 함께 세계적인 변화의 흐름을 함께 살펴야 한다.

김시스터즈, K-팝의 새벽을 열다

한국 대중문화가 한류라는 흐름으로 이어질 수 있었던 계기 중 하나로 1945년 해방 이후 미군 주둔의 영향을 빼놓을 수 없다. 1955년 미8군 사령부가 일본에서 서울 용산으로 이전하면서 미국 문화의 한국 유입이 본격화됐다. 미군을 위해 만들어진 라디오 방송이었던

AFKNAmerican Forces Korea Network은 1957년 TV 방송을 시작하며 미국 음악과 영화 등을 한국 사회에 전파했다. 또한 미군 클럽을 중심으로 한국인 악단들이 활동하고 성장하는 기반이 되었다. 이들은 쇼 무대에 서기 위해 미국위문협회USO의 정기 오디션을 통과해야 했는데, 이를 통해 한국 음악인들은 기량을 연마할 수 있었다. 김시스터즈는 바로 이러한 환경 속에서 탄생했다.

〈목포의 눈물〉을 부른 가수 이난영의 두 딸과 조카로 구성된 3인조 걸그룹 김시스터즈는 1953년에 결성되었다. 이들은 악기 연주는 물론 노래와 춤 실력까지 겸비하며 미8군 무대에서 큰 인기를 얻었고, 1959년 아시아 걸그룹 최초로 미국에 진출했다. 1960년대 미국 최고 버라이어티 쇼였던 CBS 〈에드 설리번 쇼〉에 출연한 것이다.

CBS 〈에드 설리번 쇼〉에 출연한 김시스터즈
출처 : Chick Sponder

〈에드 설리번 쇼〉는 엘비스 프레슬리, 비틀즈 등 당대 최고 스타들이 거쳐간 프로그램이었다. 당시 김시스터즈는 '악기를 20가지나 연주하는 소녀들'로 소개되었고, 큰 인기를 얻어 25회나 출연하는 기록을 세웠다.

김시스터즈의 사례처럼 당시 미8군 무대는 음악인들의 등용문이 되었다. 이들은 1960년대 속속 개국한 라디오와 TV 방송국에서 활약했다. 당시 한국 최초의 민간 상업 방송인 동양TV TBC에서 방영된 〈쇼쇼쇼〉는 〈에드 설리번 쇼〉의 영향을 받은 프로그램으로, 미8군 출신 가수들이 TV로 진출하는 발판이 되었다.

당시 미국 문화의 유입은 'AFKN 키드', '할리우드 키드', '세운상가 키드'라는 말이 나올 정도로 활발했다. AFKN으로 미국 방송 프로그램을 접하고, 할리우드 영화를 보기 위해 극장을 찾고, 세운상가에서 해적판 음반을 찾아 들으며 꿈을 키운 이들은 훗날 한류 주역으로 성장하는 밑거름이 되었다.

역경을 딛고 일어선 나라, 한류라는 희망을 만들다

한류가 본격화된 것은 1990년대부터다. 1995년 세계무역기구 WTO 출범으로 세계화 바람이 불었고, 1997년 외환 위기를 겪으면서 대중문화계가 해외에서 활로를 모색하는 흐름이 본격화되었기 때문이다.

물론 그렇다고 한류가 갑자기 탄생한 것은 아니다. 1990년대에 이르기까지 한류의 기반을 다지는 과정이 있었다. 1960년대 정부의 전자 산업 육성 정책으로 TV 보급이 확대되었고, 1980년대에는 생산된 컬러 TV가 미국 수출 규제로 내수 시장에 풀리면서 컬러 TV 시대가 열렸다. TV로 AFKN을 접하며 미국 대중문화가 자연스럽게 확산되었다. 1970년대부터 정부 주도로 대규모 아파트 단지가 조성되었는데, 이는 훗날 한국이 정보통신IT 강국으로 도약하는 기반이 되었다. 아파트 단지의 높은 인구 밀도가 네트워크 구축에 유리한 환경을 제공했기 때문이다. 한국의 발달된 디지털 네트워크는 이후 한류가 디지털 시대에 발맞춰 빠른 수용, 적용, 창조적 변용을 통해 전 세계로 뻗어 나갈 수 있는 토대가 되었다.

격동의 1980년대를 거치며 이룬 민주화 과정 역시 한류의 중요한 배경이다. 1970년대 경제적 압축 성장을 이루었지만, 그 과정에서 군부 독재를 겪었던 한국 사회는 1980년대 민주화를 위해 끊임없이 투쟁했다. 이러한 경험은 한국 사회 특유의 비판적 시각을 형성했고, 이는 콘텐츠에도 반영되었다. 1990년대 이후 심화된 양극화 문제가 21세기 들어 세계적 화두로 떠올랐을 때, 이 문제를 한국적 맥락에서 다룬 〈기생충〉이나 〈오징어 게임〉 같은 콘텐츠가 해외에서 주목받게 된 배경이다. 경제적 압축 성장과 민주화 과정을 포함하여 서구가 300년에 걸쳐 이룬 근대화를 일본이 100년 만에 압축했다면, 한국은 1960년대 이후 불과 30여 년 만에 달성했다. 이 빠른 근대화 과정이 낳은 성취감과 피로감은 한국 대중문화의 역동적인 성장 동력이 되었다. 한류는 바로 이러한 토대 위에서 꽃피운 현상이다.

새로운 시대의 서막 : 90년대 한류의 도약

1990년대 들어 본격적인 한류를 이끈 몇 가지 중요한 사건이 있었다. 먼저 K-팝 분야에서는 이수만이 SM엔터테인먼트를 설립했다. SM의 탄생 배경은 1980년대까지 거슬러 올라간다. 당시 미국 유학 중이던 이수만은 MTV의 등장과 함께 시작된 뮤직비디오 시대를 주목했고, 뉴키즈 온 더 블록● 같은 아이돌 그룹에서 영감을 받았다. 귀국 후 SM기획을 설립한 이수만은 1990년 1호 가수 현진영과 와와를 성공시키며 기획사의 기반을 닦았고, 1996년 사명을 SM엔터테인먼트로 변경하고 본격적인 매니지먼트 사업에 뛰어들었다. 그해 H.O.T.에 이어 1997년 S.E.S.와 1998년 신화를 연이어 성공시키며 K-팝 한류의 문을 연 SM 시대를 알렸다.

물론 SM의 이러한 시도에는 1992년 등장한 서태지와 아이들 신

● 뉴키즈 온 더 블록 : 미국의 유명 작곡자 겸 프로듀서 모리스 스타가 백인 소년들을 오디션으로 선발하여 훈련시킨 아이돌 그룹이다.

드룸의 영향도 적지 않았다. '문화 대통령'이라 불릴 정도로 폭발적인 신드롬을 일으켰던 서태지와 아이들은 강력한 구매력을 지닌 10대 팬덤의 존재를 확인시켜 주었기 때문이다.

1996년 서태지와 아이들이 은퇴를 선언하자 그 자리에 H.O.T.가 등장했다. 국내에 댄스 그룹 열풍을 일으킨 H.O.T.는 1998년 중국 시장에 진출했다. 1993년 〈질투〉, 1997년 〈사랑이 뭐길래〉 등 이미 한국 드라마가 큰 인기를 끌었던 중국 시장에 H.O.T.까지 등장해 주목을 받자 중국 언론에서는 '한류'라는 용어를 본격적으로 사용하기 시작했다. 이와 같은 SM의 성공은 2001년 서태지와 아이들의 멤버였던 양현석이 YG엔터테인먼트를, 가수 겸 프로듀서 박진영이 JYP엔터테인먼트를 각각 설립하며 이른바 '3대 기획사' 시대를 여는 계기가 되었다.

영화와 방송 등 영상 콘텐츠 산업에서는 1993년 스티븐 스필버그 감독의 〈쥬라기 공원〉 성공이 문화 산업 육성 담론을 촉발시킨 중요한 사건이었다. 이 영화가 1993년 한 해 전 세계에서 벌어들인 수입 8억 5천만 달러는 당시 한국의 자동차 150만 대 수출액과 맞먹는다는 사실이 알려지자 문화 산업 육성 여론이 형성되었다. 이제 굴뚝 산업 대신 영상 같은 문화 산업에 투자해야 한다는 목소리가 높아졌다.

이 흐름에 발 빠르게 움직인 것은 현재 CJ의 전신인 제일제당이었다. 1995년 제일제당은 미국의 드림웍스 SKG에 3억 달러를 투자했다. 제일제당은 이 투자를 통해 할리우드의 선진 시스템을 습득했고,

이는 훗날 CJ ENM이라는 종합 엔터테인먼트 기업으로 성장하는 발판이 되었다.

1995년 WTO 출범으로 본격화된 세계화 물결 속에서 케이블 TV의 등장, 인터넷 확산 등 미디어 환경 변화와 함께 국내에서 문화 산업에 대한 기대감이 고조되었다. 하지만 1997년 IMF 외환 위기로 인한 내수 시장 침체는 국내 콘텐츠 기업들이 해외 시장 개척에 더욱 적극적으로 나서게 되는 계기가 되었다. 1990년대 말에서 2000년대 초반에 걸친 이러한 배경 속에서 한류가 태동했다.

한류 도약에 앞장 섰던 3대 기획사 SM, JYP, YG

뜻밖의 감동이 일으킨 기적,
⟨겨울연가⟩ 욘사마 신드롬

2002년 1월부터 3월까지 윤석호 PD의 ⟨겨울연가⟩가 국내에서 방영되었다. 윤석호 PD의 전작 ⟨가을동화⟩가 40%대 시청률을 기록했던 것에 비하면 ⟨겨울연가⟩는 20%대 시청률를 기록하며 국내에서는 상대적으로 주목받지 못했다.

하지만 이 드라마가 2003년 4월 3일 NHK 위성방송 BS2를 통해 일본 전역에 방송되면서 예상치 못한 반향을 일으켰다. 방송사 사정으로 3주간 결방되자 40, 50대 여성 시청자들을 중심으로 하루 수천 통의 항의 전화가 빗발치기 시작한 것이다. ⟨겨울연가⟩ 일본어판 동명 소설도 불티나게 팔려나가 2004년에 무려 100만 부를 판매했고, ⟨겨울연가⟩ 특집이 실린 NHK 프로그램 안내서는 50만 부가 전부 팔려나갔다. 재방송 요구가 빗발쳤고, 결국 NHK는 위성방송 재방송, 지상파 방송, 무삭제판 방영까지 한 드라마를 네 차례나 편성하는 파격적인 결정을 내렸다. ⟨겨울연가⟩의 남자 주인공 배용준을 부르는 애칭 '욘사마' 신드롬이 일본 열도를 강타했다. ⟨겨울연가⟩ 신드롬은 일본인들의 한국에 대한 인식을 긍정적으로 바꾸는 계기가 되었고, 재일 동포에 대한 시선까지 변화시켰다. 배용준의 일본 방문 시에는 공항이 마비될 정도였고, 드라마 촬영지인 남이섬, 춘천, 용평리조트는 일종의 순례지가 되어 관광객의 발길이 끊이지 않았다.

일본에서 신드롬을 일으킨 드라마 〈겨울연가〉
출처 : 팬 엔터테인먼트

〈겨울연가〉 열풍은 예상 밖의 결과였다. 감정에 솔직하고 여성을 배려하는 남자 주인공 준상 캐릭터가 당시 일본 사회 분위기 속에서 중장년 여성들의 감성을 파고든 것이 주효했다. 이처럼 문화의 흐름은 일방적으로 만들어지는 것이 아님을 〈겨울연가〉 신드롬을 통해 알 수 있다. 이 우연한 성공은 한국의 문화와 정서가 일본 중장년층의 특정 감수성과 만나 일으킨 파장이었다.

중화권을 넘어 중동까지 :
맛과 이야기로 세계를 이은 〈대장금〉

2003년부터 1년간 방영된 이병훈 감독, 김영현 작가의 〈대장금〉은 국내에서도 최고 시청률 57.8%를 기록하며 큰 성공을 거두었다. 수라간 나인으로 시작해 왕의 의녀가 되기까지 장금의 성장과 사랑 이야기는 곧바로 아시아 전역으로 퍼져나갔다. 〈겨울연가〉로 한국 드라마에 대한 관심이 높아진 일본에서는 2004년 NHK가 편당 2만 5천 달러라는 높은 미니멈 개런티를 지불하고 〈대장금〉을 방영했다. 2005년에는 중국 본토를 비롯해 대만, 홍콩 등 중화권에서 〈대장금〉 열풍이 불었는데, 특히 음식 문화에 관심이 높은 이들의 마음을 사로잡았다. 드라마의 인기와 더불어 한식에 대한 관심 또한 뜨거워졌다.

놀라운 점은 〈대장금〉이 중화권을 넘어 중동 지역에서도 신드롬을 일으켰다는 사실이다. 2006년 10월 이란 국영 TV 채널2에서 방영된 〈대장금〉은 전국 최고 시청률 86%, 수도 테헤란에서는 90% 이상의 경이적인 시청률을 기록했다. 가판대에 놓인 잡지들은 주인공 이영애와 지진희의 얼굴로 표지를 장식했고, 한국인에 대한 호감도가 급증해 이란인이 먼저 다가와 악수를 청하는 일도 잦았다고 한다.

〈대장금〉이 중동에서 신드롬을 일으킨 것은 이슬람권의 문화적 특성과 관련이 있었다. 율법에 따라 음주가 금지되어 퇴근 후 즐기는 여가 활동 문화가 발달하지 않은 이슬람권에서는 귀가 후 가족과 함께 TV를 보는 것이 유일한 낙이었다. 〈대장금〉은 바로 이들의 일상 속으로 파고들었다. 주인공 장금이가 수많은 역경을 이겨내고 성장하는 서사는 비슷한 문화적 환경에 있는 시청자들에게 깊은 공감과 함께 카타르시스를 선사했다. 즉, 사극의 보수적인 분위기가 익숙함과 공감을 자아냈고, 역경을 딛고 성장하는 주인공의 이야기가 대리 만족을 주었던 것이다.

〈대장금〉의 성공은 이란에서 한국 사극 붐을 일으켰다. 2007년 〈대장금〉 종영 후 〈해신〉, 〈상도〉, 〈주몽〉 같은 사극들이 연이어 큰 인기를 얻었다. 특히 〈주몽〉은 최고 시청률 85%를 기록했는데, 드라마 방영 시간에는 가장 교통 체증이 심한 테헤란 시내 도로조차 한산해져 공항 활주로 같았다는 이야기가 회자될 정도였다.

보아, 동방신기가 연 K-팝 시대

2000년 데뷔한 보아는 2001년 일본에서 첫 싱글을 발매했고, 2002년 일본 정규 1집 〈Listen to My Heart〉로 한국 가수 최초 오리콘 앨범 차트 1위에 올랐다. 이 앨범은 100만 장 이상 판매되어 밀리언셀러가 되었다. 보아는 그해 연말, 일본 최고 인기 가수들이 출연하는 NHK 〈홍백가합전〉에 출연했는데, 이후 2007년까지 6년 연속 이 무대에 섰다.

보아가 일본 시장에서 그토록 단기간에 큰 성공을 거둘 수 있었던 것은 그녀의 숨은 노력 덕분이다. 초등학교 시절부터 시작된 오랜 연습생 기간 동안 노래와 춤 실력을 차근차근 쌓아갔고, 바쁜 와중에도 틈나는 대로 꾸준히 공부해 수준급의 일본어 구사 능력까지 갖추었으니 일본인들의 마음을 단번에 사로잡은 것이다.

여기에 SM엔터테인먼트의 기획 능력도 한몫했다. 당시 이수만 프로듀서는 철저한 '현지화 전략'을 추구했는데, 이로 인해 보아는 국적을 내세우기보다 실력 있는 가수로 먼저 일본 대중에게 다가갔다. 이러한 현지화 전략은 2005년 일본에 본격 데뷔한 동방신기에게도 적용되었다. 동방신기는 2006년 아시아 그룹 및 남성 가수 최초로 오리콘 위클리 싱글 차트 1위를 달성했고, 2008년에는 한국 그룹 최초로 〈홍백가합전〉에 출연했다.

보아나 동방신기의 성과가 특히 의미 있었던 것은 당시 세계적인

K-팝 아이돌들에 의해 세계에 알려진 '코리아 손가락 하트'

위상이 높았던 일본 음악 시장에 본격적으로 진출해 성공했다는 사실이다. 보아가 일본에서 활동을 시작한 2001년경부터 J-팝에 대응하여 'K-팝'이라는 용어가 일본에서 사용되기 시작했고, 2002년 옥스퍼드 영어사전에 등재되었다. 이 명칭이 현재까지 통용되고 있다는 점은 주목할 만하다.

스크린을 넘어 세계인의 마음속으로,
영화 한류의 힘

한국 영화가 해외 영화제에서 주목받기 시작한 건 1961년 제11회 베를린 영화제에서 강대진 감독의 〈마부〉가 특별은곰상을 수상하면서부터다. 그러나 현재의 영화 한류와 직접적으로 연결되는 흐름은 임권택 감독을 빼놓고 이야기할 수 없다. 1987년 〈씨받이〉로 베니스 영화제에서 배우 강수연에게 여우주연상을 안긴 임권택 감독은 1990년 작 〈아제아제 바라아제〉로 모스크바 영화제에서 강수연에게 다시 한번 여우주연상을 안겼다. 더불어 1993년 국내에서 큰 반향을 일으킨 〈서편제〉는 이듬해 일본에 수출되어 10만 관객을 동원했다. 2000년 〈춘향뎐〉은 한국 영화 최초로 칸 영화제 경쟁 부문에 진출했으며, 2002년에는 〈취화선〉으로 칸 영화제 감독상을 수상했다. 이러한 해외 영화제 수상 흐름은 이후 이창동 감독의 〈오아시스〉, 〈밀양〉, 〈시〉, 박찬욱 감독의 〈올드보이〉, 〈박쥐〉, 김기덕 감독의 〈사마리아〉, 〈빈집〉 등으로 꾸준히 이어졌다.

한편, 영화제 수상과는 별개로 대중적인 성공을 바탕으로 해외 시장에 진출하며 성과를 낸 영화 한류의 흐름도 있었다. 1990년대까지 할리우드 영화가 장악했던 한국 영화 시장에 변화를 가져온 〈쉬리〉는 본격적인 대규모 자본이 투입된 한국형 블록버스터의 시작을 알린 작품이었다. 전국 620만 관객을 동원한 〈쉬리〉는 당시 역대 최고

액인 130만 달러에 일본에 수출되어 125만 관객을 동원했으며, 독일, 프랑스, 러시아, 인도 등에도 판매되었다.

〈쉬리〉의 일본 흥행 성공은 2000년 최고 흥행작인 〈공동경비구역 JSA〉로 이어져, 당시 한국 영화 사상 최고가인 200만 달러에 일본에 수출되는 기록을 세웠다. 또한 2003년 〈겨울연가〉 열풍의 영향으로 한국 멜로 영화의 일본 수출도 급증했다. 2005년 〈내 머리 속의 지우개〉, 〈외출〉 등이 일본에서 흥행에 성공했고, 당시 한국 영화의 일본 수출액은 2002년 658만 달러에서 2005년 6,032만 달러로 3년 만에 10배 가까이 증가했다. 한국 영화의 상승곡선은 여기서 멈추지 않았다. 2000년대에 들어서며 이른바 '천만 관객' 시대가 열린 것이다. 〈실미도〉, 〈태극기 휘날리며〉, 〈왕의 남자〉, 〈괴물〉 등이 연이어 천만 관객을 동원했다.

이처럼 한국 영화는 한편에서는 꾸준히 해외 영화제에서 수상하며 예술성을 인정받고, 다른 한편에서는 천만 관객 영화를 통해 대중적 기반을 확장했다. 해외 영화제 수상작들이 예술성과 완성도를 인정받았다면, 천만 영화들은 대중적 파급력을 보여주었다. 이 두 흐름은 훗날 〈기생충〉처럼 대중성과 예술성을 겸비한 작품의 등장으로 이어지게 된다.

국경 없는 음악 : SNS가 만들어낸 K-팝 돌풍

2010년, 일본 시사주간지 『아에라』에는 '코리언 인베이전Korean Invasion'이라는 표현이 등장했다. 그 중심에는 연일 차트 상위권을 차지한 카라와 소녀시대가 있었다. 카라는 2010년 8월 데뷔 싱글 〈미스터〉로 각종 차트 기록을 경신하기 시작했고, 9월에 데뷔한 소녀시대 역시 데뷔 싱글 〈지니〉로 신드롬을 일으켰다. 이러한 현상은 걸그룹에만 국한되지 않았다. 일찍부터 일본 시장에서 팬층을 다져온 빅뱅은 물론, 유키스, SS501, 샤이니, FT아일랜드, 초신성 같은 남성 아이돌 그룹들도 일본 10대, 20대의 호응을 얻으면서 K-팝이 하나의 음악 장르로 인식되기 시작했다. 드라마 한류에 이어 K-팝이 이끄는 이른바 '2차 한류'가 시작되는 순간이었다.

아이러니하게도 2차 한류를 촉발한 배경에는 한때 음반 시장을 위축시켰던 인터넷 기술 발전이 있었다. 디지털 음원 시대가 열리면서 불법 복제 문제로 음반 시장이 위축되었지만, 유튜브, 페이스북, 트위터 같은 SNS로 한류 콘텐츠를 시차 없이 전 세계로 확산될 수 있는 길이 열린 것이다. 뮤직비디오나 음원처럼 짧은 시간에 소비될 수 있는 음악 콘텐츠는 SNS의 특성과 잘 맞았다. 특히 언어 장벽이 있음에도 불구하고 '보는 음악'을 지향하며 퍼포먼스를 강조한 K-팝은 이러한 장벽을 낮출 수 있었다. SNS의 등장은 K-팝이 아시아

한류 문화 행사에 참여해 K-팝에 대한 사랑을 보여준 팬들
출처: 해외문화홍보원 코리아넷

를 넘어 전 세계로 진출할 수 있는 가능성을 열었다는 것을 의미했다.

싸이의 〈강남스타일〉, 밈Meme으로 전 세계를 춤추게 하다

 2012년 가수 싸이가 발표한 〈강남스타일〉은 발표 몇 주 만에 미국 시장에서 큰 화제가 되었다. 『CNN』, 『LA타임스』, 『월스트리트

저널』, 『허핑턴포스트』 등 주요 언론들이 〈강남스타일〉 뮤직비디오에 주목했고, 한 아침 방송 진행자는 방송 중 '말춤'을 직접 선보이기도 했다. 로비 윌리엄스Robbie Williams, 조쉬 그로반Josh Groban, 티페인T-Pain 등 유명 인사들이 SNS와 블로그를 통해 〈강남스타일〉을 극찬하면서 대중의 관심은 더욱 집중되었다. 온라인에는 수많은 〈강남스타일〉 패러디 영상이 쏟아졌다. 일종의 밈Meme 현상이 일어나며 전 세계가 말춤 열풍에 휩싸였다.

　미국 빌보드 메인 싱글 차트인 '핫 100'에 싸이의 〈강남스타일〉이 이름을 올리면서, 영어 차트에 한국어 가사로 된 한국 노래가 미국 라디오에서 흘러나오는 보기 드문 풍경이 펼쳐졌다. 노래는 일상으

싸이 〈강남스타일〉의 안무 중 하나인 '말춤'을 따라 추는 외국인들
출처 : Kurt Bauschardt

로 스며들어 미국의 쇼핑몰에서도 〈강남스타일〉을 쉽게 들을 수 있을 정도였다. 빌보드 핫 100 차트 64위로 진입한 순위는 빠르게 상승하여 7주 연속 2위를 기록하는 놀라운 성과를 거두었다. 빌보드 차트 순위만큼이나 놀라웠던 것은 유튜브 뮤직비디오 조회수였다. 공개 18일 만에 1천만 뷰를 돌파한 뮤직비디오는 당시 최고 기록이었던 저스틴 비버의 〈Baby〉 뮤직비디오 조회수 약 8억 뷰를 넘어섰고, 유튜브 역사상 최초로 10억 뷰, 20억 뷰를 돌파하는 기록을 세웠다. 2023년 12월 기준 누적 조회수는 50억 뷰를 넘겼다.

〈강남스타일〉은 여러 면에서 변화된 콘텐츠 환경을 실감하게 한 기념비적인 사건이었다. 유튜브 조회수가 보여주듯 SNS의 강력한 파급력이 싸이라는 독특한 아티스트와 만나 전 세계를 춤추게 한 현상이었다. 한국어 노래를 전 세계인이 따라 불렀다는 것은 SNS 환경이 언어와 국가의 경계를 넘어설 수 있게 했음을 의미하며, 동시에 이는 비주류로 여겨졌던 다양한 지역 문화가 세계적으로 주목받고 소비될 수 있음을 보여주는 사례였다.

이제 '해외 진출'이라는 말 자체가 무색해졌다. 글로벌Global과 로컬Local이 동시에 연결되는 '글로컬Glocal' 시대가 열린 것이다. 미국도, 유럽도, 남미도 더 이상 먼 나라가 아니게 되었다. 아시아권에 머물던 한류는 이제 세계와 실시간으로 연결되는 디지털 실크로드 위에 서게 되었다.

중국의 한류 : 열풍과 규제 사이

"〈별에서 온 그대〉가 불러온 한국 드라마 열풍은 하나의 문화적 충격이며, 이런 현상의 출현은 우리에게 생각할 거리를 던져준다."

2014년 중국 최대 정치 행사인 양회兩會에서 나온 이야기다. 당시 양회에서는 유독 〈별에서 온 그대〉(이하 〈별그대〉)가 화제였는데, 특히 왕치산 당시 중앙기율검사위원회 서기는 "한국 드라마가 왜 중국을 점령하고 바다 건너 미국, 유럽에서까지 유행하는지 생각해봐야 한다"는 의미심장한 발언을 하기도 했다.

정치 행사에서조차 이런 이야기가 나온 것은 2014년 중국에서 〈별그대〉가 일으킨 충격적인 현상 때문이었다. "눈 오는 날에는 치맥인데…"라는 여주인공의 대사 한 마디가, 이전까지 중국에는 생소했던 '치맥(치킨+맥주)' 문화를 유행시켰다. 이는 단순한 드라마의 인기를 넘어선 현상이었다. 중국에는 치킨 전문점 자체가 많지 않았고, '치킨에는 콜라'라는 인식이 일반적이었기 때문이다. 즉, 드라마 한 편이 현지 문화를 바꾸는 영향력을 발휘한 것이다.

〈별그대〉의 파급력이 강력했던 이유는 그동안 중국의 방송 규제 때문에 비공식 경로로 유통되던 한류 드라마가 인터넷 동영상 플랫폼이라는 새로운 돌파구를 찾았기 때문이었다. 중국에서 위성 채널

드라마 〈별에서 온 그대〉 방영 이후 중국에서 큰 인기를 끈 한국식 '치맥'

이나 지상파 방송을 통해 해외 콘텐츠를 방영하려면 국가광파전시총국●(이하 광전총국)의 사전 심의를 통과해야 했다. 하지만 당시 인터넷 플랫폼을 통한 유통은 상대적으로 규제에서 자유로웠다. 따라서 한류 드라마는 방송사 대신 동영상 플랫폼에 직접 콘텐츠를 공급하는 새로운 유통 방식이 활성화되었다. 규제는 흐름을 막고, 막힌 흐름은 때로 더 큰 갈증을 만든다. 정식 플랫폼을 통해 서비스된 〈별그대〉는 중국 내에서 폭발적인 반응을 일으켰고, 인터넷의 빠른 전

● 국가광파전시총국 : '광전총국'이라도 불리는 곳으로 한국의 방송통신위원회와 비슷한 역할을 한다.

파 속성 덕분에 그 파급 효과는 훨씬 컸다. 디지털 네트워크는 시공간의 장벽뿐 아니라 중국의 규제라는 벽도 넘었다.

이 디지털 실크로드를 통해 한국 예능 프로그램 포맷도 중국 시장으로 활발히 수출되었다. 2013년 〈아빠! 어디가?〉, 〈나는 가수다〉, 〈1박 2일〉 등 7편의 예능 포맷이 중국에 판매되었다. 그러자 중국 당국의 규제도 발 빠르게 대응했다. 광전총국은 각 위성 방송국의 해외 포맷 수입을 1년에 1개로 제한했고, 인터넷 동영상 서비스의 해외 드라마와 영화도 사전 심의 후 방영하도록 규제를 강화했다.

하지만 규제 강화에도 불구하고 중국의 한류 콘텐츠 열풍은 쉽게 꺼지지 않았다. 특히 〈런닝맨〉이나 〈나는 가수다〉 같은 예능 프로그램은 포맷 수출 단계를 넘어, 한국 제작진이 현지에 파견되어 제작에 참여하는 공동 제작 방식이 새롭게 등장했다. 한국과 중국을 오가며 활동하는 이른바 '플라잉 PD' 시대가 열린 것이다. 물론 중국 입장에서는 이를 통해 한류 콘텐츠의 제작 노하우를 습득하려는 의도도 있었다. 텐센트, 유쿠투더우 같은 중국의 거대 인터넷 기업들은 한류 콘텐츠를 적극적으로 사들였고, 한국의 스타 작가나 PD들의 중국행도 이어졌다.

2016년 동영상 플랫폼 아이치이iQIYI를 통해 중국에 동시 방영된 〈태양의 후예〉는 〈별그대〉 열풍을 이어받았다. 누적 조회수 30억 뷰를 단기간에 돌파했고, 주연 배우 송중기, 송혜교 신드롬을 일으켰다. 송혜교를 따라 하려는 소비자들이 늘면서 그녀가 광고 모델로 활동한 화장품 판매량은 드라마 방영 전과 비교해 10배 이상 증가했다. 〈별그대〉의 '천송이 립스틱'에 이어 〈태양의 후예〉에서는 '송혜교 립스틱'이 불티나게 팔려나갔다.

열풍과 규제 강화는 한류 콘텐츠가 중국 시장에서 반복적으로 겪어온 과정이다. 〈태양의 후예〉 역시 〈별그대〉 열풍 이후 강화된 인터넷 콘텐츠 사전 심의 규제에 대응하기 위해 중국 측과 사전 제작 및 공동 제작을 시도한 결과물이었다. 하지만 이렇게 막히면 뚫는 방식으로 이어지던 한류의 흐름은 2016년 7월 한국 정부의 사드THAAD 배치 결정 이후 달라졌다. 중국의 보복 조치로 한류 금지령인 '한한령限韓令'이 내려지며 공식적인 교류가 사실상 중단된 것이다. 물론 디지털 환경의 특성상 비공식적인 한류 콘텐츠 소비를 완전히 막지는 못했지만, 양국 간 문화 교류는 크게 위축되었다.

21세기 비틀즈, 방탄소년단의 등장

2013년, 7인조 보이그룹 방탄소년단이 데뷔했다. 그들의 소속사인 빅히트 엔터테인먼트(현 하이브)는 JYP엔터테인먼트에서 작곡가 겸 프로듀서로 활동했던 방시혁이 2005년 독립해 설립한 회사다. 당시 가요 시장은 SM, YG, JYP, 이른바 '3대 기획사'가 막강한 영향력을 행사하던 시기였다. 상대적으로 작은 기획사였던 빅히트는 기존 방식으로는 경쟁이 어려웠다. '흙수저 아이돌'을 자처한 방탄소년단은 대신 새로운 미디어 환경인 SNS를 적극적으로 활용했다.

그렇게 멤버들은 데뷔 초부터 직접 SNS를 통해 팬들과 실시간으로 소통하며 관계를 맺었고, 이는 전 세계적인 팬덤 '아미ARMY'의 탄생으로 이어졌다. 중소 기획사 아이돌로서 때로는 거대 기획사 팬덤으로부터 공격받기도 했던 경험은 오히려 아미 팬덤의 결속력을 다지는 계기가 되었다. 방탄소년단이라는 이름에 담긴 '10대들이 살아가면서 겪는 힘든 일, 사회적 편견과 억압을 막아내겠다!'는 의미는 아미들의 정서와 맞닿아 있었다.

주류에서 벗어나 있다는 인식, 즉 '서브컬처'로서의 정체성은 방탄소년단과 아미 모두에게 중요한 부분이었다. 방탄소년단은 SNS를 통해 자신들과 비슷한 처지에 있다고 느끼는 전 세계의 다양한 사람들을 아미로 끌어들였다. 인종, 성별, 국가, 사회적 지위 등 다양한 이유로 소외감을 느끼는 이들이 모두 잠재적 아미가 되었다. 방탄소년단은 K-팝 아이돌 그룹의 형태를 띠면서도 힙합 음악을 기반으로 자신들의 메시지를 직접 가사에 담아내는 아티스트로서의 면모를 보여주었다. 아미와 함께 SNS를 통해 소통하며 성장한 방탄소년단은 자신들뿐 아니라 동시대를 살아가는 전 세계 청춘들의 고민과 감정을 대변하는 메시지를 노래에 담았다. '너 자신을 있는 그대로 사랑하라Love Yourself'는 메시지는 그렇게 전 세계로 퍼져나갔다.

2014년 여름, 미국 LA에서 열린 KCON 행사에서 현지 K-팝 팬들과 언론의 주목을 받기 시작한 방탄소년단은 2015년 〈화양연화〉 시리즈 앨범을 통해 국내외에서 인지도를 높여갔다. 그리고 2017년 〈Love Yourself〉 시리즈 앨범부터 미국 빌보드 차트에 본격적으로 진입하며 글로벌 보이밴드로서의 행보를 시작했다. 빌보드 앨범 차트 빌보드 200과 싱글 차트인 HOT 100 모두에서 1위를 차지한 것은 물론, 아메리칸 뮤직 어워드, 그래미 어워드 등 세계적인 시상식 무대에 오르거나 수상했으며, 타임지 표지 장식, 영국 웸블리 스타디움 공연, UN 연설 등 K-팝 아티스트가 이전에는 가보지 못했던 길을 열며 수많은 최초와 최고의 기록을 세웠다. 이들은 영미권 언론으로부터 '21세기 비틀즈'라는 찬사를 받았다. 글로벌 슈퍼스타로 성장한 방탄소년단을 배출한 빅히트 엔터테인먼트 역시 하이브HYBE로 사명을 변경하며 국내 4대 기획사 시대를 열었다.

　방탄소년단의 성공은 SNS로 연결된 세계가 과거와는 다른 가치를 중요하게 여기게 되었음을 보여주는 현상이기도 하다. 영어권과 비영어권, 주류와 비주류로 나뉘어 비영어권과 비주류 문화가 소외되던 시대가 SNS의 등장으로 변화하고 있다는 신호였다. 방탄소년단이 외친 "Love Yourself!" 메시지처럼, 비영어권 문화든, 동양인이든, 특정 지역 문화도 세계 무대에서 고유한 가치를 존중받아야 한다는 인식이 확산되었다. 이른바 문화 다양성의 시대가 본격적으로 시작되었고, 이는 한류에게도 새로운 가능성이 열렸음을 의미했다.

빌보드 HOT 100에서 한국 가수 최초로 1위를 한 방탄소년단

〈기생충〉이 보여준 한국 영화의 저력

    2019년 5월, 칸 영화제에서 봉준호 감독의 영화 〈기생충〉이 최고상인 황금종려상을 수상했다. 봉준호 감독은 〈괴물〉이 칸 영화제에서 호평 받았던 2006년부터 이미 국제적인 명성을 얻기 시작했다.

이후 〈설국열차〉, 〈옥자〉 등 글로벌 프로젝트를 통해 국제적 인지도를 꾸준히 높여왔다. 그런 그에게도 〈기생충〉의 칸 영화제 수상 이후 이어진 각종 시상식에서의 수상 행진은 예사롭지 않은 신호였다. 2020년 1월 제77회 골든 글로브 시상식에서 외국어영화상까지 수상하면서, 전 세계의 관심은 자연스럽게 미국 아카데미 시상식으로 쏠렸다. 총 6개 부문 후보에 오른 〈기생충〉은 작품상, 감독상, 각본상, 국제 장편 영화상까지 4관왕을 차지하는 쾌거를 이루었다. 한국 영화 역사상 최초의 아카데미상 수상이었다.

〈기생충〉의 아카데미 수상은 디지털 네트워크로 연결되며 문화 다양성 시대에 접어든 세계 속에서 아카데미 시상식 역시 변화하고 있음을 보여주는 사건이기도 했다. 먼저 〈기생충〉이 수상한 '국제장편영화상'이라는 명칭 변화가 상징적이다. 본래 이 상의 명칭은 '외국어 영화상'이었다. 이는 아카데미상이 영어권 중심이라는 비판에서 자유롭지 못했다는 점을 시사한다. 비영어권 영화를 '외국어' 영화로 간주했기 때문이다. 봉준호 감독 역시 수상 소감에서 '외국어영화상'에서 '국제장편영화상'으로 명칭이 변경된 후 첫 수상작이라는 점에 의미를 부여했다.

〈기생충〉의 아카데미 석권이 갖는 또 다른 중요한 의미는 '반지하' 같은 지극히 한국적인 설정과 문화를 담은 영화가 미국이나 유럽 등 다른 문화권에서도 깊은 공감대를 형성했다는 사실이다. 물론 여기에는 전 세계적인 보편적 문제인 양극화를 블랙 코미디 형식으로 탁월하게 풀어낸 작품 자체의 성취가 있었지만, 동시에 고유한 지역 문화를 담은 영화도 세계적으로 공감대를 형성할 수 있음을 보여준 문화 다양성 시대의 단면이기도 했다.

〈기생충〉은 한국 영화가 나아갈 새로운 길을 제시했다. 이전까지 한국 영화계 일각에서는 로컬 시장과 글로벌 시장을 구분하며, 특히 미국과 같은 거대 시장은 넘기 어려운 벽으로 여기는 경향이 있었다. 글로벌 시장 진출을 위해서는 할리우드 시스템에 편입되거나 협력해야 한다는 인식이 지배적이었다. 하지만 〈기생충〉의 아카데미 4관왕은 한국 영화계가 스스로 설정했던 한계를 넘어설 수 있음을 보여준 사건이었다.

또한 한국 영화는 그동안 대중 영화와 예술 영화로 양분되는 경향이 있었다. 칸 영화제 같은 국제 영화제 수상작이 예술 영화로서 평단의 찬사를 받더라도 대중적 성공까지 거두는 경우는 드물었고, 반대로 국내에서 천만 관객을 동원하는 흥행작이 작품성까지 높게 평가받는 경우도 많지 않았다. 하지만 봉준호 감독은 〈괴물〉, 〈설국열차〉, 〈옥자〉 등 꾸준히 평단의 호평과 대중적 인기를 동시에 얻으며 그 경계를 허물었다. 〈기생충〉 역시 국내에서 천만 관객을 돌파했을 뿐 아니라 미국, 유럽 등 해외에서도 흥행에 크게 성공하며 작품성까지 인정받았다.

〈기생충〉의 성공은 할리우드를 포함한 세계 영화계에 문화 다양성을 담은 콘텐츠에 대한 관심을 높였고, 특히 한국 문화와 콘텐츠는 더욱 주목받게 되었다.

〈오징어 게임〉, OTT 타고 급부상한 K-콘텐츠

2021년 9월 넷플릭스에서 공개된 황동혁 감독의 〈오징어 게임〉은 공개 한 달도 되지 않아 전 세계적인 신드롬을 일으켰다. 작품 공개 후 첫 28일 동안 전 세계 넷플릭스 가입자들이 〈오징어 게임〉을 시청한 누적 시간은 16억 5천만 시간을 넘어섰는데, 이는 넷플릭스 역사상 전례 없는 기록이었다. 비평가들의 호평도 쏟아졌다. 미국 비평 사이트 로튼 토마토Rotten Tomatoes에서는 신선도 지수 94%(비평가 기준)를 기록했고, 미국 경제지 포브스는 '가장 기이하고 매혹적인 넷플릭스 작품 중 하나'라고 평가했다.

콘텐츠의 인기는 곧바로 문화 현상으로 이어졌다. 외국인들이 〈오징어 게임〉에 등장하는 달고나 뽑기나 '무궁화 꽃이 피었습니다' 놀이를 따라 하는 모습이 뉴스를 통해 전해졌고, 해외 온라인 쇼핑몰에는 드라마 속 '달고나 만들기 세트'나 등장인물의 의상이 상품으로 등장했다. 핼러윈 데이에는 드라마 속 관리자들의 분홍색 점프슈트나 참가자들의 녹색 운동복이 인기 코스튬으로 불티나게 판매되었다.

〈오징어 게임〉은 넷플릭스 서비스가 차단된 중국의 장벽마저 넘었다. 비공식 경로를 통해 시청한 것이지만, 중국 최대 영화·드라마 평점 사이트 더우반豆瓣에서 인기 순위 1위에 오르는 등 큰 화제가 되었다. 〈오징어 게임〉의 독보적인 성공은 한류 콘텐츠 전반에 대한 세계적 관심을 폭발적으로 증가시켰고, 넷플릭스와 같은 글로벌 OTT(온라인 동영상 서비스)를 통해 K-콘텐츠는 전 세계 대중이 일상적으로 즐기는 문화로 자리매김하게 되었다.

〈오징어 게임〉은 세계적으로 익숙한 데스 서바이벌 장르에 한국적인 놀이 문화와 정서를 절묘하게 결합한 작품이다. 지역색이 뚜렷하면서도 세계적으로 통용될 수 있는 장르 문법을 효과적으로 활용

넷플릭스에서 〈오징어 게임〉 방영 후 전 세계인들에게 선풍적인 인기를 끌었던 달고나
출처 : Triplecaña

한 콘텐츠. 이는 세계적으로 주목받은 K-콘텐츠의 중요한 특징 중 하나로 꼽히는데, 넷플릭스가 2016년 한국에 본격 진출한 이후 선보인 K-콘텐츠들에서도 공통적으로 발견된다. 대표적인 예가 2019년 공개되어 세계적인 주목을 받은 조선시대 좀비물, 〈킹덤〉이다. 보편적인 좀비 장르에 '조선시대'라는 한국적 시공간 설정을 더해 차별화를 꾀한 것이 성공 요인이었다. 좀비 장르를 학원물과 결합한 〈지금 우리 학교는〉이나, 학교 폭력이라는 사회적 문제를 복수극으로 풀어낸 〈더 글로리〉 같은 작품들도 유사한 특징을 보인다.

2022년 제74회 프라임타임 에미상 시상식에서 〈오징어 게임〉은 비영어권 드라마 최초로 감독상과 남우주연상을 포함해 총 6개 부문을 수상했다. 2020년 〈기생충〉의 아카데미 석권에 버금가는, 'TV 아카데미'로 불리는 에미상에서의 놀라운 성과였다. 황동혁 감독은 감독상을 수상하며 의미심장한 메시지를 남겼다.

"〈오징어 게임〉이 에미상을 받는 마지막 비영어 시리즈가 아니기를 바란다. 또한 이것이 제가 받는 마지막 에미상이 아니기를 바란다."

이는 이번 수상이 일회성 이벤트가 아니라, 앞으로 한국을 포함한 전 세계 비영어권 드라마에도 에미상의 문이 활짝 열리는 계기가 되기를 바란다는 기대였다. 이에 화답하듯 이듬해 에미상에서는 한국계 미국인들의 작품 〈성난 사람들〉이 8관왕을 차지했다. 물론 이 작품은 영어로 제작된 미국 작품이지만, 이민자라는 경계인의 삶을 조명했다는 점에서 에미상 역시 문화 다양성이라는 시대적 흐름에 발맞추고 있음을 보여주었다.

멈추지 않는 진화,
한류의 빛나는 미래를 향하여

〈겨울연가〉로 촉발된 일본 내 한류, 〈대장금〉을 통해 아시아와 중동으로 확장된 초창기 한류가 1막이었다면, 이후 SNS를 타고 소녀시대, 빅뱅, 슈퍼주니어 등이 아시아를 넘어 유럽과 남미까지 팬덤을 확장한 K-팝 열풍이 2막이었다.

싸이가 〈강남스타일〉로 한 차례 미국 팝 시장의 판도를 흔들었고, 방탄소년단의 글로벌 팬덤 구축, 〈기생충〉의 아카데미 수상, 그리고 〈오징어 게임〉의 전 세계적인 신드롬은 높고 견고해 보였던 미국 본토 시장의 문턱마저 넘어섰다. 최근에는 해외 제작사에서 한국 문화를 소재로 하는 작품들 또한 잇따라 내놓고 있다. 넷플릭스 시리즈 〈엑스오, 키티〉나 애플+의 〈파친코〉 같은 작품이 대표적인 사례들이다. 최근에는 넷플릭스 애니메이션 〈케이팝 데몬 헌터스〉 또한 큰 인기를 끌고 있는데, 이런 흐름은 한국 문화가 이제 전 세계인들의 주요

뉴욕 타임스스퀘어 전광판에 상영된 방탄소년단 뮤직비디오
출처 : LG전자

관심사로 떠올랐다는 것을 말해준다. 이것이 한류 3막의 풍경이다.

한때 멀게만 느껴졌고 넘기 어려운 장벽으로 여겨졌던 글로벌 시장은 이제 한류에게 익숙한 활동 무대가 되었다. BTS가 닦아 놓은 길 위로 새로운 K-팝 아티스트들이 팝의 본고장인 미국 시장의 문을 계속 두드리고 있고, 〈기생충〉의 성공은 한국 영화 자체에 대한 관심을 크게 높였으며, 〈오징어 게임〉 신드롬은 한류 콘텐츠의 강력한 글로벌 팬덤을 형성하는 계기가 되었다. 이제 한류가 나아갈 길은 과거와는 확연히 달라졌음을 실감할 수 있다.

디지털 환경을 기반으로 공고해진 글로벌 팬덤은 이제 한류가 나아갈 방향에 중요한 영향을 미치고 있다. 이들 팬덤은 예측 가능하지 않고 개성적이며, 독창적이면서도 완성도 높은 콘텐츠에 열광한다. 특히 로컬 문화가 글로벌 주류로 부상하는 패러다임의 전환 자체에서 카타르시스를 느끼는 경향이 있다. 따라서 과거 할리우드 블록버스터가 주로 보여주었던 보편성을 앞세운 콘텐츠는 때로 이들에게 진부하게 느껴질 수 있다. 오히려 독특한 지역적 감수성을 담으면서도 재미와 완성도를 갖춘 콘텐츠에 더 깊이 매료된다.

팝 시장에서 사라진 보이/걸 그룹의 빈자리를 완성도 높은 음악과 퍼포먼스로 채운 K-팝 아이돌은 글로벌 팬덤의 마음을 사로잡았다. 〈기생충〉처럼 한국적인 색채가 강하지만 양극화라는 세계적 시대 상황을 특유의 블랙 코미디로 담아낸 작품에 이들은 기꺼이 지지를 보낸다. 또한 〈오징어 게임〉처럼 자본주의 경쟁 사회의 문제를 한국 고유의 놀이 문화라는 독특한 설정으로 풀어낸 작품에 전 세계 시청자들이 함께 열광하고 참여하는 문화 현상이 되었다.

이제 한류는 단순히 미국 진출이나 유럽 진출 같은 단계를 논하는 시점을 넘어섰다. 그리고 이는 비단 한류만의 이야기가 아니다. 글로벌 대중을 상대로 한류뿐 아니라 세계 각지의 다양한 로컬 문화들이 흘러나와 서로 섞이며 영향을 주고받는 시대가 시작되었다. 이는 포스트 한류Post-Hallyu 시대이자, 진정한 문화 다양성 시대의 개막을 의미한다.

한국 알리미 서경덕의 한류 이야기

　지금까지 한국의 문화와 역사를 세계에 널리 알리는 데 있어, 한류스타와의 협업은 매우 큰 파급 효과를 가져왔습니다. 예를 들어, K-팝 그룹 뉴이스트의 백호, 아이오아이 출신 가수 청하와 함께 서울의 대표 명소인 '한양도성'을 영상으로 제작해 세계 각국에 알렸습니다.

서울의 한양도성을 전 세계에 알리고자 진행된 다국어 영상

이 영상 캠페인은 역사와 즐길거리를 주제로 한 두 편의 영상으로 구성되었으며, 영어, 중국어, 일본어 등 다국어 버전으로 제작되어 유튜브 및 다양한 SNS를 통해 전 세계에 공개되었습니다. 파리에 에펠탑이 있고 뉴욕에 자유의 여신상이 있듯, 서울을 대표할 만한 랜드마크를 만들고자 한양도성을 주제로 삼았습니다. 특히 서울처럼 도심 안에 이처럼 광범위한 성곽이 원형에 가깝게 남아 있는 곳은 세계적으로도 드뭅니다. 이러한 서울만의 역사적 가치와 매력을 세계인들에게 알리고자 이 프로젝트를 기획하게 되었습니다.

첫 번째 영상 '한양도성, 600년 서울의 역사를 만나다'는 뉴이스트 백호의 내레이션 재능 기부로 제작되었으며, 도성의 역사적 의미와 축성 방식, 복원 과정 등을 자세히 소개했습니다. 두 번째 영상 '한양도성에서 즐기는 도심 속 시간여행'은 청하의 내레이션으로, 북촌과 동대문, 서울로 등 한양도성을 따라 즐길 수 있는 서울의 명소들을 소개했습니다. 이외에도 뉴이스트 아론과 배우 이세영이 직접 한양도성을 산책하며, 50명의 외국인과 함께 사진과 영상을 촬영해 한류 팬들에게 더욱 생생하게 서울의 매력을 전했습니다.

이러한 활동은 이번이 처음이 아닙니다. 10여 년 전 진행했던 MBC 〈무한도전〉과의 협업은 국내외에서 큰 반향을 일으켰습니다. 또한 2014년 브라질 월드컵 당시에는 브라질 최대 일간지에 대한민국 국가대표팀을 응원하는 광고를 게재해 세계인의 관심을 모았습니다.

'배달의 무도' 특집에서는 하하와 함께 일본의 하시마섬(군함도)과 다카시마를 방문하여, 일제 강점기 강제노역의 역사를 국내외에 알리는 데 큰 역할을 했습니다. 특히 방송에서 소개된 다카시마 공양탑 가는 길은 시청자들의 많은 관심을 받았고, 누구나 쉽게 방문할 수 있도록 길을 정비하게 되었습니다. 당시 방송 이후, 공양탑을 찾고 싶다는 문의가 빗발쳤고, 좁은 길을 허리를 굽혀야만 지나갈 수 있었던 현장을 직접 정비하고자 저와 대학생 5명이 함께 이틀간 50미터가량을 손질했습니다. 비용은 네티즌들의 자발적인 후원으로 마련되었습니다.

그러나 이후 일본 나가사키 시에서는 공양탑 길을 강제로 폐쇄하

한국 홍보에 힘써주었던 〈무한도전〉 멤버들

는 일이 벌어졌습니다. 일본 미쓰비시가 만든 다카시마 공양탑은 군함도와 다카시마 탄광에서 강제노역 중 사망한 조선인들의 유골이 매장된 곳입니다. 당시 위패가 불태워져 정확한 신원은 지금까지 확인되지 않고 있습니다.

미국 주요 대학에 배포된 'K-POP 안내서'

2015년 10월, 싸이가 〈강남스타일〉로 세계적인 인기를 끌었을 때, 미국의 주요 대학에 'K-POP 안내서'를 제작해 배포했습니다. 이 안내서는 친환경 고급지로 만든 브로마이드 형태로, K-팝의 정의, 대표 아티스트, 연도별 역사, 인기 요인, 공연 문화 등 K-팝 전반을 영문으로 소개하고 있습니다.

　당시 미국 내에서 K-팝의 인지도가 급상승하면서, 한국 유학생들로부터 K-팝 홍보자료에 대한 요청이 많아졌고, 이에 따라 유학생들과 함께 제작을 기획하게 되었습니다. 이후 싸이에게 모델 참여를 제안했고, 'PSY says K-POP'이라는 안내서를 통해 외국인들이 보다 친근하게 K-팝을 접할 수 있도록 했습니다. 이 안내서는 뉴욕대학교, MIT, RISD, 브라운대학교 등 미국 동부 주요 대학에 비치되었고, 이후 미국 서부와 중남부는 물론 유럽, 남미, 중동까지 배포 범위를 넓혔습니다.

　그동안 송혜교, 이영애, 김윤진 등 K-드라마를 대표하는 배우들과도 다양한 협업을 진행하며 한국의 문화와 역사를 전 세계에 알리는 데 힘썼습니다. 이 자리를 빌려 한류스타 여러분께 다시 한 번 깊은 감사의 말씀을 전합니다.

우리가 지켜야 할 한국사

초판 1쇄 발행 2025년 7월 20일

지은이　　서경덕과 분야별 전문가
펴낸이　　박성인

기획편집　강하나
기획마케팅　김일환
디자인　　Desig

펴낸곳　　허들링북스
출판등록　2020년 3월 27일 제2020-000036호
주소　　　서울시 강서구 공항대로 219, 3층 309-1호(마곡동, 센테니아)
전화 02-2668-9692　**팩스** 02-2668-9693
이메일　　contents@huddlingbooks.com

ISBN　　　979-11-91505-52-8(03910)

*이 책은 허들링북스가 저작권자와의 계약에 따라 발행한 것이므로 무단 전재와 무단 복제를 금지하며, 이 책의 전부 또는 일부 내용을 이용하려면 반드시 저작권자와 허들링북스의 서면 동의를 받아야 합니다.
*파본은 구입하신 서점에서 교환해드립니다.